学术期刊评价

——多重面相与问题逻辑

高自龙 ◎ 著

文心出版社
·郑州·

图书在版编目（CIP）数据

学术期刊评价：多重面相与问题逻辑 / 高自龙著 . —郑州：文心出版社，2023.10
ISBN 978-7-5510-2870-7

Ⅰ. ①学… Ⅱ. ①高… Ⅲ. ①学术期刊－评价－研究 Ⅳ. ① G237.5

中国国家版本馆 CIP 数据核字（2023）第 202225 号

出　　版：	文心出版社
	（地址：郑州市郑东新区祥盛街 27 号　邮政编码：450016）
发　　行：	新华书店
印　　刷：	河南华彩实业有限公司
版　　次：	2023 年 10 月第 1 版
印　　次：	2023 年 10 月第 1 次印刷
开　　本：	710 毫米 ×1000 毫米　1/16
印　　张：	18
字　　数：	260 千
书　　号：	ISBN 978-7-5510-2870-7
定　　价：	68.00 元

如发现印、装质量问题　请与印刷厂联系　电话：18737139106

序　言 /

期刊作为一种成熟的文化产品形态，比图书和报纸出现要晚。学术界普遍认为学术期刊诞生的标志是1665年法国的《学者杂志》[1]和英国的《哲学汇刊》的创办。期刊自诞生以来，对社会、文化、科技发展的引领和推动作用越来越凸显，以至于上升到当代的国家文化软实力竞争层面。

习近平总书记在2020年9月11日科学家座谈会上指出："要办好一流学术期刊和各类学术平台，加强国内国际学术交流。"在2021年5月9日给《文史哲》编辑部全体编辑人员回信中指出："高品质的学术期刊就是要坚守初心、引领创新，展示高水平研究成果，支持优秀学术人才成长，促进中外学术交流。"党的二十大报告中也指出，要"加快构建中国特色哲学社会科学学科体系、学术体系、话语体系""加快构建中国话语和中国叙事体系，讲好中国故事、传播好中国声音""增强中华文明传播力影响力"。可以说，在以中国式现代化全面推进中华民族伟大复兴的征程中、在构建中国特色哲学社会科学和中国自主的知识体系过程中，期刊发挥着不可或缺的重要作用。因此，有关期刊问题的研究，将越来越受到学界、期刊界乃至社会其他领域的关注。

对期刊进行研究，学理上可以从期刊本体出发研究其自身内在发展规律，及其与人类社会发展相关的文化发展史、资料馆藏史等，实践上可以围绕期刊内容质量建设、技术应用创新、体制机制改革等主题展开，但无论哪种研究，期刊评价都是一个不能回避的问题。尤其是在我国期刊迈向高质量发展的竞争过程中，

---

[1] *Journal des Scavans*，又译为《学者杂志》或《科学家周刊》。

如何发挥好期刊评价的导向和引领作用，更是一个需要深入思考和研究的问题。

然而，当前的期刊评价却充满着种种困顿与逻辑混乱，甚至出现几乎人人可说、家家能评但大多数又说不明白、说不清楚的现象。缘由何在？大概由于构成期刊要素的立体图景、多重面相和期刊的多元分类，以及期刊所承载的"超负荷"社会功用，导致期刊评价既要立足本体域，又要关涉社会价值观、国家软实力、科研评价、人才评价等问题域。

那么，学术期刊评价问题的逻辑是怎样的呢？

首先是认识核心期刊现象，这是透视期刊评价问题的逻辑切入点。自我国借鉴西学中的文献离散定律和引文索引文献计量方法以来，量化的核心期刊研究逐渐盛行，并阴差阳错地拓展至成果评价、学者评价、机构评价等领域。社会上对核心期刊现象的评价尽管褒贬不一，但无论是有意的"原罪"还是无心的"插柳"，皆应以历史客观的态度辩证分析其功过是非，这样才能使越位的回归、缺位的填补、耦合的借鉴、失范的归制。

其次是评价什么，这是期刊评价的逻辑支点。科学的期刊评价当然是对期刊质量及其效用的全面考量，但更为根本的则是对期刊所刊载论文的质量水平和影响力的评价。所以，所谓期刊评价，主要评价的是期刊的内容质量或论文水平。

再次是怎么评价，这是期刊评价理论与实践困局的核心点。期刊评价活动是人们有组织的一种主观价值评判行为，受社会环境、评价者立场、评价目的、评价水平等的制约。由此，也决定了有组织的期刊评价是一项貌似简单实则复杂的科学研究与实践应用课题。

就期刊评价制度体系建构而言，需要确立评价理念（如质量为本、创新为要、社会效益为先、激励导向）、评价方法（如定量定性、分类评价）、评价标准（如学术价值、社会价值）、评价指标（如内在指标、外在指标）、评价程序（如评价主体、初评复评终评）、制度保障（如匿名、回避、回馈与申诉、公示）等一系列科学规范的制度设计。

就期刊评价方法而言，需要在期刊科学分类基础上确定同行专家评议法、科学引文索引法、综合（复合）法、基于网络关联信息大数据分析法等。无论采用何种方法都要结合期刊评价目的和期刊分类具体选择，既不能将复杂的评价简单化，也不能将简单的评价复杂化。

就期刊评价方案而言，需要在"理想完美"与"现实可行"、精准与高效、产出与投入之间做出妥协后确定具体实操方案。理想化的面面俱到的评价工作方案是很难实施的。

就期刊评价机制建设而言，需要营造"政府主导规则"与"市场自主制定"的体制机制。国家层面需要在期刊评价指导思想、评价基本原则与程序、评价主体市场准入、评价研究成果推荐应用等方面出台系列规范，规制期刊评价市场，克服期刊评价尤其是学术期刊评价"诸侯"林立、无序竞争、市场功利等倾向。同时，更应发挥市场在资源配置中的决定性作用，保持期刊评价市场的活力，共建多元有序的开放新格局。

除了上述较为宏观的问题外，期刊评价具象化研究和实践中的情形更为复杂、细致和深入。比如，自然科技类期刊评价中普遍运用的引文索引计量方法是否科学，人文社科类期刊内涵质量能否通过大数据、云计算、人工智能等予以揭示，同行评议能否借助技术工具避免局限性，以文评刊是否可行，等等。不同的研究有不同的视角，期刊的多元立体面相，为该问题的研究提供了丰腴的空间和视域，如有学者就提出了"全评价体系"概念和框架。

最后是期刊评价的目的——促进期刊更高水平更高质量地发展，这是期刊评价活动的价值旨归。因此，期刊评价必须适配时代主题。比如，改革开放40多年来我国期刊业跨越式发展进程中，前30年是期刊规模化增长时期，期刊体制机制改革、规模化产业化等是期刊评价不能不考量的问题；党的十八大以来是期刊高质量转型发展时期，期刊提质增效、构建全媒体传播格局等则是期刊评价应当关注的新问题。

没有发展也谈不上评价，在发展中评价、在评价中发展，是正确把握期刊评价问题的唯物辩证法。当今期刊业正处于千年未有的蝉蜕龙变时代，日新月异的信息技术和网络传播数字化，使包括期刊在内的传统媒体的生产方式、管理秩序和传播生态正被革命性重构，新旧媒体融合的矛盾乃至传统媒体存废问题都空前严峻。传统期刊数字化转型靠什么才能涅槃重生？在数字化、网络化、智能化加持下，在大数据、云计算、区块链、人工智能乃至人们无限想象的元宇宙中，期刊新业态到底会是怎样的一幅图景？对期刊发展与评价而言，也迫切需要厘清自身未来及其相关问题的逻辑。

综上，本书从期刊编辑出版一线视角出发，针对学术期刊评价与转型发展中的一些"热问题"进行"冷观察"，也不失为一种出版逻辑和理由。当然，这只是一些粗浅且不系统的"冷思考"，偏颇之处，文责自负。

目录 /

上篇　期刊评价的多重面相 …………………………… 001

1　期刊的多重属性 ……………………………………………… 003
　1.1　期刊本体新论 …………………………………………… 003
　1.2　期刊属性解析 …………………………………………… 006
2　期刊分类体系 ………………………………………………… 010
　2.1　期刊分类体系的多元现状 ……………………………… 010
　2.2　信息数字化时代期刊分类理论与方法 ………………… 018
　2.3　期刊分类体系新建构 …………………………………… 021

中篇　期刊评价的问题逻辑 …………………………… 037

3　核心期刊现象 ………………………………………………… 039
　3.1　我国核心期刊现象缘起 ………………………………… 039
　3.2　核心期刊现象之是非功过 ……………………………… 044
　3.3　耦合与借鉴：核心期刊之于学术评价 ………………… 061
　3.4　学术文摘与学术评价 …………………………………… 069
4　学术期刊论文质量评价体系 ………………………………… 080
　4.1　论文分类评价方案 ……………………………………… 080
　4.2　论文评价指标体系研究 ………………………………… 090
　4.3　人大《复印报刊资料》论文遴选指标体系 …………… 102

    4.4 合作研究类论文质量测评 …………………………… 132
5 学术期刊评价体系 ……………………………………… 146
    5.1 我国学术期刊评价标准或体系述评 ………………… 146
    5.2 期刊评价体系建构方法论 …………………………… 161
    5.3 期刊综合质量评估指标体系构想 …………………… 167
    5.4 学术期刊综合质量评价指标体系 …………………… 170
    5.5 非学术期刊综合质量评估指标体系 ………………… 179
6 我国期刊评价机制建设 ………………………………… 185
    6.1 我国期刊评价研究与实践 …………………………… 185
    6.2 期刊评价机制建设 …………………………………… 193
    6.3 治理愿景：多元开放有序 …………………………… 198

下篇　期刊发展与评价 ………………………………… 203

7 学术期刊发展竞争力评价 ……………………………… 205
    7.1 综合性学术期刊存废之辩 …………………………… 205
    7.2 高校人文社科学报内卷态势 ………………………… 213
    7.3 期刊如何在守正中创新 ……………………………… 221
    7.4 人大《复印报刊资料》的守正与创新 ……………… 243
8 期刊数字化发展能力观察 ……………………………… 254
    8.1 数字化与期刊质量 …………………………………… 254
    8.2 期刊数字化与转型发展能力 ………………………… 258
    8.3 案例解析：人大《复印报刊资料》数字化之路 …… 267

后　记 / ……………………………………………………… 277

上篇

期刊评价的多重面相

1 期刊的多重属性

1.1 期刊本体新论

期刊作为一种知识信息载体,具有文化出版物的一般属性和自身的特殊属性。所谓期刊本体,是指由期刊特殊属性所组成的区别于其他出版物的特征总和。那么,期刊具有哪些特殊属性呢?我们可从期刊诞生的缘起中一窥究竟。

尽管学界有"书报刊同源说",但业界普遍认为期刊这种形态的出版物晚于图书和报纸,且学术交流类期刊先于其他类期刊诞生。这种观点的主要依据是:随着自然科学的发展,尤其是进入17世纪后,以图书、报纸和通信为媒介的科学交流方式逐渐不能适应科学的发展和要求。作者需要累积若干研究成果之后才能考虑出版一本著作,并且出版费时多、耗资大、传播有限,更多的科学发现、有价值的学说因为没有得到及时有效的发表而被湮没;报纸主要用来报道时事,不适合作为发表科学论著、传播学术信息;学术通信毕竟是一种非正式的交流方式,它要依靠通信双方的互相了解和真诚信任,以及公正客观地对待科学研究的态度。当以图书、报纸和通信为主要媒介的学术交流已经不能有效地服务于学术需求时,就需要有一种新型的出版媒介来完成这个使命。由此,学术期刊率先应需而生,其诞生的标志便是1665年法国《学者杂志》和英国《哲学汇刊》的创办。中文期刊的诞生则以1815年马六甲的《察世俗每月统记传》(比欧洲晚了150年)和1833年广州的《东西洋考每月统记传》的创办为标志,1906年创刊的《学桴》,则是我国历史最悠久的高等学校文科学报。

《学者杂志》创刊号共计 20 页，包括 10 篇文章和几位学者之间有关科学和学术发现的信件。"编者按"这样阐明创刊的目的：提供欧洲出版图书的目录及有用的信息；刊载著名人物的讣告并评述他们的工作和成就；发表物理、化学、解剖学方面的实验研究成果，以及有关天文及气象的观察和记录，报道有关艺术与科学的发现；刊登有关民事和宗教法庭的重要文告、判决及大学的决议通告；报道读者感兴趣的有关时事。第一任主编戴·萨罗曾经说过，编辑《学者杂志》的目的是"帮助那些认为读全部图书太麻烦、耗费时间太多的人""不用花费多大气力就能学到知识并满足好奇心"。[1]

从最早创办学术期刊的目的可以发现：学术同人为了克服通信、书籍、报纸等传播载体的局限性，通过创办期刊这种媒介，刊登最新的科学研究发现和科学活动信息，方便并扩大学术交流。因此，学术期刊的特殊属性表现在：定位上，一定范围的学术同人的信息交流园地并有固定的刊名；内容上，刊登有价值的信息和创新性研究成果；栏目上，分板块、有重点、灵活多样；形式上，连续出版、编辑规范；等等。

期刊因其独特的内容定位、读者定位、出版形态和快捷出版、便于携带等特点，逐渐发展壮大成为人类社会发展中不可或缺的一种知识和信息载体，而且随着历史的发展，期刊所承载的社会功用越来越丰富。除了本体的规定性外，还承载着更多的社会功能，尤其是具有传播社会先进文化、弘扬国家意识形态、体现国家文化科技软实力等方面的功用。以学术期刊为例，从最初的学术同行交流拓展到：

·刊登科学新发现、新发明、新创造，推动社会不断进步。

·传播新思想、新理论、新观点、新方法，引领人类社会发展方向。

·记录学术研究新进展，积淀传承人类先进文化成果。

---

[1] 李武：《最早的两份学术期刊》，《科技导报》2012 年第 10 期；刘瑞兴：《世界上第一种学术期刊及其第一任主编》，《现代情报》1991 年 Z1 期；张耀铭：《学术评价存在的问题、成因及其治理》，《清华大学学报（哲学社会科学版）》，2015 年第 6 期。

・规范学术研究行为，倡导良好学风道德。

・团结学术同人，共建共享学术共同体家园。

・证明知识发现和创造首发权，主张个体或组织的财产权。

・评鉴学术研究水平，体现个人、组织或国家的创新力、竞争力、影响力。

从哲学体用关系上分析，这些功用都应当是学术期刊另一种社会意义上的"用"。所以，当人们谈起"学术乃社会公器"这句话时，往往会联想到学术期刊的功用问题。

自20世纪90年代起，计算机信息技术快速迭代发展，网络信息传播日益成为主流，期刊这种纸质出版物越来越受到信息载体形态、传播手段、人们阅读方式变革的冲击。今天，人们主要通过网络渠道获取数据信息，真正通过阅读传统纸质期刊获取信息的读者越来越少。期刊出现的一些变化，如脱离了纸质物理形态的"网刊"（出版周期、页码不固定等）；与纸质刊相配套的电子副刊的信息容量与交互性空前提高等，因其定位模糊而引起了期刊界的广泛议论，期刊消亡论调已经有了一定的市场。对期刊这种载体而言，在知识信息化和信息数字化时代，其"本体"意义上的存在还存在吗？

哲学意义上，事物本体是能够成为该事物存在的存在，其他存在不能作为该事物的本源而存在。事物的发展都是遵循着"不变"与"变"的辩证逻辑。当出现质变时，旧事物灭亡，新事物诞生。信息数字化传播时代，我们感受到了信息交流与传播的碎片化、个性化，思想观点呈现的多媒体化、立体化，优先出版、在线出版、增强出版、海量学术信息数据集聚与分类等，但细致分析就能发现这些都是内容呈现形式上的丰腴和多样。期刊的网络化组约稿件、交流修改、网络发布（包括期刊内容分拆推送）、信息平台建设等，包括网刊、电子刊，也依然是期刊的范畴，还没有发展到改变期刊这种出版物本体存在的程度。

从未来发展趋势看，期刊最大的"变"就是被新的载体"扬弃"。信息网络技术为人们创造和获取知识信息提供了无限的元宇宙时空，人们将依靠网络平台搭建起多样化的场域或数字工具载体进行信息交流、研讨、发表与互鉴。这样，期刊这种出版物将退出历史舞台，除了像博物馆里展览的物品一样作为一种历史存在物之外，本体意义上的期刊出版时态也就结束了。当然，这并非一蹴而就的"扬弃"，而是需要较长时期的历史演化过程。

总之，期刊这种出版物形态一经诞生，便在市场需求的不断扩大与细分推动下，品种愈益丰富、规模愈益壮大。尤其是非学术类型期刊，像满足大众文化类、娱乐消费类功用的期刊就逐渐成为期刊商业市场主流。但就期刊特殊属性而言，不管是小众的学术期刊还是大众的其他类型期刊，都有着明显不同于图书和报纸而专属于期刊的本体规定性。

1.2 期刊属性解析

1.2.1 期刊定义研究之缺如

期刊的概念、定义是研究期刊问题的逻辑起点。所谓概念、定义，是指人类在认识、改造世界过程中，由感性认识上升为理性认识，从而对于某种事物共同的本质特征或其内涵、外延进行的归纳、抽象和总结。

在英文中，与期刊或杂志有关的词汇 magazine、journal、periodical、serial，它们的含义并不一致。在中文中，既有研究对期刊作出过几十种定义，表述也不相同。例如，《辞海》中将期刊定义为"定期或不定期的连续出版物"；于鸣镝采用列举定义法、属差定义法、发生定义法、目的定义法这四种方法，从不同角度为期刊作了定义[1]。在有关正式文件里，像《期刊出版管理规定》中将期刊定义为"有固定名称，用卷、期或者年、季、月顺序编号，按照一定周期出版的成册连续出版物"；《科学技术期刊管理办法》中将科技期刊定义为"具有固定刊名、刊期、年卷或年月顺序编号、印刷成册、以报道科学技术为主要内容的连续出版物"。

---

[1] 于鸣镝：《期刊的四种定义》，《中国科技期刊研究》1996 年第 4 期。

对一种事物定义的共识性大小、准确性与否反映着人们对该事物认知的程度。若一种事物形成了边界清晰、表述准确、普遍认同的定义，就标志着人们对该事物认知的成熟。从人们对期刊的诸多定义研究中可以看出，对期刊的多数规定性要素，如定期或不定期、连续或不连续、书报刊是否同源等都曾经或现在还存在争论，如叶继元就曾指出，对期刊下定义"只能从出版形式上找特殊性"，以往定义的不足之处在于没有从出版形式上抓住期刊的特殊属性[1]。对这些研究，这里不多作赘述。

总括起来看，对期刊定义及其研究还主要集中在对期刊外在形式上的界定，基本不涉及期刊内涵本质方面，说明对期刊的内涵本质规定性进行揭示、抽象、概括还有很大空间。应该说，从期刊的出版形式特征进行定义具有一定的合理性，基本能够回答"什么是期刊"的问题，也即从期刊的外部特征或外部特殊属性上回答了期刊与其他出版物的不同，但却没有解决"是什么样"的问题，也即还没有从期刊的内在特殊属性上做出恰当的概括，从而揭示期刊的内涵本质。比如，在网络信息技术日新月异的时代背景下，电子期刊或网络期刊大量出现，因介质的变化，期刊外在形态乃至内涵延展都呈现了新特征，如何界定这类"期刊"呢？可见，期刊作为人类社会发展到一定阶段产生且不断演变发展的一种知识信息载体，其内涵、外延的复杂性、丰富性远远超出图书、报纸等载体形式。所以，姚远、陈浩元很早就曾提出要用"泛期刊学"[2]概念来系统论证期刊这一社会现象。

总之，目前所有主要从外在形式上对期刊所做的定义研究，还没有深刻揭示出期刊这种出版物形态的内涵本质，尤其是在期刊的多重面相及其复杂交叉的属性特征方面，还未发现有较深入的理论研究成果。

---

[1] 叶继元：《期刊及连续出版物定义之我见》，《江苏图书馆工作》1983年第4期。
[2] 姚远、陈浩元：《泛期刊学的概念与定义》，《编辑学报》2005年第1期。

1.2.2 期刊的多重属性

事物往往具有多重本质特征，构成事物本质的诸多要素往往会形成多重结构。期刊构成的各种要素从不同角度展示了其特殊属性，呈现了丰富多彩的期刊样态、复杂多重的期刊图像。因此，分析归类这些要素，可以发现期刊是由多种内在、外在要素构成的立体有机体。

从哲学概念角度，可以把期刊属性分为内在属性和外在属性。期刊的内在属性是期刊的本体属性，是指由期刊的出版宗旨、出版内容及其服务的读者对象等所构成的本质规定性；期刊的外在属性是由期刊形式规定要素构成的特征总和。下面分别对期刊内在属性和外在属性的有关研究成果进行分析。

关于期刊外在属性的研究成果或规定最为丰富，主流观点集中在我国正式文件的有关表述中：

《期刊出版管理规定》第三十一条规定：期刊须在封底或版权页上刊载以下版本记录：期刊名称、主管单位、主办单位、出版单位、印刷单位、发行单位、出版日期、总编辑（主编）姓名、发行范围、定价、国内统一连续出版物号、广告经营许可证号等。第三十二条规定：期刊须在封面的明显位置刊载期刊名称和年、月、期、卷等顺序编号，不得以总期号代替年、月、期号。

《期刊出版形式规范》中规定了11个方面：国内统一连续出版物号（CN）、国际标准连续出版物号（ISSN）、广告经营、期刊条码、期刊名称、期刊主要责任单位（主管单位、主办单位、出版单位）规定、期刊印刷发行单位、期刊总编辑（主编）、期刊出版标识、期刊版权页和期刊标识性文字。

《报纸期刊质量管理规定》也对期刊出版形式做了与上述基本相同的规定，而且对期刊的这些法定形式要素，从界定、构成、印制位置、字体字号、显示度等，以及具体审批流程、禁止性事项等都做了明确详细规定。其中，除了一部分出版物通用的规定要素，如出版单位、印刷单位、发行单位、出版日期、定价等，其他都是针对期刊的特定项。

以上这些对期刊形式作出的法定确认项，可以归类为期刊的外在属性或管理属性。

如前所述，关于期刊内涵本质研究的成果鲜见，那么进一步开展深度研究的思路在哪里呢？根据期刊要素构成所展现的特殊属性，这里初步提出如下观点，即期刊的内在属性基本可分为功能属性、内容属性和读者属性三个基本向度。

期刊的功能属性是期刊创办和发展过程中，对期刊的办刊宗旨、主要领域、内容表达、形态特征等综合确定的类别属性。如"学术研究""技术应用""时政理论或新闻""行业指导""教育教辅""娱乐休闲""生活服务""文化艺术""对外交流""科普""文摘"等。

期刊的内容属性是指期刊登载的内容所反映的知识信息体系，也是期刊最本质的内涵属性。其中，每种期刊又有各自领域内更为特殊的内涵，如学术与大众、自科理工与人文社科等。

期刊的读者属性是期刊作为文化产品生产目的的内在规定，也是期刊存在的社会价值属性。如定位于男女老幼、工农军商学等不同读者。

无论是期刊的外在属性还是内在属性，其诸多规定要素尽管逻辑层级不一、一般性与特殊性混杂，但都集合于期刊一身，构建了期刊这个特定出版物的立体交叉影像。认识这一现象和本质，对期刊分类及其发展、管理与评价具有重要价值。

2 期刊分类体系

2.1 期刊分类体系的多元现状

知识信息的组织、传播、存储都是在分类状态下进行的，期刊领域也是如此。尤其是学术期刊群体的分类，因其是否科学合理辐射至学术评价的方方面面，往往连带引起学界和其他社会层面的广泛关注。那么，我国期刊分类情况如何呢？

根据国家新闻出版署2021年12月发布的《2020年全国新闻出版业产业分析报告》统计，截至2020年，全国共出版期刊10192种，涵盖了哲学社会科学、自然科学技术、文化、教育、文学、艺术、综合等门类，但各门类期刊数量分布呈现不平衡状态。其中，哲学社会科学类期刊2688种，占期刊总品种的26.37%；自然科学技术类期刊5088种，占期刊总品种的49.92%；文化、教育类期刊1401种，占期刊总品种的13.75%；文学、艺术类期刊661种，占期刊总品种的6.49%；综合类期刊354种，占期刊总品种的3.47%。同时，专项统计，少年儿童期刊209种，占期刊总品种的2.05%；画刊（不含面向少年儿童的画刊）50种，占期刊总品种的0.49%；动漫期刊31种，占期刊总品种的0.30%。[1]

面对如此庞大又繁杂的期刊群，无论是对期刊进行科学管理、科学研究、科学评价，还是为读者提供精准服务，都要以对期刊进行科学合理的分类作为基础和前提。但是，由于期刊分类的目的和用途多元、期刊多重属性和内容交叉、期刊总量规模和分类技术手段应用不断更新等因素的影响，期刊分类的科学性问题

---

[1] 说明：数据未涵盖中国香港、中国澳门、中国台湾地区。另外，没有查询到世界各国共有多少种期刊的权威统计数据。

一直没有完美的解决方案。

一直以来，在期刊管理、评优评奖或人们日常认知中，期刊往往采用相对较粗线条的中宏观分类，如自然科学类与社会科学类、学术类与非学术类、综合类与专业类等。例如：

《科学技术期刊管理办法》将科技期刊按其内容性质划分为5类：（1）综合性期刊，指以刊登党和国家的科技方针、政策和科技法律、法规，科技发展动态和科技管理为主要内容的期刊；（2）学术性期刊，指以刊登研究报告、学术论文、综合评述为主要内容的期刊；（3）技术性期刊，指以刊登新的技术、工艺、设计、设备、材料为主要内容的期刊；（4）检索性期刊，指以刊登对原始科技文献经过加工、浓缩，按照一定的著录规则编辑而成的目录、文摘、索引为主要内容的期刊；（5）科普性期刊，指以刊登科普知识为主要内容的期刊。

《社会科学期刊质量标准及质量评估办法（试行）》将社科类期刊分为7类：（1）学术理论类期刊：能反映国内学术水平，论点明确、论据充分，并具有创新性、探索性和较高学术价值。（2）工作指导类期刊：选题应面向本行业、本系统，信息传递及时，提出的观点针对性强，有很强的指导性。（3）时事政治类期刊：必须正确宣传中国共产党和我国政府的方针、政策，报道内容要真实、准确、及时，注重宣传实效，融思想性、知识性、可读性于一体。（4）文学艺术类期刊：应积极弘扬主旋律，做到题材多样化，反映时代精神，继承、弘扬民族优秀文化，汲取、借鉴世界优秀文化，格调健康，品位高雅，有较高的艺术水平，能多方面地满足人民的审美需要。（5）综合文化生活类期刊：内容应健康向上，思想性强，知识面广，具有较强的科学性和可读性，作品题材新颖，富有独创性，报道真实、准确，正确引导人民的人生观及道德观。（6）教学辅导类期刊：所用文章应科学精练，正确无误，适合刊物读者对象，具有针对性、教育性、实用性，有助于学习、掌握科学文化知识，开阔视野，培养创造能力。（7）信息文摘类期刊：选登的信息应真实，时效性强，信息量大，有利于社会的发展，有利于传播和积累科学文化知识。

在长期实际应用中，偏重期刊资料的排架馆藏功能的《中国图书馆分类法》（简称《中图法》）体系最为普遍和流行。像"国内统一连续出版物号"分类分配体系的依据就是《中图法》，中国图书进出口（集团）总公司也以《中图法》《中国科学院图书馆图书分类法》为主线对期刊进行分类，各种各样的学术期刊评价机构往往也结合《中图法》和《学科分类与代码（GB/T 13745-2009）》等对学术期刊进行分类。下面简要介绍几种。

2.1.1 馆藏资料之期刊分类

期刊是重要的馆藏资料，世界各地图书馆历来重视期刊分类目录编制、期刊分类排架工作，图书馆界也积极研究和完善期刊分类体系。所以，相对而言，目前馆藏资料意义上的期刊分类最具系统性和逻辑性。

国际上通用的文献分类法《国际十进分类法》（Universal Decimal Classification，简称 UDC）是世界上规模最大、用户最多、影响最广泛的一部文献资料分类法，由主表、辅表及索引组成，主表分为10个大类：（0）总论（科学与知识、组织、计算机科学、信息、文献、图书馆学、机构、出版物等）；（1）哲学、心理学；（2）宗教、神学；（3）社会科学（社会学、政治、经济、法律、教育、人类学等）；（4）语言、文字学；（5）自然科学；（6）应用科学；（7）艺术、文体；（8）文学；（9）历史、地理。其中，期刊被列入"（0）总论"中的二级类目"出版物"下的三级目：连续出版物。[1]

国际上最为专业的期刊类工具书是按学科主题分类的《乌利希国际期刊指南》（Ulrich's International Periodicals Directory）。这是一部权威的、规模庞大的、反

---

[1] Universal Decimal Classification 有几十种语言的不同版本，如中型版、完整版、节略版、专业版。因版本不同而存在差异。这里列出这些类目是因为包括期刊在内的出版文献分类基本上都遵循了此思路。

映世界各国期刊和报纸出版信息的综合性指南。所收期刊著录项详尽，按129个主题大类、966个亚类类目排列，每一亚类有39个项目。[1]

国内权威系统的期刊分类专业工具书是按学科主题并兼顾知识体系分类的《中国图书馆分类法－期刊分类表》，是在《中国图书馆分类法》基础上结合报刊的特点编制的，它将期刊分为5个基本部类：（1）马列主义、毛泽东思想；（2）哲学；（3）社会科学；（4）自然科学；（5）综合性连续出版物。在每个基本部类中，又分为若干大类，如社会科学又分为社会科学总论、政治、法律、军事、经济、文化、科学、教育、体育、语言、文字、文学、艺术、历史、地理。在每个大类中，又根据实际情况分为若干下位类目。

另外，因期刊属性的交叉性，馆藏意义上的各种期刊分类中，都还配备了复杂的复分表、地区表等作为其重要的辅助组成部分。

2.1.2 核心期刊/索引来源刊/评价之学术期刊分类

随着期刊规模扩大，自20世纪五六十年代开始，为导购、导读、学术、期刊评价之目的而诞生的索引来源刊、核心期刊的研究成果不断问世，并被广泛运用。国外比较知名的检索数据库有：EI（工程索引）、SCI（科学引文索引）、ISTP（科技会议录索引）、SSCI（社会科学引文索引）、A&HCI（艺术与人文科学索引）等。国内比较知名的有：《中文核心期刊要目总览》《中文社会科学引文索引（CSSCI）来源期刊》《中国人文社会科学期刊AMI综合评价报告》《中国科学引文数据库（CSCD）来源期刊》《中国科技核心期刊》等。这些索引来源刊/核心期刊数据库对期刊的分类，既吸收了期刊馆藏排架分类体系的优点，又主要按照学科知识分类或专业设置体系，综合动态性地对期刊进行如下分类。

---

[1] 按主题分类的《乌利希国际期刊指南》非常繁细，作为期刊信息工具书，在数字信息检索条件下使用价值越来越大。叶继元：《新版〈乌利希国际期刊指南〉与〈外国报刊目录〉编制特色之比较》，《图书馆》1996年第5期。

EI 的收录首先分为学术期刊和行业期刊。学术期刊中主要收录工程技术领域的科技期刊和会议论文，其所收录文献的范围几乎覆盖工程技术各个领域，涉及材料工程、地质、电工、电子、通信、动力、核技术、化学、工业工程、环境、机械工程、计算机和数据处理、交通运输、金属工艺、控制工程、矿冶、能源、材料科学、农业、食品技术、汽车工程、生物工程、石油、食品、数理、水利、土木工程、医学、仪表、应用物理、宇航、照明、光学技术和自动控制等学科领域。

SCI 主要摘录科技期刊和专利，涵盖学科超过 100 个，主要涉及农业、生物及环境科学；工程技术及应用科学；医学与生命科学；物理及化学；行为科学；等等。[1]

SSCI 是社会科学领域重要的期刊文摘索引数据库，覆盖了历史学、政治学、法学、语言学、哲学、心理学、图书情报学、公共卫生学等社会科学领域。

A&HCI 收录期刊文献数据覆盖了语言与语言学、文学、哲学、宗教与神学、古典研究、历史、考古、艺术、建筑、表演艺术等人文学科领域，共计 9 大学术领域 28 个学科。

ISTP 所收录的数据包括生命科学、农业、环境科学、生物化学、分子生物学、生物技术、医学、工程、计算机科学、化学、物理学、工程技术和应用科学等学科。

ISSHP 收录文献资料涵盖了社会科学、艺术与人文科学领域的会议文献。这些学科包括哲学、心理学、社会学、经济学、管理学、艺术、文学、历史学、公共卫生学等领域。

CSSCI 所收录期刊数据库的学科分类依据是《学科分类与代码》（GB/T 13745-2009），并参照《学位授予和人才培养学科目录》和国家社会科学基金学科分类目录进行。目前设置了 23 个基于学科分类的期刊类别，同时根据我国期刊

---

[1] SCI 的价值体现在：摘录了被选用期刊上所刊载的每篇文献，包括论文（无代号）、摘要（A）、评论（B）、编辑部文章（E）、通讯（L）、会议数据（M）、专利（P）、评论和书目（R）。尤其把每篇文献后所附的参考文献一一认真著录，并按照一定格式编排起来，从而实现了强大的论文引证索引、作者引证索引、专利引证索引、主副事物引证索引及机构引证索引等功能。

发展的实际情况设置"高校综合学报"和"综合社科期刊"两个综合期刊类别，总计25个学科类别，详见表2-1。

表2-1 学科分类

学科代码	分类名称	分组概况
710	马克思主义理论	党史·党建/马克思主义原理·中国特色社会主义/思想政治教育
630	管理学	工商管理/公共管理/管理科学与工程/科学学及其他
720	哲学	
730	宗教学	
740	语言学	汉语/外语/民族语文
751	外国文学	
752	中国文学	
760	艺术学	艺术学综合/美术学/设计学/影视戏剧戏曲/音乐舞蹈
770	历史学	
780	考古学	
790	经济学	经济学综合/世界经济/农林经济/财政金融/产业经济与贸易经济
810	政治学	政治学 行政学理论/国际（地区）问题研究/党校行政学院学报
820	法学	
840	社会学	社会学理论/人口学/社会团体和组织
850	民族学与文化学	民族学/文化学理论/民族大学（学院）学报
860	新闻学与传播学	
870	图书馆、情报与文献学	图书、情报/档案学
880	教育学	教育学综合/高等教育/基础教育/其他各类教育及教育技术
890	体育学	
910	统计学	
920	心理学	
930	综合社科期刊	社科院（联）等主办的综合性期刊/书评类期刊

续表

学科代码	分类名称	分组概况
960	人文经济地理	地理学 / 城市研究和规划 / 旅游学
970	自然资源与环境科学	
980	高校综合学报	综合性学报 / 其他（刊登社科类论文为主）

＊该中心根据学术期刊布局的实际情况适时进行期刊学科分类及分组的调整。

2.1.3 国内统一连续出版物号分类

我国每一种期刊都有一个唯一的代码，俗称"刊号"，由字母和数字构成，结构格式为 CN XX-XXXX/YY。CN 代表中国，后面 6 位数字为地区号（前 2 个数字）+序号（后 4 位数字为连续出版物编号），斜线后面的字母则为期刊分类号，具体含义如下：

A 马克思主义、列宁主义、毛泽东思想

B 哲学

C 社会科学总论

D 政治、法律

E 军事

F 经济

G 文化、科学、教育、体育

G0 综合性文化刊物

G1 世界各国文化事业

G2 各项文化事业

G3 科学、科学研究工作

G4 教育

G8 体育

H 语言、文字

I 文学

J 艺术

K 历史、地理

N 自然科学总论

O 数理科学和化学

O1 数学

O3 力学

O4 物理学

O6 化学

P 天文学、地球科学

Q 生物科学

R 医药、卫生

S 农业、林业

T 工业技术总论

TB 一般工业技术

TD 矿业工程

TE 石油、天然气工业

TM 电工技术

TF 冶金工业

TG 金属学、金属工艺

TH 机械、仪表工业

TJ 武器工业

TK 动力工程

TL 原子能技术

TN 无线电电子学、电讯技术

TP 自动化技术、计算技术

TQ 化学工业

TS 轻工业、手工业

TU 建筑科学

TV 水利工程

U 交通运输

V 航空、宇宙飞行

X 环境科学

Z 综合性期刊

综合国内外期刊的分类情况看，基于不同的分类目的就有不同的分类体系，如馆藏分类体系、学科或知识分类体系、期刊评价分类体系、国内统一连续出版物号分类体系、邮政报刊发行分类体系、数据库索引分类体系等。这些分类体系各具特点，都是根据各自的用途和技术条件而研制，在方法、结构上有相同点，但差异也很明显。

2.2 信息数字化时代期刊分类理论与方法

国内外围绕期刊分类的探讨很多，专家学者也提出了不少方案或建议，叶树声甚至早在 2001 年就提出应建立期刊分类学[1]。但综合来看，期刊分类问题的研究成果主要集中在 20 世纪八九十年代，图书馆从业者对如何科学排架馆藏期刊进行了一些具象研究，且不论是依据《中国图书馆分类法》还是《学科分类与代码》，都是静态的、机械的。

可能是传统技术条件一定程度上限制了人们的想象力，使得期刊分类方法一

---

[1] 叶树声：《论期刊分类学》，《图书馆理论与实践》2001 年第 6 期。

直难有大的突破。而在信息数字化时代，随着人们对期刊本质认识的深化，借助于信息网络技术带给人们的无限想象，期刊分类方法便有了可以突破的空间。近年来，不少研究者就在信息数字技术加持下，提出了一些关于期刊分类的新思考。例如：

朱晓宇、王贤文等提出，基于 Web of Science 全库检索，通过计算期刊共被引率矩阵的方法，可以对期刊进行学科分类。[1] 袁翀提出，综合性人文社会科学学术期刊内容涵盖人文科学、社会科学两大领域，可以依据学科知识内容、按照论文内容相近学科领域进行聚类，并将其分成 3 类：（1）侧重人文学科的综合性学术期刊；（2）侧重社会科学的综合性学术期刊；（3）综合性社会科学期刊。[2] 邵松、乔监松认为，依据文献计量学方法研制的各种核心期刊、引文库和数据源期刊的排名出现了一些问题，偏离了学科排名前 20% 的布拉德福文献分散定律，根源在于没有按照学科或主题对期刊进行科学的分类。期刊评价的主要目的是更有效地服务于科研管理和人才培养过程中的学术研究，所以，应依据国务院学位委员会、教育部颁发的《学位授予和人才培养学科目录》[3] 进行期刊学科分类，并借助互引链接图和聚类分析验证其分类的合理性，及时纠偏和调整。[4]

以上列举的部分期刊分类研究新成果，都基于新的信息技术拓展了期刊分类的视野。的确，当我们从宏观上俯瞰期刊分类问题时，便会豁然发现，期刊作为一种知识载体，其多重面相中既有以出版宗旨、出版内容及其服务的读者对象为

---

[1] 朱晓宇、王贤文、刘则渊等：《基于 Web of Science 全库检索的期刊分类方法研究》，《图书情报工作》，2009 年第 16 期；王贤文、刘则渊：《基于共被引率分析的期刊分类研究》，《科研管理》，2009 年第 5 期。
[2] 袁翀：《综合性人文社会科学学术期刊分类评价的必要性与可行性》，《南京大学学报（哲学·人文科学·社会科学）》，2019 年第 4 期。
[3] 《学位授予和人才培养学科目录》由国务院学位委员会、教育部印发。2022 年 9 月发布了新版目录《研究生教育学科专业目录（2022 年）》，将学科/专业门类划分为：哲学、经济学、法学、教育学、文学、历史学、理学、工学、农学、医学、军事学、管理学、艺术学和交叉学科共计 14 个门类，117 个一级学科，36 个博士专业学位类别，31 个硕士专业学位类别。其中，新增设置第 14 个学科门类——交叉学科（门类代码为 14），含集成电路科学与工程、国家安全学、设计学、遥感科学与技术、智能科学与技术、纳米科学与工程、区域国别学、文物、密码。
[4] 邵松、乔监松：《期刊的学科分类对期刊评价的影响》，《科技与出版》，2017 年第 3 期。

特征的内在属性，也有政府管理、"双效"评价、是否"核心"等社会附加的外在属性。而所谓属性就是满足人们需要的一种状态，不同的属性对应了人们的不同需要，期刊分类也是如此。所以，根据历史唯物主义的基本原理，按期刊属性进行分类就是在人的需要与刊的属性之间建立起一种有机联系。由此，我们就可以确立期刊分类的多向度思维，即所有基于期刊内在、外在属性的要素均可以作为期刊分类的维度选择，并可以在信息数字技术的加持下随意组合成不同的分类，从而实现立体多元的期刊分类体系，满足不同主体的分类需要。

从逻辑架构上，可以期刊的本体维度（内在属性）为主、期刊的管理维度（外在属性）为辅这两大主线构建全方位的期刊分类体系，如图2-1所示。

图 2-1 期刊分类体系

本体维度

本体分类项
- 功能定位
- 内容定位
- 读者定位

管理维度

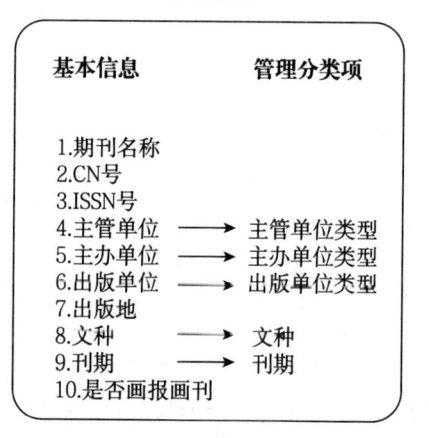

基本信息　　　　　管理分类项
1. 期刊名称
2. CN号
3. ISSN号
4. 主管单位　→　主管单位类型
5. 主办单位　→　主办单位类型
6. 出版单位　→　出版单位类型
7. 出版地
8. 文种　　　→　文种
9. 刊期　　　→　刊期
10. 是否画报画刊

2.2.1 期刊的本体维度分类

期刊本体是指由期刊的办刊宗旨、出版内容、读者对象这三个基本属性构成的本质规定性，所以期刊本体维度就由期刊功能定位、内容定位和读者定位三个基本向度构成，这三个基本向度既有区别又有交叉，呈现了期刊的共性与个性相统一的多重面相，构成了期刊分类体系的主要框架。从期刊本体维度进行分类，可以立体化展示期刊的多维属性，因而是期刊分类的主体和重点。

2.2.2 期刊的管理维度分类

期刊管理是指国家及其行政管理部门对期刊出版计划、调控、监督等行使法定管理事务的活动，也可泛指社会层面赋予期刊的附加要件。国家及其行政管理部门依据法律法规对期刊设定了诸多法定管理信息。依据《出版管理条例》《期刊出版管理规定》《期刊出版形式规范》等法规，期刊的基本信息包括期刊名称、国内统一连续出版物号（CN号）、国际标准连续出版物号（ISSN号）、主管单位、主办单位、出版单位、出版地、版别、文种、刊期和开本等，这些法定管理信息也是期刊分类的依据，可根据需要，组合不同信息进行期刊分类。社会层面赋予的附加要件如奖惩、荣誉、级别、评价等，也可构成特定维度的期刊分类。从期刊管理维度进行分类，可以满足对期刊精细化管理、应用、研究和评价的实际需要。

2.3 期刊分类体系新建构[1]

确立了期刊分类理论方法的新思路，借鉴已有期刊分类研究和应用成果，我们可以尝试建设一套信息数字技术加持下的分类多维、精准细分、查询便捷、应用性强的期刊分类体系和对应的动态数据库。

2.3.1 按期刊功能定位进行分类

依据期刊的办刊宗旨描述和编辑出版理念，可将期刊的功能定位分为两级：第一级类目为"党政类""新闻类""哲学社会科学学术类""自然科学学术类""技术应用类""行业指导类""教辅类""生活休闲类""文化艺术类""知识普及类""文摘类""年鉴类"及"其他类"计13个类目；第二级、三级类目为第一级类目的细分。具体为：

党政类——指由中国共产党机关和国家行政机关主办，以党的建设、思想理

---

[1] 本节主要内容源自本人和刘玮负责的一个研究项目。

论宣传、政策或工作指导等为内容的刊物，下分"党的机关刊物类（党刊）""政府机关刊物类""党史党建类""政府公报类""其他类"5个二级类目。

新闻类——指刊发反映国内和国际政治、财经、文化、社会等新闻性及评论性文章的期刊，下分"时政新闻类""财经新闻类""法制新闻类""社会新闻类""对外交流类（含外宣）"及"综合类"6个二级类目。

哲学社会科学学术类——指刊发哲学社会科学学术研究成果的期刊，下分"综合类""专业类"2个二级类目，其中"综合类"二级类目又下分"大学学报类""党校、行政学院学报类""社科院（联）综合性期刊类"和"其他类"4个三级类目；"专业类"二级类目又下分"大学学报类""社科院（联）专业性期刊类"和"其他类"3个三级类目。

自然科学学术类——指刊发自然科学学术研究成果的期刊，亦下分"综合类""专业类"2个二级类目，其中"综合类"二级类目又下分"大学学报类""其他类"2个三级类目；"专业类"二级类目又下分"大学学报类"和"其他类"2个三级类目。

技术应用类——指以新的技术、工艺、设计、设备、材料为主要内容，反映专业领域或行业科技应用水平的期刊。下分"工业类""工程类""农林牧渔类""医疗医药类""其他类"5个二级目。

行业指导类——指面向本行业领域读者，以刊登行业发展动态和指导行业发展为主要内容的期刊，下分"财经金融类""农业农村类""工商贸易类""教育科研类""文化出版类""体育旅游类""社会团体类""公用事业类"及"其他类"9个二级类目。

教辅类——指以中小学学校师生为主要读者对象，用来指导帮助师生从事各科课程教学和学习的刊物。下分"小学类""中学类""其他类"3个二级类目，其中"中学类"二级类目下分"初中类""高中类"及"不限"3个三级类目。

生活休闲类——指面向社会大众读者，以生活服务、日常消费及娱乐休闲为主要内容的期刊。下分"居家消费类""休闲游玩类""影视音乐类""体育健身类""医疗保健类""素质培养类""时尚服装类"及"其他类"8个二级类目。

文化艺术类——指面向社会大众读者，以大众文化消费为主要内容的期刊。下分"文学作品类""艺术作品类"及"大众文化类"3个二级类目。

知识普及类——指专门普及自然科学知识和人文社科知识的期刊，下分"自然科学知识普及类""人文社科知识普及类"和"综合类"3个二级类目。

文摘类——指对原始文献再次编辑加工形成的题录、文摘、索引等内容的期刊，下分"学术类""大众类"2个二级类目。

年鉴类——指汇辑一年内的重要时事、文献和统计资料，按年度连续出版的期刊。

其他类——指除上述类别之外的期刊。

2.3.2 按期刊的读者定位进行分类

按期刊的主要读者人群对期刊进行分类，主要有以下几类。

（1）按读者领域，参考《中华人民共和国职业分类大典（2022年版）》可分为：

机关及事业单位人员：指在中国共产党中央委员会和地方各级党组织，各级人民代表大会常务委员会，人民政协，人民法院，人民检察院，国家行政机关，各民主党派，工会、共青团、妇联等人民团体，群众自治组织和其他社团组织及其工作机构和事业单位中工作的人员。

生产、运输设备操作人员及有关人员：指从事生产、运输中的设备操作人员及相关人员。

农民：指从事农业、林业、畜牧业及渔业生产、管理、产品初加工的人员。

军人：指在国家军事领域工作的人员。

教学科研人员：指从事教育教学及科学研究的人员。

专业技术人员：指从事专业技术工作的人员。

商业及服务业人员：指从事商业、餐饮、旅游、娱乐等领域工作的人员。

学生：指正在学校或其他学习场所受教育的人。此项又下分二级类目："小学""中学""大学""成人""其他"。其中二级类目"中学"下设"初中""高中""不限"3个三级类目。

宗教人士。

其他。

（2）按读者年龄层次，可分为：

婴幼儿：指0岁至3岁年龄段人群。

学龄前儿童：指4岁至6岁年龄段人群。

青少年：指7岁至17岁年龄段人群。

中青年：指18岁至60岁年龄段人群。

老年：指61岁以上年龄段人群。

不限。

（3）按读者性别，可分为：

女性；男性；不限。

2.3.3 按期刊的内容定位进行分类

参考《中国图书馆分类法》《学科分类与代码》（GB/T 13745-2009）、《学位授予和人才培养学科目录》等标准，按学科知识体系进行一、二级分类，见表2-2。为了保持与有关标准的衔接，分类类目的排列顺序参照了上述标准的次序。

表2-2 学科分类体系

序号	一级类目	二级类目
1	马克思主义理论	综合
		理论宣传（非学术）
		马克思列宁主义理论研究
		马克思主义中国化研究
		思想政治教育
		其他
2	哲学	综合
		中国哲学
		外国哲学
		科学技术哲学
		逻辑学

续表

序号	一级类目	二级类目
2	哲学	伦理学
		美学
		其他
3	心理学	综合
		基础心理学
		发展与教育心理学
		应用心理学
		其他
4	宗教	综合
		佛教
		道教
		伊斯兰教
		基督教
		其他
5	社会学	综合
		社会学理论
		社会生活与社会问题
		社会工作、社会管理、社会事业
		人口
		民俗、人类学
		其他
6	民族	综合
		民族学理论
		中国少数民族研究
		民族史志、民族地理
		民族工作
		其他
7	政治	综合
		政治学理论
		中共党史党建
		纪检监察
		时政

续表

序号	一级类目	二级类目
7	政治	公报、资料
		行政工作与管理（含公共管理）
		人大工作
		政协与统一战线工作
		工会工作
		对外交流与宣传
		其他
8	法律	综合
		法学理论
		法律法规资料
		普法宣传与教育
		犯罪与侦查、刑事技术
		公安学
		公检法司业务与管理
		其他
9	军事	综合
		军事理论
		军事队伍建设（含民兵、预备役、军事院校、退役）
		军队政治工作
		军事生活
		国防、军事技术与装备
		其他
10	经济管理	综合
		经济学理论
		政治经济学
		经济史（含经济思想史）
		世界经济（含贸易）
		国民经济
		区域经济（含城市经济）
		产业经济
		劳动经济（含人力资源）
		统计

续表

序号	一级类目	二级类目
10	经济管理	财金（含财政、税务、金融、保险）
		技术经济
		管理科学
		工商管理
		农林经济管理
		其他
11	文化	综合
		中国文化
		外国文化
		文化经济
		生活文化
		其他
12	新闻传播出版	综合
		新闻传播
		出版
		资讯
		其他
13	信息资源管理	综合
		图书馆
		情报
		档案
		其他
14	科学学	综合
		科学研究与管理
		科学普及
		其他
15	教育	综合
		教育学理论
		课程与教学论
		教育史
		比较教育
		学前教育

续表

序号	一级类目	二级类目
15	教育	基础教育
		普通高等教育
		成人教育
		职业技术教育
		特殊教育
		教育技术
		社会教育
		家庭教育
		教育经济与管理
		其他
16	体育	综合
		体育学理论
		运动场地与设备
		体育运动技术
		田径运动
		体操运动
		球类运动
		民族传统体育
		水上、冰上与雪上运动
		其他
17	语言文字	综合
		语言学
		汉语
		中国少数民族语言文字
		外国语言文字
		其他
18	文学	综合
		文学理论
		中国文学
		外国文学
		诗歌、韵文
		戏剧文学
		小说

续表

序号	一级类目	二级类目
18	文学	报告文学
		散文
		影视文学
		民间文学
		儿童文学
		大众文学
		其他
19	艺术	综合
		艺术理论
		中国艺术
		外国艺术
		美术
		绘画
		书法、篆刻
		雕塑
		摄影
		设计
		工艺美术
		建筑艺术
		音乐
		舞蹈
		戏曲
		戏剧
		曲艺
		影视艺术
		其他
20	历史	综合
		史学理论
		史学史
		中国史
		世界史
		文献
		考古

续表

序号	一级类目	二级类目
20	历史	文物
		博物馆
		民族史志
		地方史志
		传记
		其他
21	地理	
22	数学	
23	化学	
24	晶体学	
25	物理	
26	力学	
27	天文	
28	地球	
29	测绘	
30	地质	
31	大气科学	
32	海洋科学	
33	系统科学	
34	工业、工程	综合
		一般工业技术
		矿业工程
		石油、天然气工程
		冶金工业
		金属学与金属工艺
		机械工程
		仪器仪表
		武器工业与军事技术
		能源与动力工程
		原子能技术
		电工技术
		无线电电子学、电信技术
		化学工业
		轻工业、手工业
		建筑科学

续表

序号	一级类目	二级类目
34	工业、工程	水利工程 材料科学 其他
35	自动化、计算机科学	
36	信息科学	
37	生物	综合 普通生物学 细胞生物学 遗传学 生理学 生物化学 生物物理学 分子生物学 生物工程学（生物技术） 仿生学 古生物学 微生物学 植物学 动物学 昆虫学 人类学 其他
38	农业	综合 农业基础科学 农业科学 农业工程 农学（农艺学） 植物保护 农作物 园艺

续表

序号	一级类目	二级类目
38	农业	林业
		水产、渔业
		畜牧、动物医学
		其他
39	医学	综合
		预防医学，卫生学
		中国医学
		基础医学
		临床医学
		内科学
		外科学
		妇产科学
		儿科学
		肿瘤学
		神经病学与精神病学
		皮肤病学与性病学
		眼耳鼻咽喉科学口腔科学
		特种医学
		药学
		护理学
		养生保健
		其他
40	交通运输	综合
		公路运输
		水路运输
		铁路运输
		航空、航天
		其他
41	环境科学	综合
		环境科学
		社会与环境

续表

序号	一级类目	二级类目
41	环境科学	环境保护管理
		灾害及其防治
		环境污染及其防治
		废物处理与综合利用
		环境质量评价与环境监测
		其他
42	航空航天	
43	集成电路科学与工程	
44	国家安全学	
45	设计学	
46	遥感科学与技术	
47	智能科学与技术	
48	纳米科学与工程	
49	区域国别学	
50	其他	

2.3.4 按期刊的管理维度分类

根据期刊管理含义的各个要件，除了规定项如主管单位类型、主办单位类型、出版单位性质、出版周期等可以作为分类维度外，社会各方面赋予的要素，如国家级的期刊奖，行业或学（协）会的优秀期刊，各种资金资助期刊，评价机构选出的核心期刊、来源期刊、重要转载来源期刊等也可进行特定分类，见表2-3。

表2-3 期刊的管理维度分类体系

序号	管理维度分类项	分类内容
1	主管单位类型	党政机关
		民主党派
		人民团体
		科研院所
		高等院校
		党校、行政学院
		学会、协会、研究会

续表

序号	管理维度分类项	分类内容
1	主管单位类型	军队单位
		文化、新闻、出版类大型单位
		非文化、新闻、出版类国有企业
		单体杂志社、出版社、报社
		其他事业单位
2	主办单位类型	党政机关
		党政机关下属事业单位
		民主党派
		人民团体或下属单位
		研究院所、医院
		高等院校
		党校、行政学院
		学会、协会、研究会
		军队单位
		大型出版集团、文化单位
		单体杂志社、出版社、报社
		公司企业及下属单位
		其他事业单位
3	出版单位性质	事业法人
		企业法人
		非独立法人
4	出版周期	周刊
		旬刊
		半月刊
		月刊
		双月刊
		季刊
		半年刊
		年刊

续表

序号	管理维度分类项	分类内容
5	社会评价	各种荣誉、奖惩、资助、核心期刊等

以上关于期刊分类方法及分类体系的思考，虽然在理论研究、逻辑架构、实践导向等诸多方面有所创新，但是期刊具有的多元属性和动态变化特点，导致无论从期刊的本体维度（功能定位、内容定位和读者定位）分类，还是从期刊的管理维度（文种、刊期、主办单位类型、出版单位类型等）分类，抑或是复合多元分类，都可能存在诸如类别设置的合理性、类别层级的逻辑性、每种期刊各维度分类标签之间的自洽性等问题。从分类规律看，分类越细，这些问题越突出。因此，构建一套满足覆盖全面、分类科学、层级简明、使用便捷的期刊分类标准体系，还有很大的探索空间。

为了推动期刊分类更加符合日新月异的经济社会发展的需要，未来的研究，可以借鉴以上期刊分类理论方法，深入细化分类方案。例如，可按照期刊所刊登论文内容相近学科领域的聚类情况对分类予以补充修正，或建立共被引率矩阵、依据布拉德福定律对分类结果进行校验，或利用大数据技术，从知识点分布、学者研究领域、期刊刊登论文偏好、同类文献引用率等方面，计算出某类期刊的聚类情况等。

中篇

期刊评价的问题逻辑

3 核心期刊现象

3.1 我国核心期刊现象缘起

研究学术期刊评价问题，绕不开核心期刊这个焦点话题。弄清了核心期刊问题的由来，就能基本捋清期刊评价问题的逻辑，从而科学理性地认识和开展相关理论研究，为学术期刊健康发展提供正确引导、价值参考。

我国关于核心期刊研究的理论方法、角色定位、科研评估用度、社会影响评价等方面的文章，时常见诸专著、报刊、网络。对核心期刊的理论研究与实践运用，有人认为其对推动我国学术期刊的发展和服务科研管理发挥了重要作用，但也有人将其视为"乱了规矩的学术闹剧"而大加鞭笞，特别是对各种核心期刊遴选体系，诟病很多。可以说，围绕核心期刊这个主题在学界、业界、科研管理与评价部门以及社会其他层面产生了种种争论、问题，形成了一种核心期刊现象。

任何一种学科的兴衰都不能脱离社会实践的发展需要。换言之，核心期刊理论研究的勃兴既有学科自身的内生成长动力，更有社会快速发展的外在因素强力推动。在国外如此，在中国亦然。我国20世纪70年代译介国外的科技核心期刊表，目的是帮助图书馆、资料室用有限的经费订购最有用的国外期刊，完善基本藏书，从而为广大科研工作者获得高密度、最有价值的情报源服务。可以说这个需求是文献计量学持续发展的基本驱动力之一，这里不作赘述。下面重点探讨快速造就我国核心期刊现象的主要原因。

3.1.1 论文发表需求催生了期刊阵营之空前壮大

自 1978 年党的十一届三中全会以来，我国科学研究、文化出版又逢春，激发了强大的动能，整个文化市场生机勃勃、繁荣发展。其中，学术期刊作为科研成果最重要的载体，伴随急速飙升的论文刊载量不断壮大自己的阵营，数量迅猛增长。从 1978 年仅 930 种到 2020 年的 10192 种，增长近 10 倍。如果不是新闻出版管理部门采取极其强力的措施控制期刊总量，我国期刊的数量将会有更高速度的增长。

论文数量的增长与期刊种数的扩张相辅相成。科研论文数量的猛增，促进了学术期刊数量的增加，而学术期刊数量的庞大又呼唤着核心期刊评选行为的诞生。因此，由论文数量的激增导致的学术期刊数量的壮大是催生核心期刊现象的客观现实基础。

3.1.2 核心期刊研究之发展

"核心期刊"概念发轫于 1934 年英国文献学家布拉德福（S.C.Bradford）提出的"文献离散定律"，即对于某个学科或主题来说，大量的论文集中在少量期刊上，而其他少数的该学科或主题的论文则分布在大量的期刊上。后经美国情报学家普赖斯（Drek de Solla.Price）、尤金·加菲尔德（E.Garfield）等人的研究，特别是加菲尔德于 20 世纪中期创立了引文索引系统和引文分析理论（E.Garfield. Citation indexes to science: a new dimension in documentation through association of ideas. Science 1955;122:108）后，在由其创始的美国科学情报所（ISI）的推动下，分别于 1963 年、1973 年、1978 年研制了《科学引文索引》（SCI）、《社会科学引文索引》（SSCI）、《艺术和人文科学引文索引》（A & HCI）这三大检索工具。从此，以引文索引为核心的文献计量学的研究与应用得以广泛推广。发展到现在，国际上知名的引文索引数据库有：SCI、EI（工程索引）、ISTP（科技会议录索引）三大科技文献检索系统和 SSCI、A&HCI、ISSHP（社会科学和人文科学会议录索引）三大人文社会科学索引库。这其中最物化、最引人瞩目的就是"核心期刊"，即根据对期刊学科或主题的发文数量及其被引用的离散规律，选出的那些位于该学科或主题核心部分的期刊。

我国"核心期刊"理论研究起始于译介国外的成果。据钱荣贵先生考证，1973年中国图书进出口公司创刊的《国外书讯》中刊载的《世界重点科技期刊》一文可能是国内传媒首次提及"核心期刊"问题的开篇之作[1]。当时，国外学术期刊价格飞涨，如何用有限的经费采购到有价值的外刊，成为研究者的直接目的。从20世纪80年代始，我国对核心期刊的研究逐渐升温，研究机构纷纷建立。几十年来我们一面消化吸收，一面实践应用。从译介到自行研制国外科技核心期刊表，从科技领域到人文社科领域，从个体研究到国家重大课题立项，经历了从"拿来主义"到"洋为中用"的本土化渐进过程。

从国内正式系统公开出版、发布的核心期刊研制成果情况看，最早见于1992年由北京大学出版社出版的《中文核心期刊要目总览》，即北京大学图书馆"中文核心期刊"（北京地区高等院校图书馆期刊工作研究会和北京大学图书馆联合研究课题成果）。至今，《中文核心期刊要目总览》已分别于1992年、1996年、2000年、2004年、2008年、2011年、2015年、2018年、2021年、2023年出版了10版。

与此同时，图书情报学界也借鉴国外引文索引的理论和方法，开展了大量相关研究。

1996年，中国科学院文献情报中心推出了我国第一个自然科学领域的引文数据库——"中国科学引文数据库"（Chinese Science Citation Database）光盘版，收录了国内出版的中英文科技核心期刊582种，即"中国科学引文数据库（CSCD）来源期刊"。

1999年，南京大学中国社会科学评价研究中心推出了我国第一个人文社会科学领域的引文数据库——"中文社会科学引文索引"（1998版），收录了来源期刊496种，即南京大学"中文社会科学引文索引（CSSCI）来源期刊"。

---

[1] 钱荣贵：《"核心期刊"与期刊评价》，中国传媒大学出版社2006年版，第20页。

另外，1997年起中国科学技术信息研究所的"中国科技论文统计源期刊"（又称"中国科技核心期刊"）、2004年起中国社会科学院文献信息中心的《中国人文社会科学核心期刊要览》、2009年起武汉大学中国科学评价研究中心的《中国学术期刊评价研究报告：RCCSE权威、核心期刊排行榜与指南》、2012年起中国人民大学书报资料中心的《复印报刊资料重要转载来源期刊》等，也相继正式公开出版或对外发布。

因此，我国关于引文索引的理论、方法及其功用，特别是核心期刊的概念与研究，皆属舶来品。当然，从我国图书情报研究、文献计量研究或科研评价研究的角度看，这些成果也算是以引进方式填补了空白，而且在数据采集、指标设定、应用范围等方面，也结合我国特点做了不同程度的修改、创新和发展。

3.1.3 科研管理部门之泛用

一直以来，我国重视采用专家评议制度，特别是在人文社科科研成果评价方面。所以，客观地看，核心期刊这个舶来品一开始并没有引起学界、期刊界、科研考核管理部门的普遍重视。一是国内对此较陌生，需要一个熟悉、认知的过程；二是国内科研考核尚不偏重量化指标，学术期刊的地位或评价尚处于由历史形成的行政级别或同行认可的阶段。但是，大约20世纪90年代中期以后，随着我国论文数量和期刊数量的迅猛增长，以及各种核心期刊表的诞生和传播，对处于"苦海"困境中的科研评价管理者而言，这个基于引文量化数据基础的核心期刊表犹如一服灵丹妙药，成为核心期刊之评价功用被过度拔高的主要推手。这是因为：

（1）科研成果定性研究多、定量研究少，评价尺度难以把握

我国人文社科成果之所以高产化，与以定性为主的研究方法有很大关系。在这些论文中,定性研究占绝对的比重,占文献总量的94%,定量研究的论文仅占6%。而国外的情况恰恰相反，定量研究占据主流，占文献总量的80%，定性研究的论

文只占20%。[1]一般而言，定性研究成果的评价难度大于定量研究。因为，与自然科学相比，人文社会科学具有"构成的复杂多元性，民族性、政治性、本土性，真理检验的直观性，价值实现的潜在性和间接性，成果多样性，引文的长周期性等特征"[2]。所以，我们一般会感到，自然科学、应用科学上的科研创新对人类社会进步所产生的"效益"大多相对具象而即时，但对人文社科成果而言，这种"效益"体现得相对抽象、滞后，很难对其未来效益的大小做出即时客观的评价。

（2）同行专家评议制度受到人为主观因素制约，人们更认同量化评价

科研成果的评价是一个涉及评价目的、评价主体、评价客体、评价方法、评价程序、评价结果等复杂因素的价值判断过程，同行评议应当是评价全过程的主角。在没有核心期刊量化评价前，虽然对同行主观评议法也有争议（比如对社会科学领域里创新性强、很超前的成果，或者是人文学科领域里那些小众化、个别化的研究成果，或者交叉学科领域里的研究成果，评价结论有时出现失误或争议），但它却是科研成果评估的唯一选择。而在学术科研和学术评价功利、学术规范和学术诚信缺失的环境下，一旦有了量化数据指针或标准，刚性地解决了许多主观判断解释不清楚的"质疑"和分歧，人们自然就抛弃了有争议、有疑问并可能引起无穷麻烦的主观同行评议法，转而采用貌似公正公平公开的量化评价法。尤其是大多数人对核心期刊生成的数据、指标、计算等复杂因素不知其详，对引文分析法的应用局限不甚了解，盲从心理反而使之认同度更高。例如，在很多人的文章或言论中，把核心期刊与学术成果评价、学术期刊评价这些问题混为一谈，把论文评价标准与核心期刊研制标准等同看待，等等。

（3）把与国际接轨作为先进科学的代名词

实行对外开放，加快与国际接轨，也带来了一些负面的东西。比如在学术界涌动着的崇洋心态就十分突出。在学术评价领域，以 SCI、EI、ISTP、SSCI、

---

[1] 范并思：《社会转型时期的中国社会科学——社会科学的科学计量学分析》，《上海社会科学院学术季刊》2001年第3期。
[2] 朱少强：《人文社会科学研究的特征及其对学术评价的影响》，《重庆大学学报（社会科学版）》2007年第5期。

A&HCI 为代表的"洋"索引、高被引在一些人心目中成为至理圣经，唯"洋"是瞻，不管学科、地域、文化差异，照抄照搬，一概拿来，向"国际标准"看齐。

（4）科研考核工作大大简单化

据范并思研究，就社会科学而言，1950—1970 年世界文献的平均增长率为 3.35%，发达国家如英国、美国、德国还要低于这一数字。而我国 1978—1995 年文献的平均增长率却超过了 20%。论文数量的激增，客观上增加了科研考核的操作难度和成本。有了核心期刊这个范围界定，无疑会简便易行。

可以说，科研成果的高产化、质量评价的复杂性，迫使科研管理评价部门竭力寻找一种客观的、量化的、"无可争议"的科研评价标准。与之相辅相成的，我国核心期刊理论和方法的广泛研究以及大规模的核心期刊遴选运动所取得的成果，为我国不同层级的科研评价与管理部门所选择，也就顺理成章了。由此，核心期刊遴选体系便从幕后被隆重地请到了台前，直接嫁接到了科研成果评价体系中，并逐渐成为举足轻重的工具性评价指标。

正是在上述各种合力的推动下，终于成就了轰轰烈烈、影响广泛、颇具中国特色的核心期刊现象。

3.2 核心期刊现象之是非功过

3.2.1 核心期刊现象之褒贬

核心期刊现象的产生，既有客观现实的需要，也有在具体应用过程中的偏差。作为一种现象级的社会客观存在，尤其关涉不同对象的各方面切身利益，自然会产生不同的声音。总体来说，社会各界对核心期刊现象普遍存在两种对立的看法：

（1）基本肯定核心期刊的研究及其应用

这主要反映在科研管理部门、行业协会、核心期刊遴选体系研制者、部分个体研究者层面。例如，南京大学中国社会科学研究评价中心关于"中文社会科学引文索引（CSSCI）"的研究项目，1999 年、2003 年被列为教育部人文社科研究重大课题项目。叶继元在文章中也谈道:"教育部已正式启用CSSCI作为重点研究基地评估、申报的依据之一。许多高校已将CSSCI作为文科教师科研评价的依据。"[1]

客观地说,几十年来我国对核心期刊问题的研究与应用,确实取得了一些成绩。表现在以下方面。

一是我国文献计量学科完成了对"舶来品"的消化与吸收,研究成果颇丰,基本形成了一套学科体系,推动了我国在这一领域的理论进步。操作实践层面,各种核心期刊遴选体系也各有所长、各具特色,遴选指标不断完善,数据统计计算机化,精确程度不断提高。这些对核心期刊问题的深入探索,为我国文献计量学、图情学、管理学等领域的研究与应用开辟了新的路径。

二是揭示了我国期刊发展的基本态势、集聚与分散规律。从核心期刊功能应用的初衷来看,对指导图书馆利用有限的经费和馆藏空间,有选择地订阅数量巨大的国内外期刊,发挥了重要作用。例如,国家新闻出版署正式公布的学术类期刊就有6430种,面对如此量级的期刊群,各种"核心期刊要览"无疑是一个非常有用的指导订阅指南,这对广大图书资料工作者是个福音。同时,"核心期刊要览"对读者的定向选择、有效阅读、作者有目标性地发表科研成果等也起到了一定指导作用。

三是激励、推动了我国期刊质量的全面提升。有比较有竞争才会有发展有提高,打破过去以行政级别界定刊物级别的做法本身就是一种进步。实际结果也证明:在学科分类清晰的核心期刊排名表中,连续排名靠前的部分期刊,总体质量水平相对较高,这就为期刊编辑出版者提供了竞争分析的参考资料。同时,"论文引证""参考文献"标注要求,强化了作者对别人已有研究成果的继承和尊重意识。

四是为科研导向、科研管理提供了一定范围、一定程度的分析参考数据,增强了科研管理工作的科学性、预见性、指导性。比如,通过引文量指标对引文所

---

[1] 叶继元:《正确看待CSSCI来源期刊》,《重庆大学学报(社会科学版)》2007年第4期。

共同具有的一些基本要素或特征，如文献类型、学科主题、语种、出版年代、引文来源等进行分析，可以得出按文献类型、语种、出版学科或主题、作者、国别等分类的期刊的分布状态，并可据此分析和了解某一学科的研究动态、发展情况以及该学科的核心作者群；还可以根据某一名词、某一方法、某一理论的出现时间、出现频次、衰减情况等，分析和评估学科研究的基本走向、研究进展；还可以拓展出多种统计、排序信息；等等。

（2）基本否定核心期刊遴选活动

这主要反映在一些特定群体、特定领域。比如，按核心期刊研制标准评估处于劣势或不适合的对象，如人文期刊，绝、偏、冷等小众学科从业群体，专技、普教等领域从业人员等。一些坚持人文社会科学研究不能采用量化评价方法的人士，也发表了很多批评核心期刊应用于各种评价的文章。否定核心期刊作用的理由主要有：

一是认为核心期刊理论照抄照搬、缺乏创新。如"遴选方法陈旧、遴选指标全盘西化""游离于国情与国内学术研究的特点，评价体系没有多少中国特色""核心期刊幼稚病""科研管理部门的无知和无能"等。

二是认为核心期刊遴选功能异化、蜕变。如"另类的血统论、出身论""乱了规矩的学术闹剧""浪费了有限的出版资源""恶化了学术期刊生存环境""严重毒害着中国学术界和期刊界，造成了学术的极大混乱""助长了浮躁的学风""劣币驱逐良币""学术研究的异化、学术的悲哀""扼杀学科整合和边缘学科的发展""败坏了编辑出版行业的职业道德""流于形式的公害"等。

大量学术研讨、文章集中对核心期刊僭越评价功用现象进行了深刻的反思清算。概括起来主要有：

①导致（引文）数据崇拜

在我国现阶段各种学术评价、评选以及职称评聘、项目评定等活动中，一个普遍的现象是重视数量和数据，特别是引文数据、转载数据，往往直接就是质量和水平的代名词。比如，我们经常在一些知名媒体的新闻报道或不少官方、著名学者的言论中听（看）到如下经典的描述：中国科研已经"脱贫"，却还未"致富"，虽然目前我国SCI论文总数居世界前列，但反映论文质量的重要尺度——单篇论文平均引文数却居世界100位之后，论文数量增长与质量下降并存。以引文数量、发文数量（尤其是在国外期刊）为硬指标的衡量工具导致了以下严重后果。

一是催生了剽窃、编造研究论文现象和假期刊产业。科研"大跃进"导致论文数量剧增，伴生了抄袭、重复、编造、注水、批量生产等学术泡沫。如2010年曝光的井冈山大学两位讲师发表在国际学术期刊《晶体学报》的70篇论文存在造假现象，被一次性撤销。这起在中国SCI论文饥渴背景下发生的疯狂案例曾令国际舆论哗然。当然，这类事件国内外都有，但从我国近年来暴露出来的问题看，还是比较严重的。

二是造假引用数据层出不穷。数据决定一切，为了提高论文的引用率，一些学者、期刊有意识地进行了功利性的"互引"。据南京大学CSSCI研究人员称，通过数据分析，这种情况在一些期刊上表现得十分明显。

三是抑制了科研人员的创新动力。为应付定期的数量考核，我国高等院校和科研机构的教学科研人员不得不打破研究步调和规律，搞短、平、快的"硬产出"以提高"学术GDP"。这种以工具理性为导向的过度量化的学术评价体系，成为学术浮夸的"催化剂"，使学术界出现畸形的恶性竞争，严重影响了学术的发展，也必然诱导人们把很多学术之外的目标掺杂在科研思维中，进而渐渐消磨、吞噬真正的科研兴趣、志向和追求。曹卫东曾撰文指出，在量化考核体系下，学者的研究成果被量化为一个个具体的数字，表面上看，这种方法简单易行，是一种合理甚至公平的学术评价机制，但事实上是把复杂的智力劳动简化为单一的机器生产，抹杀了个人创造潜能的多样性。[1]

四是期刊滥发论文。一些期刊为了追求经济效益，不顾文章质量水平，大肆

---

[1] 曹卫东：《量化崇拜"难产"学术大师》，《人民论坛》2006年第21期。

收取版面费，粗制滥造、内容低劣。全年发表论文数量在 2000 篇以上，单篇文章 1~2 页，刊期为旬刊、周刊等的所谓学术期刊充斥市场。[1]

②导致核心期刊崇拜

一种社会崇拜现象往往是辐射面较广泛、社会关注度较高、影响力较大、崇拜对象较具象的群体意识或行为。国内对科研成果数据的崇拜就是这样一种社会现象，且集中反映在了"核心期刊"上。表现在以下三点：

一是以刊评文，唯核心期刊论英雄。我国大多数教学科研单位都有科研考核的"核心期刊表"，具体规定不同职称级别晋升与聘期考核、博士毕业要发表的论文数量。即使现在一些单位意识到核心期刊问题的片面性，力图以代表作制度取而代之，但在具体操作时仍然摆脱不了"核心期刊标准"。因为大的社会环境没有变化，以创新和质量为导向的科研评价制度的建立还需要相当长的时间，科学的成果评价体系和成熟的学术规范、学风建设也非一日之功。所以，除了少数国家层面项目采用同行评议的小样本评优、评估、鉴定等外，大到一个单位的业绩或竞争力要看单位职工发表的核心期刊论文总量，小到个人的职称评审、科研考核、项目申请与结项、成果评奖等，都要看核心期刊发文数。钱荣贵尖锐指出，有些单位"六亲不认"，只认核心期刊，且辅之以重奖，这样一来，许多人做学问的终极目标似乎就是在所谓的核心期刊上发文章，至于科学研究的根本目的、文章的价值作用已无暇顾及。

二是极度推崇所谓国外"核心期刊"。国际上有不少引文索引库，如 SCI（科学引文索引）、EI（工程索引）、ISTP（科技会议录索引）就是三大科技文献检索系统，SSCI（社会科学引文索引）、A&HCI（艺术与人文科学引文索引）、

---

[1] 这个现象也揭示了另一个谜团，即我国期刊总量到底多了还是少了？有关部门甚至专门立项研究这个问题。新闻出版管理单位多年来一直面临着"成果发表难"、假刊、买卖版面等的社会管理困境，我国从上至下关于期刊刊号批复难的呼声也一直不断。从办刊单位可以通过变更刊期、页码来实现扩容来看，我国不是缺刊物数量，而是缺高质量的有发表价值的文章。试问，在我国哪个有水平的科研工作者的成果无处发表？哪一项有水平的科研成果不被"求质若渴"的学术期刊奉为至宝？恰恰是那些低级的无价值的发表需求导致了虚假需求。

ISSHP（社会科学和人文科学会议录索引）就是三大人文社会科学索引数据库。有选择、有节度地利用好这些工具，对引导科研人员特别是从事基础研究的科研人员进行学术探索、融入国际学术研究前沿领域会起到积极的作用。例如，20世纪80年代末，南京大学在国内率先引入《科学论文索引》（SCI）这一标准，对改变当时松散的学术管理状态和坐井观天的学术研究风气起到了历史性的推动作用。

在国内核心期刊之学术评价功用大肆泛滥的情况下，也许正应了"物以稀为贵"的规律，我们在与国际接轨的过程中，一些大学和科研单位逐渐不满足于中文核心期刊数量和声誉，开始不分领域、不分学科、不顾历史文化政治特色，狂热追求在SCI、EI、ISTP、SSCI、A&HCI等索引来源期刊（会议录）上发表论文的数量，以其多寡作为单位和个人评价的一个最高标准，并不惜财力、物力给予鼓励，甚至弄虚作假。一些关于大学、学科的竞争力考核评估，更是对此赋予了很大的权重，一时引得无数英雄低眉折腰。学人也以在向这些期刊支付高昂的发表费用后能发表文章为尊荣。

三是导致学术资源外流风险。推崇国外"索引来源期刊"，不仅使我国学术资源外流严重，而且助长了学术泡沫的国际化传播，影响了我国的国际形象，负面效应越来越明显。有学者更为忧虑地指出，这些国外引文索引数据库基本上是以西方英文期刊作为统计来源刊的，在人文社科领域，其选择来源刊的旨趣显然具有地域、文化、历史、民族甚至意识形态色彩。而且，近些年这些商业化的引文索引数据库还逐渐形成了资源垄断霸权，收取我国用户高额的使用费且不容谈判。为保持其垄断性、稀缺性，还对我国学术期刊的加入设置了很高的门槛和收取不菲的系统使用费。

以上这些关于核心期刊现象的利弊褒贬言论，实际上也反映了改革开放以来我国在吸收外来文化过程中的客观规律，反映了我国各领域逐渐自省、自立、自主的过程。那么，核心期刊现象是怎样形成的呢？

3.2.2 核心期刊现象之原罪

否定核心期刊乃至有"庆父不死,鲁难未已"之批评,确实有人们认识上的偏差,比如没有认识到各种核心期刊遴选体系所发布的成果并不仅仅只是个"排名表",其中包含着大量有价值、对期刊发展有参照作用的分析结论。但不容回避的是:各种核心期刊遴选体系自身缺陷和科研管理部门对核心期刊的过度应用,以及学术期刊界既被动(迫)跟随又狂热追捧的双面人角色,是造成核心期刊现象加剧"异化"的基本原因。具体表现在:

(1)核心期刊遴选体系存在不足

①功用超出设计

如前所述,这些体系的研究无疑属文献计量学范畴,同时兼有目录学、图书馆学、统计学、管理学等学科的一些特征,从其理论基础、指标体系、操作程序、原始用途来看,筛选核心期刊仅是从文献收集、期刊馆藏、读者利用的角度对期刊进行的一种遴选,且即使从这个用途角度看,按学科遴选出来的核心期刊也并非完全能满足各具特色的专业馆藏。进一步讲,从被引率、影响因子等指标确实可以统计出期刊的相对影响力大小,对期刊水平的判定也有参考作用,但毕竟不同于期刊优劣评价的标准,更不能"文以刊贵"。

②遴选结果差异大

受遴选目的、遴选指标、计量方法、来源资料、统计时限等因素的制约,即便是对同一学科或专题而言,上述因素哪怕有细微的差别,也会出现不同的结果。对此,钱荣贵曾做过比较研究。他假定我国人文社科类学术期刊有2500种,对"中文核心期刊要目总览"(北大2004年版-A)、"中国人文社科核心期刊要览"(社科院2004年版-B)和"中文社科引文索引来源期刊CSSCI"(南大2004年版-C)三大体系中人文社科期刊的入选情况进行比较,结果如下:

三大体系中2500种期刊入选数和入选比例情况分别是:A.689种(含部分地理科学类),约占总数的28%;B.344种,约占总数的14%;C.461种,约占总数的18%。

三大体系入选期刊重合数和重合比例情况：A 与 B 重合 315 种，实际选出 1033 种，重合度约为 30%；A 与 C 重合 385 种，实际选出 1150 种，重合度约为 33%；B 与 C 重合 312 种，实际选出 805 种，重合度约为 39%；A、B、C 三者重合 288 种，实际选出了 1494 种，重合度仅为 19%。[1]

上述三大遴选体系重合度如此之低、结果差距如此之大，假定排除人为调节原因，那只能说明其遴选指标、权重、数据来源、统计方法、研究趋向等都存在着很多不同，结论自然也就相去甚远。这里尤其要提及的是文献被二次转载（摘）后再被引用的指标值问题，从某种程度上说应当设置更高的指标权重才合理，但一些核心期刊遴选体系却不将其列入统计范围。

③被引率统计的基础数据很有限

被引率是各种遴选体系的核心指标，然而，人文社科研究的标引文献最主要的是来自图书而非期刊论文间的相互引证，而且引文数据十分有限。据苏新宁统计，在 2000—2004 年 CSSCI 论文引用文献类别中，来自图书的参考文献约占全部参考文献的 2/3，期刊论文数量仅仅接近引用文献总数的 1/3。更令人担忧的是，其中还存在着大量无引文文献的论文（见表 3-1）。[2]

表 3-1 2000—2004 年 CSSCI 论文、引文数据概况

年份	来源文献	被引文献	篇均引文	有引文文献	无引文文献	有、无引文文献之比
2000	57382	286063	4.99	34349	23033	59.9∶40.1
2001	61492	314068	5.11	36575	24917	59.5∶40.5
2002	64855	374380	5.77	41677	23178	64.3∶35.7
2003	69069	454189	6.58	49147	19922	71.2∶28.8
2004	78522	579187	7.38	58346	20176	74.3∶25.7
合计	331320	2007887	/	220094	111226	66.4∶33.6

从表 3-1 中可看出：2000—2004 年 CSSCI 共有来源文献 331320 篇，有 220094 篇有引文文献，111226 篇无引文文献，无引文文献约占 33.6%。尽管我国

---

[1] 钱荣贵：《"核心期刊"与期刊评价》，中国传媒大学出版社 2006 年版，第 140 页。
[2] 苏新宁：《中国人文社会科学学术影响力报告（2000—2004）》，中国社会科学出版社 2007 年版，第 7—8、564—568 页。

人文社科文献的篇均引文数和有引文文献的占比基本在逐年增长，但至少说明通过期刊论文间引证关系推论出的某些期刊排名是有局限性的，而且也无法证明无引文文献论文（或期刊）的质量水平高低。

还有一种现象就是大量新兴交叉学科的引用并不集中在本学科期刊所载论文中。比如陈传明和刘建海通过对2000—2004年CSSCI管理学论文引用的期刊情况进行分析后发现：管理学作为一门独立的学科，其知识成果引用最多的期刊竟然不出在本学科领域范围内[1]。这的确需要引起人们的深思。

④数据滞后、圈定来源刊主观成分大

各种遴选体系尽管年度或几年评选一次，但使用的数据滞后[2]，即使是比较动态、及时的南大CSSCI来源期刊数据也时滞1年。而且由于人文社科文献的半衰期不同，按一个时间段统计出来的数据也有自身不可避免的缺陷。当然，目前最大的问题还是这些遴选体系的数据采集、统计、调整半透明或不透明，显然缺乏公众审视环节。从各种遴选体系圈定来源刊的样本看，也有"宽容"之处，如一些期刊无论从其学术质量水平还是在学界、业界的影响力来看，明显不符合入选的标准，但为了平衡地域性、少数民族类刊等各种因素，还是做了适当调整。

然而，出于种种因素的驱动，近些年学术期刊分版、扩版、改版、定位调整等较为频繁，核心期刊遴选体系很难及时了解、变更和准确反映这些变动。同时，刊物分类对最终结果具有决定性影响。我国大部分刊物专业性特征不强而综合性特点突出，因此只能对刊物大致分类，这就不能不影响统计结果。比如，各种体系对大学学报、社科院系统期刊的学科归类就不一致，分析结果自然不同。综合性期刊一般都含有较大的核心区学科数量（如表3-2所示），如何分类、归类，直接影响最终统计结果。就是专业类刊也非纯而又纯。比如，专业性学科特征非

---

[1] 苏新宁：《中国人文社会科学学术影响力报告（2000—2004）》，中国社会科学出版社2007年版，第564—568页。
[2] 假定核心期刊遴选间隔为4年，考虑人文社科论文引证高峰期一般为发表后2年，那么到下一个出版期，总计最大时差达6—8年。

常明显的《经济研究》杂志，其发文仍然涉及了经济学、法学、政治学、教育学、社会学、新闻学与传播学、图书馆情报与文献学 7 个学科。[1]

表3-2 部分综合类期刊所涉及核心学科数

刊名	核心区学科数量	刊名	核心区学科数量
中国社会科学	13	文史哲	7
北京大学学报·哲学社会科学版	11	江海学刊	7
天津社会科学	6	学习与探索	6
学术月刊	7	国外社会科学	7
社会科学战线	8	思想战线	6
复旦学报·社会科学版	7	江汉论坛	6
读书	8	社会科学研究	6

（2）科研管理与评价部门过度使用

前面已详细分析了科研管理部门选择核心期刊表作为学术论文评价工具的原因。在实际工作中，尽管有些单位对核心期刊表也做了些许调整，但使用核心期刊指标的导向并没有改变，且占有极其重要的分量，在科研统计、成果认定、职称职务考核评定，甚至全国高校机构与基地评估、成果评奖、项目立项、名优期刊评估、人才培养等众多层面，都把核心期刊的论文数量作为重要指标和依据。

有政府主导型学术管理与评价体制的推动，唯核心期刊论、以刊评文的做法很难在短期内扭转，这无疑加剧了学术功利、学术浮躁、学术垃圾、学术腐败等核心期刊现象的负面效应。

（3）期刊自身存在问题

①我国科研论文著录及其格式混乱问题

关于我国学术研究的编排规范问题历来存有争议。目前，在人文社科期刊界最通行的是《中国学术期刊（光盘版）检索与评价数据规范》。且不探究该"规范"研制者出台、推广的目的与手段，只从实际效果看，就有两种看法：一是认为有利于规范学术研究，不仅遏制了普遍存在的随意注释、注释缺项的现象，而且为

---

[1] 中国社会科学院文献信息中心文献计量学研究室：《中国人文社会科学核心期刊要览（2004年版）》，社会科学文献出版社 2004 年版，第 14—15 页。

网络化时代促进我国科研成果管理的数字化，为阅读、检索、传播科研成果做出了贡献。二是认为这个为了"检索与评价"目的而出台的"规范"，不仅与所谓的国际规范（国际上没有这样的规范）不接轨，而且其呆板的、缺乏宽容度的规定也不适合个性化突出的各种类型的学术期刊。

目前期刊的文献标引著录存在很多问题。有相当一部分刊物的文章中基本没有注释或参考文献，不引、漏引现象突出。还有不少期刊为了迎合核心期刊遴选体系，不是在文章内涵质量上下功夫，而是一味追求被引次数，不恰当地减少有效载文量数。更有一些作者或期刊弄虚作假，过度自引、互引、伪引、恶引、漏引、负面引、模糊引等。这些因素都会影响以引用率为核心指标的各种核心期刊遴选体系的结果。

②期刊社盲目追捧，"名"多不压身

目前，关于期刊的评比名目繁多，让人眼花缭乱，粗略统计，有名号的就达二十几种。从组织者来说，有政府、行业管理部门，有协会、系统联盟，也有民间组织；从地域范围来讲，有全国的、区域的、各省市的，也有行业、系统跨区域的。很多期刊根本不在意这些评比的目的何在、水平高低、知名与否、可信与否、时效几何，只要弄到尽量多的奖项印在刊物上，身份、水平似乎就倍增，谁也不去探究其权威性、真实性、时效性。反正无人监督，无时间限定。由于评比泛滥、鱼龙混杂、腐败滋生，2002年11月原新闻出版总署新闻报刊司曾专门就学术期刊、核心期刊相关问题公开进行澄清和答复，明确规定政府部门不能参与核心期刊评选活动。

3.2.3 核心期刊现象之救赎

造成社会普遍焦虑的核心期刊现象有诸多因素，需要社会各有关方面合力进行纠偏。尤其是在学术评价中过度拔高核心期刊的评价功能所涉及的以下三个主体需要认真反思。

（1）各种核心期刊遴选体系：从"越位"回归"本位"

①"越位"是各种核心期刊遴选体系的"原罪"

毋庸置疑，从文献计量学、科学计量学等研究角度看，核心期刊是客观存在的。

对核心期刊理论、体系及其成果的应用推广，是该学科服务社会发展的价值所在。但从实践应用效果看，由于各种遴选体系功用"越位"，其系统性的负面效应也越来越明显。即使现在很多研究证明人文社科核心期刊与其所载论文的质量呈正比例关系，也不能得出"核心＝优质""核心期刊＝优质论文"的结论，这是从20世纪90年代至今，核心期刊遴选体系遭到愈渐强烈、持久而系统批判的根本原因。

有个极端案例很好地说明了这一点。2009年6月18日，汤森路透集团发布了有7000多种期刊影响因子的《期刊引用报告》（Journal Citation Reports，简称JCR，现相关业务已转入科睿唯安公司）。其中，《结晶学报A辑》（Acta Crystallographica Section A）的影响因子，2008年为2.051，排名2218，2009年就暴增至49.93，是2008年的24倍，排名第二，而同期的《自然》（Nature）仅仅增加了0.3倍，为34.48。该杂志影响因子如此巨幅的提升，居然来自2008年1月发表的一篇文章——"SHELX简史"（A short history of SHELX）的贡献，其作者是在晶体学领域声名显赫的乔治·谢尔德里克（George M. Sheldrick）。而这篇神奇的论文内容并不是从"0"到"1"的开山之作，而是关于一款结构解析工具软件发展历史的简介。据陈昊鸿统计分析，2008年《结晶学报A辑》共刊登了72篇文章，到2009年计算影响因子时总共被引用5966次，而乔治·谢尔德里克的这篇文章的引用次数就达到了5624次，贡献了94.27%的引用数量！该文之所以有如此高的引用数量，是因为作者在文章中以及下载该软件的网页上提道：此文可作为本软件的引用文献，要求那些使用软件所得结果或其衍生结果作为内容的论文必须在参考文献中引用这篇文章。由于计算影响因子考虑的就是文章引用的数量，其结果就是巨大的引用数量直接将《结晶学报A辑》送上了影响因子的神坛，连《自然》也刊登评论专文《指标靠谱吗？——一篇文章引发的影响因子奇迹》，惊呼此种现象"令人吃惊""罕见"。而此后，该期刊的影响因子又跌回了原先的个位数水平（2021年为2.33）。[1]

②各种核心期刊遴选体系应实事求是地描述自己的用度范围与不足

这些以学术面目开展的核心期刊遴选体系的研究，尽管也或清楚或模糊地声明不能简单地套用为科研论文的评定依据，但普遍处于"半推半就"的定位姿态，在人们"有总比没有强"的惯性思维推动下，误读和滥用核心期刊就难以避免了。比如，"鉴于许多高校和科研单位在社会科学论文的成果评价中，亟需确定社会科学核心期刊作为成果鉴定的参考依据，我们根据历年来的研究结果和数据分析，确定了1999年的社会科学核心期刊范围"[2]。"学术期刊都是通过专家审稿制度来控制期刊质量的，只有那些有创见、有水平的论文才能发表。期刊的审稿制度越严，论文水平就越高，就越可能被评为核心期刊。从这个角度讲，核心期刊表也可以当作评价个人或单位研究成果学术水平的参考工具，尤其是可以为宏观评价提供很好的参考工具。"[3]

在强烈的抨击压力下，目前各种核心期刊遴选体系已经普遍声明"只是为期刊的分析研究提供一些评价指标和数据，供分析参考"等，但还没有一种能够明确地、清晰地描述自己的用度范围，特别是没有严格厘清普遭人们诟病的将核心期刊与论文质量评价等同的问题，也没有哪种体系能够正确地、详尽地说明应当如何具体使用这些统计数据，更没有哪一种体系坦诚公开自己的真正"纰漏"和"不足之处"。

"救赎"需要外力的推动，更要靠自身的清醒。例如，已有研究者指出："由于CSSCI是人文社会科学综合性引文索引，来源期刊是按一级学科评选的，二、三级及专门领域、跨学科、新兴学科的期刊，偏于应用性的期刊难免被关注不够，因此，绝不能说，非来源期刊中没有质量好的期刊，也不能说非来源期刊中没有

---

[1] 陈昊鸿：《凭一己之力，他让这本期刊的影响因子年增24倍》。
[2] 中国社会科学院文献信息中心：《中国人文社会科学核心期刊要览（2000年版）》（未公开出版）。在2004年版（社会科学文献出版社出版）中改为："为优化科研用刊、为优化文献资源的利用，以及为文献型数据库的选刊工作提供服务。"
[3] 戴龙基、蔡蓉华：《中文核心期刊要目总览（2004年版）》，北京大学出版社2004年版，第3页。

好文章……尽管来源期刊的评选具有期刊某些质量评选的要素,但来源期刊的评选并非就绝对等同于期刊质量的评选。"[1]

(2)人文社科学术期刊:从"失位"回归"本位"

①"失位"是许多人文社科学术期刊迷失于核心期刊现象的主因

众所周知,现阶段我国学术类期刊基本是主办单位全额拨款的非营利机构,基本功能是本单位的"名片",编辑是"单位人",刊物是"单位刊"。这就从根本上决定了中国的学术期刊缺失独立性。靠依附生存,就必须反映本单位的行政意志。很多学术期刊承载了与"本位"不相干的使命,一方面要发表本单位的科研和教学成果,一方面还要收点版面费弥补行政拨款的不足。基于目前国内通行的科研评价管理体制,单位升级达标或通过某种评审或争取科研项目经费等都要有核心期刊科研论文数量指标,所以,作为单位的"名片"还承担着更为重要的使命——争取"核心期刊"头衔。于是,不少学术期刊将进入核心期刊序列作为办刊头等目标,将之视为办刊最重要的业绩。可见,处于各种外在压力状态下的学术期刊"失位"并热衷于"核心期刊"名分是必然的现象。可以预见,办刊体制不改革,科研评价管理体制不转变,学术期刊还将被迫"失位"下去。

②回归学术"本位"是学术期刊价值之根本

2021年5月9日,习近平给《文史哲》编辑部全体编辑人员的回信中指出:"高品质的学术期刊就是要坚守初心、引领创新,展示高水平研究成果,支持优秀学术人才成长,促进中外学术交流。"这就是学术期刊的"本位"。但目前学术期刊普遍存在定位不准、创新力不足、功利化、特色不鲜明、千刊一面、水平不高、订阅量少等问题。学术界、期刊界和主管部门的一致看法是"全、散、小、弱"。很多学术期刊仅仅是在为少部分作者办刊,读者群小于或等于刊物的作者群。这种现象既反映不出学术期刊的价值本位,也不符合时代发展对期刊的新要求新期待。

近年来关于人文社科期刊的定位与发展的讨论很多,提出了不少有创见性的

---

[1] 叶继元:《正确看待CSSCI来源期刊》,《重庆大学学报(社会科学版)》2007年第4期。

建议。如从综合性向专业性转变，从"学科综合"向"问题综合"转变，从"散"向"特"转变，从闭门办刊向开门办刊转变，从编辑为主体向编辑与专家共同办刊转变，从实名审稿向匿名审稿转变，从重编排形式向重内容质量转变，等等。教育部也曾发布指导性文件，"倡导高校学报走整合之路，创办代表我国高校哲学社会科学学术水平的专业性学报；鼓励若干高校社科学报进行合作或联合，走联合之路，把刊物做大做强；支持高校社科学报在保持各高校主办的现有格局不变的情况下，根据各地和各校的实际和特色，创办特色栏目和名牌栏目，走内涵式发展之路，塑造各自刊物的学术个性和文化特征"[1]。可以说，期刊回归学术"本位"、避除功利化、强化创新引领已成为学界、业界的广泛共识。

（3）人文社科成果管理评价机构：从"缺位"至"正位"

①人文社科成果评价机构"缺位"导致各种核心期刊遴选体系"代行"了评价功能

我国科研评价经历了行政评议、同行评议、量化评价、综合评价等四个阶段。在这个历史演进过程中，运用指标量化评价方法可说是一个重大改进，普遍认为弥补了同行专家评议的不足。然而，在运用这些量化指标时，简单、机械、硬套、绝对化现象大量存在。面对海量的"成果"，不少科研评价单位缺乏组织综合评价的能力或耐心，无法对成果本身的创新性、规范性、科学性、学术意义、社会价值等内涵进行学理分析和学术价值的判断，反而特别关注成果形式、课题来源、发表刊物级别、被引次数、领导评价、获奖级别等外在形式的统计数据，这种所谓的倚重客观刚性指标评价，实际上变成了"行政领导、办事员与电脑的协同运作，而任何学术性的考量都变得十分多余"[2]。"当学术成果管理和评价部门无法从学术性的内部对论文的质量进行衡量与评估时，就不得不借助于外部的一些有限的制约机制了。"[3]这就等于变相地将学术科研成果的评价职能让渡给了各种核心期

---

[1] 教育部：《教育部关于加强和改进高等学校哲学社会科学学报工作的意见》（教社政〔2002〕10号）。
[2] 朱寿桐：《试论学术评价的学术性》，《学术研究》2006年第2期。
[3] 朱寿桐：《制约当代中国人文学术发展的两大问题》，《河北学刊》2004年第3期。

刊遴选体系。可以说，多年来，人文社科成果评价机构的"缺位"，是造成各种核心期刊遴选体系"越位"的直接原因。

②借鉴各种核心期刊遴选体系成果，完善我国人文社科成果评价规范和标准

经过几年的试用，人们已经认识到：指标量化评价不能成为科研成果评价的唯一或最重要的方法，尤其是对人文社会科学成果的评价。这是因为：

一是指标量化评价法最先产生于自然科学成果分析统计中，是因为它较适宜于自然科学。但人文社会科学与自然科学相比有着显著的不同，人文社科研究具有内部的复杂性与模糊性、研究对象的特殊性与真理检验的困难性、价值实现的潜在性与间接性、民族性与本土性、成果多样性与引文的长周期性等特征。这些不同决定了人文社科成果评价体系不能简单套用指标量化评价法，必须充分研究这些特点并与我国人文社科研究的实际结合，才能找到真正适用于人文社科成果管理与评价的方法。

二是各种核心期刊遴选体系不仅不能完全适用于任一个体的人文社科成果的评价，即使对期刊的影响因子的分析也只能局限于同学科范围内的期刊，否则就没有实际意义。对此，叶继元指出："引文数据、来源期刊也具有'两面性'。如果合理正确地使用它们，把它们作为论文评价、期刊评价、作者评价、学术机构评价的重要参考信息，那是非常有用的；反之，过度地解释和夸大其作用，特别是其评价作用，在当前学术引用不很规范，学术界自主性不强、评价制度不完善的情况下，往往可能适得其反、造成危害。希望各科研、教育主管部门、科研管理部门、各高校、各期刊社、各位人文社科工作人员能正确看待CSSCI来源期刊，既不要高估，亦不要忽视，不要搞绝对化，不要把不应有的功能强加到CSSCI来源期刊和CSSCI上来，不要颁布硬性规定，不要将论文评价绝对等同于期刊评价。"[1]希望这个提醒引起科研管理与评价部门的高度重视。

---

[1] 叶继元：《正确看待CSSCI来源期刊》，《重庆大学学报（社会科学版）》2007年第4期。

可见，科研考核管理部门转向"核心期刊"的路径依赖，也并非毫无依据。我们在大加批驳科研量化评价的恶果并将之归罪于"核心（引文索引来源）期刊"时，不能走向极端，应充分认识引文索引在立体展现文献之间的引证关系，显示科研成果之间、刊载文献的期刊之间以及文献所属学科之间的内在联系方面的价值。只要我们不将"核心（引文索引来源）期刊"论文与学术价值完全等同、不将高引用与高水平等同、不将影响力与创新力等同、不将来源期刊收录标准与科研评价标准等同起来，那么，就完全可以科学合理地发挥引文索引在学术评价中的作用。我们试做如下设想。

假定各种引文数据来源都是科学合理的，各条引文的理由符合必要条件，引文数据分析的对象恰当适用，那么，这些价值判断完全中立的数据，作为评价科研成果的辅助指标就是有价值的，特别是在自然科学、社会科学研究领域。核心期刊作为这些数据集成后的推优产品，其入列门槛的高度、所起的标杆作用对学术成果的评价自然是十分重要的参考。

假定"核心（引文索引来源）期刊"的办刊定位是专业清晰的、办刊者是成熟规范的学术共同体，那么，对期刊自身的评价、科研论文的质量评价就会顺理成章地按各领域学术共同体认可的方式进行。"核心（引文索引来源）期刊"也许仍然存在，但只是个荣誉称号而已。

假定社会学风良好，科研工作公正规范有序，科研考核体系科学、理性、权威，那么，就不会有所谓的行政学术评价、工具量化评价、"核心（引文索引来源）期刊"评价等争议，而是各安其所、各美其美，协同共创学术繁荣。

凡此种种假设还会有更多，这显然正是我们今后要共同努力达到的理想目标。这需要学界、期刊出版、科研考核管理、文献信息研究、学术评价研究等多方形成共同的价值理念和目标追求，互相借鉴、协同创新。

3.3 耦合与借鉴：核心期刊之于学术评价

核心期刊与学术评价问题受到了学（科研）者、期刊出版（管理）者、科研管理者等群体的广泛关注和探讨，尤其是对核心期刊僭越学术成果评价功用的清算，已基本厘清了核心期刊现象的是非功过。但是，核心期刊与学术评价并非不相关，而且有着很多直接的目标耦合因素。大数据时代，如何合理借鉴并利用好核心期刊这个工具，更好地辅助于科学的科研成果评价工作，依然具有重要的实践价值。

3.3.1 核心期刊与学术成果评价

在人们对核心期刊越位或出位学术评价功能情况几乎一边倒地进行清算时，鲜有从核心期刊与学术期刊评价、与学术成果评价的正相关关系角度进行分析研究。理性分析看，核心期刊之于学术成果评价功用的滥觞，既有客观需求的外力推动，也与核心期刊和学术评价之间存在目标耦合直接相关，非常需要学界深入开展分析，也需要学术评价活动合理借鉴。

（1）核心期刊与学术成果评价的关系

核心期刊与学术成果评价是两个主客体迥异、内涵不同的领域。各种"核心（引文索引来源）期刊"表，只是引文索引数据库功能中很小的一部分，引文索引数据库的主要功能是文献信息的查询。因此，核心期刊的目标定位就决定了它不能成为学术成果评价的标准，更不能简单地"以刊评文"。

但也必须认识到：表面上看，各种"核心（引文索引来源）期刊"表研制的对象是刊物，实际上是在研究论文的质量属性表征。"核心（引文索引来源）期刊"研制的目的，是从海量的期刊中找出那些水平与质量较好、在所涉及的学科或专业中的地位与作用处于"核心"位置的学术期刊。由于各种"核心（引文索引来源）期刊"表研制的具体方法、侧重领域、来源数据、指针体系权重等的不同，导致结论有差异，但其理论依据和基本方法是相同的，即都根据学科论文构成要素的多种属性表征在期刊中的集散规律,采用文献计量统计并辅之同行判断开展研究。这些期刊和论文的属性表征体现在统计指标上有:载文量、总被引频次、影响因子、即年指数、他引率、被引半衰期、学科影响指数、均被引、地区分布率、基金论文比、年下载率等,以及各种大量衍生指标如"五年影响因子""剔除自引的影响因子""网络影响因子"等。这些指标都从不同侧面反映论文对期刊的影响力。

而且,不少人误以为核心期刊研究只关注引文数量,根据观察,国外的核心期刊研究一直在从量到质演进:发文数量→引文数量→引文质量(论文影响因子、论文被哪些刊和被谁引用、影响分值等)。演进阶段大致如下。

第一阶段:1930—1940年代英国图书馆学家布拉德福的文献集中与分散规律(简称布氏定律),加上1950年代普赖斯的文献增长与老化规律(曲线、指数),以发文数量为中心构建核心期刊评选理论框架。

第二阶段:1960—1990年代加菲尔德创建引文分析理论体系,以文献或期刊"被引频次"(引文数)为指导、以"影响因子"为核心指标,构建核心期刊综合评价体系。我国后来引进并发展的各种核心期刊研究都遵循了这个体系。

期刊或学术文献是内容与形式的统一,形式是内容的外在表现。在西方成熟的学术研究、评价、出版的环境里,一般情况下,国外的核心期刊研究尽管有具体指标应用上的争议,但基本达成了以下共识:核心期刊评选=学术期刊评价≈期刊学术质量评价≌学术论文质量评价(不包括极端情况)。在我国,由于历史文化、国情现实等差异,核心期刊的研究成果在应用层面上出现了变异,从而招致了普遍的批评。但是,这并不能否定核心期刊研究本身的科学性。恰恰相反,借鉴、吸收、改造的过程,必然经历这种水土不服的阶段。

(2)核心期刊对于学术成果评价的参考价值

①耦合现象客观存在

至目前,一些研究侧重在批判"核心(引文索引来源)期刊"之功用被滥用、被放大而"诱导"的科研成果量化评价的弊端方面，没有认真客观地分析"核心（引文索引来源）期刊"与学术成果评价结论之间的耦合现象。比如，为什么核心期刊上发表论文的作者影响力、论文质量水平普遍较高；为什么引用率高的论文大多数是那些有创新突破的科研成果，或权威机构、权威学者研究发布的成果；为什么核心期刊上的论文被引用量（率）普遍高于一般期刊，等等。这些耦合现象不是偶然的个别存在，而是比较规律性的普遍存在，那么，其中必然存在内在的逻辑关联性。核心期刊研究的一个重要方向就是要探索这种关联性的规律，界定其关联的条件、内涵及使用范围，从而更加完善其科学体系，发挥文献计量学意义上的评价功能。

②科研成果评价有合理借鉴核心期刊的经验

科研考核管理部门转向核心期刊的路径依赖，并非毫无依据。我们在大加批驳科研量化评价的恶果并将之归罪于"核心（引文索引来源）期刊"时，不能走向极端，应充分认识引文索引在立体展现文献之间的引证关系，显示科研成果之间、刊载文献的期刊之间以及文献所属学科之间的内在联系方面的价值。只要我们不将"核心（引文索引来源）期刊"上的论文与学术价值完全等同、不将高引用与高质量等同、不将影响力与创新力等同、不将来源期刊收录标准与科研评价标准等同，那么，就完全可以科学合理地发挥引文索引在学术评价中的辅助作用。从实际情况看，由于大的社会环境没有变化，以创新和质量为导向的科研评价制度的建设还需要一个相当长的时期，科学的成果评价体系和成熟的学术规范、学风环境、学术共同体[1]建设也非一日之功，所以，即使现在一些单位意识到核心期刊的问题所在，力图以代表作制度、同行评议取而代之，但在具体操作时仍然借用

---

[1] "学术共同体"这一概念是20世纪英国哲学家布朗提出来的，他在一篇题为《科学的自治》的文章中，首次使用了"学术共同体"这个概念。他把全社会从事科学研究的科学家作为一个具有共同信念、共同价值、共同规范的社会群体称之为学术共同体。这些具有相同或相近的价值取向、文化生活、内在精神和具有特殊专业技能的人，为了共同的价值理念或兴趣目标，并且遵循一定的行为规范而构成了一个个不同领域的群体。中国的学术共同体建设之路还很漫长，不仅面对"去行政化"难题，更需要人们学会自醒、自信、自觉。

核心期刊表做参考。这种现象并非国内独有，即使在西方一些发达国家也大量存在。

3.3.2 核心期刊与学术期刊评价

"核心（引文索引来源）期刊"与学术期刊质量评价有共同的研究对象，在某些指标体系设置上有着共同的价值取向，即都是在某种评价目的支配下的学术期刊排序。前者主要是从期刊论文文本的相关信息中统计分析汇总结果，后者主要是对包括期刊的政治、学术、编辑、出版等内外质量整体评估后得出结果。因此，合理利用引文、转载等数据，对全面评价一本学术期刊，有非常好的参考价值。

（1）基本阈值的价值——可以为学术期刊质量评价简化程序、降低成本、提高效率

如何对论文质量进行评价是最核心的争议点。因为大家都明白：整体不代表个体，一本总体质量水平高的期刊，不代表其每篇论文的质量水平都高，而且只要有部分高被引的论文，或有引文过度、引文造假情况，同样可以拉升数值使其入列"核心（引文索引来源）期刊"表。同时，文献的相互引用是一个复杂的思维过程，作为其表现形式的引用文献，只能反映某种影响力，而影响力不等于高质量。因此，评价期刊主要靠同行综合评议，尤其是在对期刊内容质量进行评价时。但是，也应当承认，对每篇论文、每本刊物进行全样本同行评价是最理想的方式，但这既不可能更无必要。"核心"就是相关联事物的中心。无论是人文社科还是自然科学成果，根据大量文献数据的统计分析，支撑"核心（引文索引来源）期刊"的总被引频次、影响因子、被引半衰期、基金论文比、二次文献转载等指标，是有其科学合理性的，凡是列入"核心（引文索引来源）期刊"表的，总体质量水平较高是显而易见的。也就是说，当统计量达到一定阈值时，学者对论文或期刊学术影响力的共识性判断（或学术聚焦效应）就显示出来了。这就是那些同行评审、编委会制度等审稿制度严格、学术质量高的期刊，进入核心期刊的概率高的原因，也是科研人员普遍认为在核心期刊上发表论文门槛高、难度大的根本原因。名刊工程、国家社科基金资助期刊的评选等就利用了这个阈值。

（2）引文索引的价值——可以在被引量（率）、影响因子、被摘量等客观量

化指标上提供学术期刊质量评价的正相关数据

比如，被引量（率）指针从学科宽度、知识扩散程度反映该论文或期刊的质量、重要性和学术影响，与其内在质量存在着很强的正向关联性。影响因子这个指标其实也是一种同行评议，其与论文质量的正相关关系主要是通过前期的专家审稿价值来实现的。大量的研究和实践已经确认了这种一般规律性的有效性，尤其是对学术期刊的评价。再比如，被摘量也是典型的同行评议，也与论文质量正相关。像中国人民大学书报资料中心编辑出版的报刊复印资料系列，共有100多种刊物，从全部公开发表的报刊文献中，按一套完整的评选标准和流程，精选优质文献。中国人民大学学术成果评价研究中心根据这个全样本、全学科覆盖的论文评选数据，研制并发布了"复印报刊资料"重要转载来源期刊表，就是学术期刊评价有价值的参考工具。

为了克服指标体系的缺陷，核心期刊评选指标一直在不断完善中，如期刊历史影响因子（考虑了办刊时间、载文量），对重要文献或期刊的影响因子加权后再评价（考虑了引用源的权重），学科篇均被引率（考虑了冷热学科差异化），引用集体偏好、期刊偏好、地域偏好（数据验证）等。像互引、自引、伪引、负引等人为不端干扰因素也在不断降低。美国、西班牙、澳大利亚的学者还借鉴谷歌搜索引擎的 PageRank 算法（通过网页链接的复杂计算，衡量网页重要性和质量的搜索结果排序，并取得了成功），对"文献引用"具有类似"网页链接"效应问题进行分析，提出了新的期刊评价理论。例如，2009年汤森路透集团选择与华盛顿大学"文献计量研究项目组"合作，宣布期刊引用报告（JCR）新增两个评价指标："特征因子值"（这个指标兼顾了引文的数量与质量，剔除了自引，突破了学科限制，可以跨学科比较）和"论文影响分值"（对来自声望高的期刊和作者的引用赋予更高的权重）[1]，大大丰富了核心期刊评价指标体系。

当然，对个体（单篇论文、单个期刊）而言，也会出现评价结果偏差，甚至低于"同类引用中位数"，而这恰恰是需要同行评议根据评价的目的予以弥补的

---

[1] 赵丹群：《学术期刊评价理论的演变分析》，《情报资料工作》2013年第2期。

地方。特别是人文社科领域，发挥同行评议的主体作用时，重点要对引证内容、引证价值、引证效用进行审查，从而发挥相互补充、对比、印证的作用。

（3）学科分类的价值——可以为期刊同类比较、分类评价提供参考

如何开展分类评价是当前所有期刊评价体系中难以解决的问题。有比较才会有评价，只有同类比较、分类评价才有价值。我国学术期刊的专业化程度不高，综合性或跨学科类期刊很多，无论是自然科学期刊还是人文社会科学期刊，在领域、门类、学科、专业侧重等方面都有差异，即使是一些看似分类清楚的专业性刊物，因其刊登文章的专业方向偏好，在同类期刊中也往往难以比较评价。因此，目前我国开展学术期刊评价只能大致分类。在期刊分类方面，国内几乎所有的"核心（引文索引来源）期刊"表都在这方面做了努力，力求分类科学。当然，在目前的研制中，对一些分类模糊的期刊，往往根据期刊论文学科归属和引文集聚比例高低确定归属类别，那是不得已而为之。总之，学术期刊评价借鉴核心期刊研制的分类经验和数据，会有事半功倍的效果。

（4）历史参考的价值——可以为期刊评价提供历史发展轨迹的数据参考

大数据时代，数据书写着历史、见证着历史。一本学术期刊要成为"核心（引文索引来源）期刊"，至少需要三年以上的文献计量数据。这些数据的统计分析，是一本期刊的历史发展和学术积淀的客观反映，是历史上引用者对该刊在同类文献或期刊中的认同程度，这本身就是一种评价。一些期刊办了多年，引用率、影响因子都很低，除非个案，常规性判断其质量水平不会很高。而且，在核心期刊表研制过程中，大都有同行评议的环节，会对数据反映的结果偏差予以审查和纠正。因此，评价一本学术期刊，其引文、转载数据应当是非常好的历史佐证资料。

3.3.3 核心期刊与学术评价的未来发展

截至目前，还没有发现一种普遍适用的、完美的学术评价的理论方法和指标体系，这是一个世界级的难题。因此弄清楚核心期刊与学术评价这两者的复杂关系，有利于解决中国核心期刊之于学术评价的"囚徒困境"，而且会有力推动学术评

价方法理论的创新。

理想的评价体系是根据不同的评价目的，运用同行评议（主体）+各种计量分析法（引文分析法、文摘法等）=复合多属性评价法（如有学者提出的指标体系加权汇总法、层次分析法、主成分分析法、灰色关联评价法等）。有学者推崇同行评议制度，但在当前情形下过于理想主义了。因为，同行评议也存在着固有的不可控缺陷，人的问题有时比数据的问题更难把握。评议人的价值偏好、学术修养、学识水平、科学范式乃至人际关系和利害冲突等都会影响评议结果。而且，同行评议一样可能阻碍科学创新，科学权威压制新发现、贬低新成果、阻碍科学新人的现象也不乏典型事例。在我国还没有成熟的学术共同体和被普遍认可的学术评价体系的情况下，同行评议存在的诸多争议不是短时期能解决的。同行评议制度的形成、发展、完善还需要一个相当长的历史时期。

从应用角度看，在当前，学术评价尤其是从海量级数据中对学术成果、学术期刊进行评价，利用各种核心期刊评价体系是比较实际可行的选择之一。尤金·加菲尔德（E.Garfield）的总结值得我们认真思考，他引用 Hoeffel 的话说，"经验表明，在各个学科领域，最好的期刊是那些投稿最难被接受、发表的期刊，而这些期刊也是影响因子最高的期刊，这些最好的期刊在影响因子这个概念被提出来之前就存在了很长时间。作为一种测度质量的方法，影响因子得到了广泛的使用，因为其测度的结果很好地符合我们对每个领域最好的专业期刊的看法。"他指出："一个更好的评价系统实际上要涉及从质量上审读每篇文章的问题，但是，这意味着又要进行一次同行评议式的判断，这是非常困难的……即使可以这样审读，这些审读者的判断也还要依赖于同行的评论和分析引用情况，我们称之为'引文上下文分析'。幸运的是，网上新的全文库使这样的分析具有了更多的实践机会。"[1]

因此，核心期刊与学术评价关系的未来发展，将在以下方面有所变化。

（1）学术成果评价的方法、手段会越来越丰富和多样化，使用核心期刊等引文检索数据工具进行科研成果评价的情况会越来越普遍

---

[1] 尤金·加菲尔德：《困惑与着迷：学术期刊影响因子的历史与含义》。

因为伴随着学术成果出版的网络化、数字化、专业化，文献计量学的精细化比较与模拟数据挖掘，将为学术成果评价提供无限可能的利用工具。大数据、云计算、人工智能等科学技术进步的日新月异，学术成果的数字化记录，为检索、统计、分析、鉴定等创造了过去人力手段所不能及的条件。不少自然科学领域的研究成果，由于可复制、可验证、可视化等，广泛应用技术化手段进行评价是可行的。社会科学领域研究，在一些史料梳理、空白发现、真伪比验、资料累积等方面的评估，也有很大的应用空间。

（2）学术期刊评价工作利用核心期刊等文献计量学成果将越来越科学化

未来，期刊作为学术成果的载体，不管是纸介质还是数字形态，甚至其他任何形式的存在，只要不是唯一，就会有同类比较，就会有"文献离散规律"，或会有"核心载体或平台"。而核心期刊的研究也正在从粗放到精细、从量到质逐渐接近学术期刊评价的核心内容。核心期刊各种指标的聚合效应，各种要素的显示度，都会为同行评议提供更加可靠的参考数值。

（3）文献计量学意义上的核心期刊研究与学术成果评价研究不会分道扬镳，而会相伴而生、共进共融，且在大数据时代会越来越紧密

这是由于科学研究在向专业深度和综合交叉方向发展，对学术成果的评价难度在增加，除了依靠历史发展、实践验证手段外，文献计量学意义上的文献分析，既能提供研究借鉴的历史基础，也能提供检验创新程度的比较手段。对一个学术生态体而言，这是不可缺少的"咖啡伴侣"。

（4）学术生态环境越来越良好，核心期刊之于学术成果评价的消极因素逐渐减少

科研评价是指挥棒，引导着学术规范、学风道德、学术创新等一系列学术生态环境的建设。这其中，学术期刊既是参与者也是评判者。这些年，我国正大力建设以创新和质量为导向的科研评价体系，学术生态逐渐回归理性，学术成果的规范性大大加强，学术道德监督也在网络环境下发挥着越来越重要的作用，学术

期刊的专业化定位也越来越明晰,这将为核心期刊数据的科学性提供重要基础。从一些发达国家的情况看,学术生态越是良好,核心期刊之于学术评价的作用越大。因此,我们有理由期待,在学界、学术期刊出版、科研考核管理、文献计量研究、学术评价研究等多方面的共同努力下,核心期刊研究将会对我国学术评价的理论和实践发挥更大的作用。

3.4 学术文摘与学术评价

学术期刊与学术评价的关系问题一直受到学界、科研管理部门等的广泛关注。在对以引文分析量化指标为主的核心期刊评价中,我们逐步厘清了学术成果评价与学术期刊评价、(权威)核心期刊或索引来源期刊遴选等之间的区别与联系,并达至基本共识:期刊不能代替学术共同体对学术研究成果评价的主体地位,概言之即不能"以刊评文"。但在助推学术评价制度完善、学术共同体成熟的过程中,学术评价需要在理想与现实之间探寻一种平衡。从实践需要看,合理借鉴和参考各种有关学术期刊评价的工具、方法,仍具应用价值。其中,学术文摘分析法就是一种人们较少关注和研究的评价维度,值得深入探讨。

学术文摘期刊是基于同行评议原则、按照学术质量标准、评选流程等选编(摘)优秀学术成果的出版物。在有效信息匮乏的大数据时代,学术文摘推优、推新的特质客观上被赋予了一定的学术评价功能。与引文分析法不同,学术文摘分析法可以较为及时地反映学术成果及其载体的影响力。

3.4.1 学术文摘的推优定位

学术文摘期刊是根据出版宗旨和内容定位,按照一定的标准、程序选编(摘)学术研究成果的二次出版物。下面,以目前在我国人文社科领域比较知名的四大学术文摘为例进行分析。[1]

学术文摘期刊创刊的根本宗旨就是推新、推优、引导[2]，没有推优的功能，学术文摘就没有立身之本和存在的价值。学术文摘期刊的推优特性体现在它们各自的编选宗旨中，即都宣称自己是从已公开发表的学术成果中精选（摘）出在学术思想、观点、方法、材料等方面具有创新价值、前沿研究的优秀成果为读者服务。例如，《新华文摘》"提供哲学社会科学新成果、新观点、新资料和新信息"；《中国社会科学文摘》"力求综合反映对重大现实问题和理论问题有深刻见解的学术成果，敏锐追踪对社会科学研究具有引导作用的前沿课题和热点问题，积极关注基于科学批判精神并在学术层面展开的争鸣与评论，精心提炼对学科建设和学术发展有所创新、有所突破的论著精华"；《高等学校文科学术文摘》"重点摘录人文社会科学各学科研究中具有原创性或体现新观点、新思路、新材料，提出或解决相关学术问题的优秀论文，以及学科研究中具有前瞻性、探索性或多学科与跨学科研究等方面的前沿成果，积极推荐人文社会科学研究中与国家社会经济改革和发展密切联系的具有全局性、战略性或具有重大理论和现实意义的优秀成果"[3]；中国人民大学《复印报刊资料》（也可简称为人大《复印报刊资料》。下同。）要求"期刊所选文章准确反映学科研究的热点、难点、创新点、基本点和重大课题的研究成果，达到对应学科学术研究的一流水平"，"尊重差异，包容多元。期刊学术风格体现客观公正，倡导学术争鸣与探索，避免学术偏见，为读者提供多元视角"[4]。

学术文摘期刊的推优定位，在编辑出版中又存在差异，各具特色，主要表现在专业侧重点、学科覆盖面、标准价值取向、编选程序规定、质量控制体系、选编数量规模等方面。各学术文摘都兼顾了学科与问题设置栏目，并努力体现出自

---

[1] 即《新华文摘》(1979年创刊)、《中国社会科学文摘》(2000年创刊)、《高等学校文科学术文摘》(1984年创刊)，以及中国人民大学《复印报刊资料》系列刊(1958年起陆续创刊)。
[2] 王力力：《也谈学术文摘期刊的评价特征》，《评价与管理》2011年第2期。
[3] 参见三种学术文摘的官方网站。
[4] 参见《中国人民大学书报资料中心编辑工作手册》（内部资料）。

己的特色。例如,《新华文摘》除了选摘学术论文,还选编文艺和美术、人物与回忆等作品;《高等学校文科学术文摘》的选编文献来源主要是高等学校编辑出版的人文社科类学术期刊;相对于其他三家文摘的学科综合性特点,中国人民大学《复印报刊资料》规模最大、范围最广、专业特色最明显,除了100多种全文转载类专业专题学术期刊外,还有十几种专门对应一级学科的学术文摘期刊。

学术文摘期刊的推优定位说明,它既是一种知识服务的载体形式,也是反映学术成果影响力的一种途径。在信息技术不发达的时代,纸质期刊是我们获取最新、最前沿学术信息的主渠道,但个体的力量无法也不可能全面搜集到所需的期刊和文献,学术文摘发挥了不可替代的作用。在网络信息化和知识社会化传播路径高度发达的今天,我们已从"信息短缺"发展到了"信息冗余"(或者说"有效信息匮乏")阶段。移动互联网、大数据给教学科研带来的不仅仅是机遇,还有"稀缺头脑模式"的困惑[1],需要在浩如烟海的学术信息、学术研究成果中,通过辅助性信息筛选机制进行学术导航,帮助自己找到有价值的信息。如果说纸质期刊时代学术文摘的资料功能大于推优功能的话,那么,数字化时代学术文摘的推优推新、导航引领功能则大大超过了资料功能。学术文摘期刊的编辑和专家学者披沙拣金,精选(摘)出部分较有价值的研究成果推荐给读者,一方面为广大读者在较短时间里获取有用的知识信息提供了捷径和引导,另一方面更重要的是对海量学术研究成果的一次再筛选和再评价,为读者判断学术成果的影响力和阅读价值提供指导和参考。这个过程已不是简单劳动的重复,而是包含着大量复杂劳动的价值再创造。因此,学术文摘的推优功能定位是随着时代的发展和社会需求的变化而强化,其推优的评价特性越来越凸显。

---

[1] 哈佛大学教授穆来纳森(Sendhil Mullainathan)提出的"稀缺头脑模式"理论认为,人们长期处于资源(如金钱、时间、有效信息等)匮乏的状态,会在追逐这些资源的过程中养成一种"稀缺头脑模式"。即使以后这种资源不再稀缺,也依然不容易摆脱这种模式,从而出现心理焦虑、智力和判断力下降。例如,网络时代信息过载所造成的无法掌控的茫然、焦虑心态。

3.4.2 学术文摘的评价特性

学术文摘期刊的推优定位并不等于说随便创办一本文摘期刊就具有了一种评价特性。评价人文社科学术成果是一种对"评价的再评价",除了评价主体必须是学术共同体外,重要的是要做到标准科学、程序公正、结果公开、质量优良。权威学术文摘的论文摘编绝不是随意率性而为,而是严格按照选文标准体系、评审流程开展的学术推优活动。

(1)学术文摘的选文标准虽然主要也是政治标准和学术标准,但相较于大多数学术期刊,其推优评价特性决定了所遵循的标准更严、更高

政治标准常常被一些原发性学术期刊理解为高度意识形态化的条条框框,有的甚至刻意回避刊发这类文章。学术文摘则往往立足于分析文章所体现的立场观点是否代表了人类文化发展的先进方向,是否符合国家民族发展的时代主题,是否发挥了推动社会发展、学术进步的作用。从此宏观视野审视文章,就基本不会偏离政治标准的大方向。比如,有的文章充满了情绪化的批判戾气,主观片面,唯我独"是",实际上是没有新意的炒冷饭或对自我推崇的某种理论的重复;有的文章拿西方标准任意"裁剪"中国特色社会主义理论与现实[1],给出所谓的"解构"、对策;有的文章忽视西方的人权、民主、普世价值等抽象概念所内含的基本预设、分析框架和叙事手法,简单照搬照抄,思想表达含混不清;有的文章明显存在违背史实的历史虚无主义倾向……凡此种种建立在不正确的世界观、价值观、方法论基础上的所谓学术研究论文,学术文摘在选编(摘)时都会特别注意审查和处理。

学术标准的构成比较复杂,往往是由系列指标组成的一个体系。比如,中国人民大学《复印报刊资料》选评论文标准的一级指标包括:学术创新程度(判断论文是否有创新、创新程度)、论证完备程度(判断论文的研究规范和严谨、科学

---

[1] 也有任意"裁剪"别国现实的文章,所使用的证据片面,立场偏狭,这也不是科学的态度。在当今世界思想文化交流、交融、交锋的进程中,我们既要汲取各国家、民族创造的优秀文明成果,又要对我们的制度、理论、道路、文化有高度的自信。

程度)、难易程度(评估论文所属基础理论或应用研究过程中可能投入的劳动量)、社会价值(评估论文对社会进步、学术发展可能产生的推动作用)。为提升具体选评过程中的可操作性,在这些较抽象的一级指标下又设有多个具体的二级指标。[1] 更为重要的是,在长期的职业化、专业化的磨炼下,这些标准已经在学术文摘的编者心中内化为一种默会知识,是一种单靠模仿学不到的内在素质。

学术文摘最强调学术论文是否有创新之处。学术研究旨在探索未知、修正已知、追求真知。学术成果是由经验上或逻辑上可靠、真实的知识性信息以及规范的创新学术内容组成,没有学术创新,严格说来是不能称之为学术研究论文的。当然,学术创新很难,尤其是在人文社科领域,高、顶、尖的重大原创性学术成果更是极为少见,一般都是常规性研究创新,如修正完善已有的学说、理论、观点、问题、阐释,或提出新的(或改进运用已有的)方法、视角,发现新的资料、史料、证据、数据,或对已有成果做出新的概括、评析等。从当前人文社科研究成果的基本面判断,即使常规性的创新研究成果也是有限的,存在着相当数量的只具有促进知识教育与传播价值[2]的重复性研究文章。学术文摘通过比较、鉴别、判断,只能相对地(选)摘编出或多或少有创新之处的文章来。这同时也说明,学术创新是一项高强度的、高度精英化的创造活动,并非人人可以胜任;各种考核和评价一概要求有"学术创新"是不切实际的。

(2)学术文摘优中选优的摘编论文的过程也遵循了学术成果评价的一般程序

如果说原发性学术期刊对每一篇论文经过选题策划、(匿名)评审、编辑加工、出版传播等流程,是对学术成果的第一次同行评价的话,那么,学术文摘期刊则是在第一次主观同行评价基础上的第二次同行评选过程。

---

[1] 中国人民大学人文社会科学学术成果评价研究中心:《人文社会科学论文质量评估指标体系及实施方案》。
[2] 邓曦泽:《现代赛马:知识、创新与科研考核》,《华南师范大学学报(社会科学版)》2015年第5期。邓曦泽认为,如果一个知识提供的信息是其他知识已经提供的(即指没有创新的知识),那么该知识就是无效的(零价值甚至负价值)。但是,基于知识传播和教育的视角,反复传播这些被遴选过的既有知识也有正价值。

学术文摘的摘编流程一般也是三审三校，根据信息来源、专业学科覆盖、选编队伍水平、标准体系、编选程序等工作要素，可以判断学术文摘的规模、水平和影响力。例如，中国人民大学《复印报刊资料》100多种学术刊，从信息来源、学科覆盖、编选团队、流程规范、精选质量等方面看，都具有专业化、标准化、规模化、持续性的学术成果评选特征。

信息来源广。中国人民大学《复印报刊资料》每年收集整理国内公开出版的近4000种人文社科期刊和报纸，鉴别并分类标引出约40[1]篇学术论文，层层筛选出1.5万～2万篇优秀论文予以转载出版。

学科覆盖全。中国人民大学《复印报刊资料》学术系列期刊按专业学科门类设置，基本覆盖了我国所有人文社会科学二级学科，而且对于一些交叉性较强的学科、边缘性学科、新兴学科，也设有相应期刊或栏目予以覆盖。

专业化的编辑队伍和专家团队。中国人民大学书报资料中心有100多名各专业学科编辑，1500位在各自学科领域最有影响力的编委，150位知名学者轮流担任执行编委。这种编辑与专家共同选文、评文、编辑的方式，实质也是一种同行评议。

选文流程规范。中国人民大学《复印报刊资料》有一整套完整、严格的编选流程和质量监控机制[2]，按照学术成果评价指标体系，经过各学科责任编辑、执行编委、学科编辑组、编辑部主任、总编辑的内评和外审多个环节，对论文质量进行筛选评估。

科学分类，同类比较。针对人文社科领域各学科之间在研究方法和研究性质上的差异，采取分类评估、同类比较方法，即在同一时间段内把同一学科的所有论文汇集齐全进行同类比较，从而判断论文的质量水平。

可见，学术文摘的评价特质并非自封，而是其内在本质的要求。事实上，一

---

[1] 因对构成学术论文的概念、内涵、外延、形态等要素的界定不清，我国每年的论文发表数量一直是个模糊状态，各种统计数据说法不一。

[2] 参见《中国人民大学书报资料中心编辑工作手册》(内部资料)。

些大刊名刊得到学界业界高度认可，具有评价的特质，是因为其在编辑过程中遵循了较高的质量标准和严格的刊文程序。在这个意义上，学术文摘与原发性学术期刊的评价特质是相同的。王文军认为，"一流学术期刊是创新性研究成果的主要交流平台，起着引领学术发展的重要作用，其严格的评审制度和审稿流程更使其具有不可替代的评价功能，这是不争的事实。"[1]

需要补充说明的是，关于编辑这个环节在学术评价中的作用尚存争议。从学术评价的主体看，不仅相当数量的高水平编辑、主编自身就是学者，而且长期的职业训练使编辑在学术成果质量的评价上养成了独特的素养、视野和评判力，这个能力也受到了广大学者的普遍肯定。因此，学术文摘的专业编辑和专家学者共同编选优秀成果，也应当是一种重要的学术同行评议形式。

3.4.3 学术文摘分析法的价值

学术文摘分析法是通过分析学术研究成果被学术文摘期刊转载（摘）或题录索引的次数、数量、比例等，对学术成果及其发表载体的影响力进行评估的一种方法，这是一种基于同行主观评选结果基础上的量化分析方法。

邹志仁认为，学术文摘分析法是一种对论文的科学水平进行间接评价的手段，可以帮助读者掌握本专业的发展水平和动向，帮助用户选择文献、决定取舍。[2] 与引文分析法不同，学术文摘分析法的研究结果可以较为及时地反映学术成果及其载体的影响力。实践证明，学术文摘分析法对评价对象的基本面或趋势性的质量评估非常有价值。比如，分析研究中国人民大学《复印报刊资料》论文转载数据和十余年转载排名资料可以发现，数据较准确地反映了我国人文社科学术期刊阵营的分类、布局、水平、变化和发展态势等状况，有一部分期刊始终是中国人民大学《复印报刊资料》转载论文的重要来源刊，而且这些期刊在业界具有较好的学术质量和影响力。

---

[1] 王文军、袁翀：《社会科学学术论文生产力评价的新视角——C100指数的理念、构建方法及其初步测试》，《山东社会科学》2015年第2期。
[2] 邹志仁：《情报学基础》，南京大学出版社1987年版，第228—229页。

中国人民大学人文社会科学学术成果评价研究中心用转载量、转载率、篇均得分、期刊综合指数等指标，研制并发布了中国人民大学《复印报刊资料重要转载来源期刊》[1]名录。将此名录的2012年版、2014年版分别与《中文社会科学引文索引来源期刊目录（2012—2013、2014—2015）》（南京大学）、《中文核心期刊要目总览（2011年版）》（北京大学）和《中国人文社会科学核心期刊要览（2008、2013年版）》（中国社会科学院）的并集进行比对发现：中国人民大学《复印报刊资料重要转载来源期刊》2012年版有73%的重合率，2014年版有78.45%的重合率。这说明以下两点。

一是这些评价分析法的结果有较高的耦合度，说明以文献计量为主的评价法与以主观同行评议为主的学术文摘分析法，在期刊评价、评优的基本结论上趋同。

二是也体现出了一定差异。出现这种差异的主要原因是：有些学科的论文引用率低，影响了期刊的影响因子指标，所以不能入选核心期刊目录。但这些论文引用率的高低对中国人民大学《复印报刊资料》选文没有影响，所以能够入选中国人民大学《复印报刊资料》重要转载来源刊目录；一些特别专、小领域的期刊，可能其影响因子正好满足了核心期刊的某些特殊评选要求，因而入选。但在中国人民大学《复印报刊资料》系列期刊上转载的数量少，故而不在其重要转载来源刊之列；时间差造成了差异。影响因子计算有较长的滞后期，核心期刊表也是滞后数据的反映。而人大《复印报刊资料》却是即时转载和统计的，时效性强，尤其是对学术期刊主编的学科取向、发文方向、栏目或定位调整等都有敏锐的感知，反映及时；结果的差异也反映了人文社科领域学术评价的复杂性和标准的多元化要求，以及较多人文社科学术研究成果结论的不可重复验证性。量化的评价方法受评价目的、数据来源、评价指标及权重值、评价程序等的影响很大，结论有差异恰恰是一种常态化的反映。否则，反倒不正常、不科学、不客观了。

---

[1] 指在统计期内，被中国人民大学《复印报刊资料》转载学术论文数量较多且被学术界、期刊界同行评议为学术质量较好、影响力较大的学术期刊。至目前已发布2012年版、2014年版、2017年版、2020年版。

学术文摘分析法也存在缺陷，即主观评估数据的科学精细化问题。要对每一篇学术论文进行科学评选，无论是从价值角度还是方法角度，都要体现出学术共同体的"共识性价值判断"。但无论是评选论文的时空范围，还是评选论文的主体认知能力和知识水平，在任何时空点上对每一篇论文进行评价，都只能在"科学探究的终极目标"与"社会发展的现实观照"中寻求恰当的衡量点位，无法取得"完全准确"的量化结果。即虽然能够评估出同类论文质量水平的优、良、中、差的比例和排名位置，但对每一篇论文优劣程度做出非常具体、量化的评估还是非常困难的。同时，对同水平论文之间的区分度、不同水平论文之间的分位数界定等问题也都还需要探讨。

3.4.4 学术文摘之于学术评价的边界

学术评价是个世界级的难题。评价活动涉及评价目的、评价主体、评价客体、评价标准及指标、评价方法、评价制度、学术生态文化等因素，这些复杂的变量皆会因评价目的的不同而变化。因此，不可能有一种完美的评价方法。人们往往把科学、客观、公正、公平、民主等作为学术评价的理想原则，并把去行政化、去量化、去格式化、去审批化等作为治理目标和保障学术评价客观、公正的重要条件。但从目前的评价实践看，以纯学术性作为学术评价的追求目标和最高标准很难达到预期效果，那种理想状态从未有效实现。陈忠认为，从学术评价伦理看，不存在脱离社会条件和社会关系的学术评价。学术活动总是与一定的社会政治文化目标相关甚至服务于它的知识活动，学术评价也是在一定的政治、行政、管理体制下的组织行为，是由处于复杂社会关系、具有复杂情感的具体的人所从事的知识活动。学术评价不是要不要和如何去行政化、去量化，而是如何"优行政化"[1]"优量化"的问题。学术评价的核心问题是"去功利化"，这需要从社会制度、文化生态、科研体制、学术共同体培育、评价体系适应性等根基层面系统建设，

---

[1] 陈忠：《知识领域的公共悖论与学术评价的伦理可能》，《华南师范大学学报（社会科学版）》2015年第5期。

才能逐步形成适合我国实际的、以创新和质量为导向的学术评价体制。

不少研究者指出，同行评议也存在很多不足[1]，在我国还没有形成成熟的学术共同体和普遍认可的学术评价体系的情况下，当前学术评价的可行做法是根据不同的评价目的，采用同行评议（主体）+各种计量分析法（引文分析法、文摘法等）的复合多属性评价法。叶继元提出了从定性、定量二维评价法到根据实际条件层层递进的三维评价法，即：形式评价（从评价对象的外部形态进行定量和定性的评价）、内容评价（同行专家对评价对象实质性内容的评价）和效应评价（对评价对象的实际贡献、"两个效益"、应用结果、影响力的评价）[2]，这些思路和架构对评价研究与实践很有启发。这其中，首要的是必须弄清楚评价的目的和对象，不能把学术成果评价与学术期刊评价混淆，也不能把学术期刊评价等同于核心期刊或索引来源期刊的遴选。

关于如何正确看待学术期刊评价中的各种量化数据、排行榜问题，业界批评强烈，很多学者研究都指出了引文分析、影响因子等应用于学术评价时的缺陷。但是，我们不能否认这样一个事实：衡量学术成果水平的一个重要维度是其发布后的社会关注度。高质量的学术论文被引用、被转摘的概率要比低水平的论文高，刊载高质量论文数量多的学术期刊被转摘的概率大，当学术文摘的数据统计量达到一定阈值时，可以显示出学术研究者对论文和期刊学术影响力的共识性判断（或学术聚焦效应）[3]。比如，从各种学术期刊排行榜单看，可以发现这样的规律：第一梯队和最后梯队的期刊名单绝大部分是相对稳定的，只有少数是变动的，而中间梯队的期刊位次变动起伏较大，反映了处于上升成长期的学术期刊阵营的激烈竞争变化。分析这些数据主要目的是从中趋势性地判断出某种期刊在哪个梯队，以及在这个梯队里的分位数的位置，从而拟定自我发展目标。

引文分析法、学术文摘分析法等都不是学术评价的最好方法，学术文摘的公

---

[1] 耿艳辉、王立新、朱晓华：《期刊同行评议研究综述》，《编辑之友》2015年第5期。
[2] 叶继元：《"全评价"体系分析框架及其应用和意义》，《云梦学刊》2013年第4期。
[3] 高自龙：《耦合与借鉴："核心期刊"之于学术评价的再思考》，《澳门理工学报》2016年第1期。

正性和有效性也存在争议，但一概否定学术文摘、核心期刊、索引来源期刊、权威期刊等对学术成果评价的参考作用，用个别现象否定实际结果呈现出的一般规律也不是科学的态度。

学术评价的目的是去伪存真、促进科学的发展和社会的进步。学术评价的难点是在评价与被评价主体间的博弈中如何"去功利化"。从管理学角度看，适合、适用的方法就是好方法。适应当前我国社会发展阶段和学术环境的、科学的量化分析和评价方法仍然是不可替代的客观评价依据和参考。当然，各种量化评价研究机构需要利用大数据手段进一步提高对引文质量的分析，公示和剔除各种人为干扰的负面数据；解决好不同学科不同的权重赋值和量纲归一化处理问题，以促进各学科研究和学术期刊的平衡健康发展；公开评价数据和方法，增强评价结果的可验证性；明确界定评价数据对评价对象的适应性，防止滥用等。学术文摘期刊需要开放办刊，充分调动广大专家学者参与遴选，增加推优的广泛参与度和透明度，办成评论性学术文摘，提高学术文摘的公正性。

综上，学术文摘期刊的基本功能是学术信息的二次传播。学术文摘期刊虽然具备学术成果推优、推新的特质，是另一种形式的学术同行评议结果，但依然不是学术评价的主体，不能替代学术成果的学术共同体评价。学术评价活动可以参考学术文摘的二次遴选结果，高效地实现对评价对象的基本水平、基本趋势、社会影响力等的评估。

4 学术期刊论文质量评价体系[1]

从核心期刊现象评析中，我们分清了学术期刊评价≠学术论文或成果评价，"以刊评文""文以刊贵"是不成立的评价逻辑。但这并没有逆向否定"以文评刊""刊以文贵"的合理性，即好文一定会组成好刊。学术期刊评价问题，根子在于学术论文的评价问题。不掌握学术论文评价的理论方法，就无法真正透视学术期刊评价深层次的问题逻辑。

4.1 论文分类评价方案

没有合理的分类，就没有科学的评价。面对数量浩繁、形式多样的科研成果，倘若不分类或缺乏恰当而简明的分类标准，势必会抹杀不同成果类型的特质，亦将影响评价、鉴定以及量化等工作的实施。

4.1.1 论文分类评价的基本类型

梳理现有相关文献，关于人文社科论文的分类评价方案主要有四种：一是按研究性质或阶段分类，二是按智力投入程度分类，三是按所属大学科分类，四是按载体形式分类。

（1）借鉴自然科学领域，按研究性质（或阶段）分类

1978年，联合国教科文组织在第二十届会议上通过了《关于科技统计国际标准化的建议案》，提出了基础研究、应用研究和试验发展三类科研成果的分类法[2]。我国部分人文社会科学成果的评估借鉴了这一分类法，如北京市哲学社会科

---
[1] 本节内容主要源自作者2009年开始研究学术成果评价、学术期刊评价问题时所承担的一个课题研究项目。在此，感谢课题组成员杨红艳、刘峰、范晓莉。
[2] 国家科委综合计划司主编、田清雯译：《联合国教科文组织科学技术统计指南》附录A《关于科技统计国际标准化的建议案》，科学技术文献出版社1990年版。

学成果评估,将成果分为理论性成果、应用性成果和其他研究成果,分别设置不同的指标体系和权重[1];《浙江省哲学社会科学优秀成果评奖办法实施细则》中将学术成果分为基础理论类研究成果(包括专著、论文等)、应用类研究成果(包括调研报告、对策建议)、学术资料整理类成果、译著类研究成果四类[2];《黑龙江省高校人文社会科学研究优秀成果奖励办法实施细则》[3]《北京大学人文社会科学研究优秀成果评奖办法(试行)》[4]等也采用此类分法。

一些学者也赞成以基础研究和应用研究为主的分类评估方案。比如么大中主张[5]将科研成果分为理论性和应用性两类。张书伟认为,除此之外,还应增加"科普资料类"成果[6]。唐德章也认为[7],可分为理论性成果(抽象性、价值显现时间长)、应用性成果(直接用于实践,时间短)与工具书、资料汇编、译著等三类。这些学者都认为理论性成果应着重评估成果的学术水平和学术影响,应用性成果则应着重评估其应用价值和社会影响。因此,基础研究成果的学术价值指标的权重应较大,应用研究成果的社会价值指标应占有较大的权重。丁军强也同意这一观点,并补充认为资料编译类成果真理性指标的权重应最大[8]。

一般地理解,在人文社会科学学术论文的评估中,基础理论性论文一般是指研究周期长、不直接应用于实践的论文,评估的重点是理论创新;应用研究类论文旨在直接用于实践,评估的重点是社会应用效果。然而,事实是:无论是基础理论类还是应用研究类,普遍没有明确的推广应用环节,难以在两类之间做出严

---

[1] 北京市哲学社会科学规划办公室:《北京市哲学社会科学成果评价指标体系》。
[2] 浙江省哲学社会科学发展规划领导小组:《浙江省哲学社会科学优秀成果评奖办法实施细则》。
[3] 黑龙江省高校人文社会科学研究优秀成果奖励委员会办公室:《黑龙江省高校人文社会科学研究成果奖励办法实施细则》。
[4] 北京大学社会科学部:《北京大学人文社会科学研究优秀成果奖评奖办法(修订试行版)》。
[5] 么大中:《关于社会科学优秀成果评选标准问题》,《科研管理》1986年第1期。
[6] 张书伟:《社科学术成果评定的原则及其指标体系》,《社科百家》1991年第1期。
[7] 唐德章、夏元林:《社会科学研究成果定量评估方法初探》,《社会科学研究》1989年第1期。
[8] 丁军强、吴桂鸿:《试论社会科学研究成果的评估标准》,《科技管理研究》2007年第6期。

格区分,且人文社会科学论文兼具学术价值和社会价值,差异不在于指标的设置,而在于指标权重的分配。因此,按成果的研究性质分类法较难适合人文社会科学论文的评估。

(2)按成果的智力投入程度分类

卜卫、卢渝等人,主张将成果分为研究类、普及类和资料类(卢渝认为还有翻译类),各类成果的重要性依智力投入深度递增,分别设置不同的指标体系[1];杨育华主张按照成果属性将成果分为数据资料类、实践类、理论性成果和综合性成果四类,对每类成果给予不同的评分范围,分数随智力投入程度递增。罗平安[2]主张评估过程将成果分为四大类:最高成果(概念类)、重要成果(模型类)、次要成果(实验与理论计算数据符合类)、一般成果(积累基本数据类)。

以智力投入程度高低为标准分类评估,理论上可行,实践上难以操作,不少文章介于几种分类之间或融合几种分类,界别模糊。若按智力投入程度分类,综述文章重在进行新的汇总、概括,为进一步的研究提供资料[3],和其他类论文的差异明显。

(3)按学科大类分类

人们普遍认为,人文社会科学学术成果评估应分学科进行同类比较,但尚未有人提出针对各学科特点设计不同的指标体系。国内外著名的评估体系,也都把"按学科分类评估"作为基本的实施原则。蔡曙山的研究将科研成果分为自然科学、工程技术、艺术人文、社会科学4个部类共11门,建议对艺术人文学科成果和社会科学成果进行分类评估[4]。部分学者认为,人文学科在研究范式上与社会科学存在一定差异,这一差异甚至超过社会科学和自然科学的差异,因此应分为人文学科和社会科学两类进行分别评估[5]。

---

[1] 卢渝:《社会科学研究成果分类标准及其量化途径》,《社会科学》1992年第4期。
[2] 杨育华:《试论社会科学研究成果的评估》,《宁夏社会科学》2002年第9期。
[3] 卜卫、周海宏、刘晓红:《社会科学成果价值评估》,社会科学文献出版社1999年版,第106—119页。
[4] 蔡曙山:《代表性学术成果作为艺术人文与社会科学评估指标的意义——兼论CSSCI的科学评估功能及其发展方向》,《江西社会科学》2004年第6期。
[5] 庞学铨:《论人文科学的价值与功能》,《中共浙江省委党校学报》2009年第2期。

本研究也认为，应遵循学术共同体的"共识性判断"，对人文社会学科论文的评估坚持"按学科分别评估"的基本原则。但是各学科论文在评估标准、指标、权重等方面的差异性，需要进一步探讨。

（4）按成果的形式分类

按成果形式分类评估的典型代表是《中国高校人文社会科学研究优秀成果奖励暂行办法》[1]，该办法规定参评成果包括专著、论文、研究咨询报告、译著、考古发掘报告、工具书、古籍整理、软件、音像制品等。当代的部分学者也认为，人文社会科学成果的评估，应首先按照成果形式进行分类。有的学者将其分为学术专著和学术论文，并把教材工具书等纳入著作类，把研究报告等纳入论文类[2]，有的则认为除此之外还包括调研报告[3]，还有人在上述三类之外增加了工具类、译著类、资料类等其他成果[4]。然而，民国时期的学术评估，只把学术性最强的著作和论文作为学术成果，译作、教材、工具书等皆不列入学术成果之列[5]。学术论文是否该单独作为一类，是学者们争论的重要问题。一部分学者认为，学术论文的评估指标在权重上应有别于其他类型的成果，比如学术论文在创新性上要求更高，但与其他成果，尤其是专著相比，体系性和完整性要求低一些。对学术论文来讲，课题来源指标的重要性比不上研究报告和学术著作；发表层次是学术论文的硬指标，它和"转载与引用"指标构成学术论文的一个重要因素；论文类成果的成熟程度指标应低于著作类成果。[6]另一部分学者认为，学术论文应与学术专著同类，执行相同的指标体系，因为学术论文和学术专著一样，具有较强的创新性和学术性，但实践性和应用性较其他成果差。[7]

---

[1] 教育部：《中国高校人文社会科学研究优秀成果奖励暂行办法》。
[2] 沙似鹏、郑礼、郭才伯、张毅：《人文、社会科学研究成果评估指标体系初探》，《上海高教研究》1994年第1期。
[3] 刘大椿等：《人文社会科学研究成果评估体系研究》，经济科学出版社2009年版。
[4] 邓毅：《社科成果评估指标体系探析》，《现代教育论丛》2004年第6期。
[5] 刘明：《学术评估制度批判》，长江文艺出版社2006年版。
[6] 叶蓬：《人文社会科学研究成果评估指标体系分析》，《探求》2001年第1期；邓毅：《社科成果评估指标体系探析》，《现代教育论丛》2004年第6期。
[7] 杨霞、熊世春：《社会科学研究成果综合评估指标体系研究》，《山西师大学报（社会科学版）》2008年第5期。

将上述研究成果应用到人文社科学术论文评价的分类方案中，可归纳演化为如表 4-1 所示内容。

表 4-1 四种论文分类评价方案的比较

方案序号	分类标准	分类内容	差异性	相关实践案例
方案一	学科大类	人文学科论文	以精神世界为主要研究对象。	A & HCI（艺术与人文科学引文索引）和 SSCI（社会科学引文索引）
		社会科学论文	以社会现象为主要研究对象。	
方案二	论述体裁	研究论文	着重学术创新并提供新知识。	中国社会科学院有关部门对论文等科研成果分类管理的办法
		综述文章	着重评述分析并做出新概括。	
方案三	研究性质	基础理论研究论文	注重学术价值，追求理论创新。	《北京大学人文社会科学研究优秀成果奖评奖办法（修订试行版）》《四川省哲学社会科学优秀成果评奖实施细则》[1]
		应用实证研究论文	注重社会价值，追求应用效益。	
方案四	一级学科	哲学、政治学、理论经济学、应用经济学、社会学等学科论文	充分凸显各学科之间及领域知识的差异性。	《高等学校科学研究优秀成果奖（人文社会科学）奖励办法》[2]

4.1.2 论文分类评价方案的认同度分析

为深入分析上述四种分类方案的认同程度及优势和不足，我们采用了如下两种研究方法。问卷调查：着重选取了人文社科领域的专家学者、学术编辑和科研管理者开展问卷调查，共形成有效问卷 386 份。为保证问卷调查结果能够较好地反映人文社科各学科领域的实际情况，发放问卷时还对受访对象进行了学科比例控制。专家访谈：重点选取了 20 余位学术评价领域的理论学者和科研管理部门的实践专家，以面访、邮件、电话方式进行了访谈和书面反馈。

（1）绝大多数受访者赞同"分类评价、同类比较"的评价思路（约占

---

[1] 四川省哲学社会科学评奖委员会：《四川省哲学社会科学优秀成果评奖实施细则》。
[2] 教育部：《高等学校科学研究优秀成果奖（人文社会科学）奖励办法》。

98.25%）

认为人文社科学术论文在所属学科、论述体裁和研究性质等方面存在明显差异。这种差异性的产生主要源自两个方面。①由于学术论文本身特质存在着差异性（主要由学科背景不同造成），并表现、要求、作用于诸多评价要素上，如评价主体要多元化、评价标准要多维性和评价目标要多向性等。②因为评价体系的构建机理有着内在的逻辑性，如果没有科学的分类，指标设置、权重分配就无针对性，评价结果也难以成立。因此，必须针对学术论文间的差异性来设计评价指标体系，且同时要把握和处理好分类颗粒度的粗细问题，较粗略的分类评价不利于区分和凸显评价对象的差异性，较精细的分类评价不利于评价实施的可操作性。

（2）受访者赞同各分类方案的比例有明显差异（如表4-2所示）

表4-2 受访者赞同各分类方案的人数和比例分布

| 方案一 || 方案二 || 方案三 || 方案四 ||
人数	比例	人数	比例	人数	比例	人数	比例
148人	38.53%	48人	12.39%	64人	16.51%	126人	32.57%

总体来看，方案一和方案四的认同度较高，这两种分类方案都遵循按学科分类方式，只是方案四比方案一的分类颗粒度更精细一些。相比之下，方案二和方案三得到赞同的比例较低。此外，不同学科的受访者在选择分类方案时，也呈现出较为明显的差异性，如马克思主义学科受访者中无人选择方案二、方案三；教育学学科受访者中选择方案四的约为74.23%，只有不到7%的人选择了方案二和方案三；历史学和艺术学学科受访者中选择方案一的在60%以上。从上述受访者对分类方案选择的倾向看，大多赞成按学科分类评价。

（3）大多数受访者建议应综合考虑和吸纳各种分类方案的优势（人数约占76.82%），即在权衡评价指标体系科学合理性和可操作性的前提下，综合考虑多种分类方案的优势

受访者针对分类方案提出了100余条优化建议，按照优化设计的不同思路，可概括为三种优化模式：横向扩展模式，即在某一种分类方案的范围内，平行增

加相应类别。纵向扩展模式，即在同一分类思路的指导下，垂直细分某一分类方案的相应类别。综合扩展模式，即综合考虑两种或两种以上分类方案的优势，分层次、较全面细致地划分类别。如大多数受访者指出，单一分类方案很难获取准确的评价数据，应综合考虑论文多个维度属性的特征并进行多维分类。其中，将按一级学科和按论述体裁结合进行综合扩展分类，被多数受访者认为是人文社科论文评价应采取的相对科学、合理、可行的分类方案。

上述四种分类方案各有如下优缺点。

方案一：分类成熟、认同度高，便于读者查阅和利用。人文学科论文和社会科学论文在研究对象、研究方法、研究机理、表现形式等特征上均明显不同，人文学科更注重意识形态的价值取向，社会科学更注重社会现象的客观探究，具有相对独立性。但是，各自所属下位类学科之间区别不大，虽可比性较强但可行性较差，因为部分学术论文介于人文学科和社会科学之间，学科归属、学科界限较为模糊，不易明确分类或区分，成本较高。

方案二：涵盖丰富，包容性好，适用于整个人文社会科学，便于研究者准确获取前沿信息或综合成果。研究论文和综述文章在研究范式、研究深度、创新程度、学术规范等方面有明显差异，而且严格地说，没有创新价值的论文不能认为其是学术论文，所以这种分类较利于针对论文的创新价值进行水平评估。此方案的不足是对"研究论文"的学科差异性没有关注。

方案三：基础理论研究论文和应用实证研究论文在研究目的、难易程度、作用功能等方面各有侧重，各具可比性，能有效反映各自论文内容的基本属性。前者注重评价其学术价值和学术创新，后者注重评价其社会价值和应用效益。但两者科研性质较难区分，若将其区别分类评价，则不利于理论研究与社会实践的有机结合，更难推进科研成果的转化和应用。

方案四：学科是研究的出发点，易于形成同行评价的学术共同体意志，能较好地兼顾不同学科的特殊性与相近学科的同质性，因为不同学科在研究内容、成熟程度、行文特点等方面差异较大，而相近学科差异较小，且有现成的学科分类标准，如国家《学科分类与代码》（GB/T 13745-2009）、国务院学位委员会《授予博士、硕士学位和培养研究生的学科、专业目录（1997年）》[1]和教育部《普通高等学校本科专业目录（1998年）》等，分类细致，认同度较高，有助于增强评价的准确性和针对性，方便读者根据所在学科发现、评价和利用相关研究领域的优秀成果。

4.1.3 论文分类评价方案的优化构建

（1）分类方案的优化原则

论文或成果的分类方案多元化的，关键是要进行优化。从评价需求、评价过程、评价结果和评价持续等维度看，应坚持以下几个原则。

①满足需求原则，即分类方案要满足现实的评价需求

一方面，由于人文社会科学成果质量或价值的显现周期较长，不论在任何时空点上对其进行评价，都无法取得"完全准确"的结果。另一方面，科学研究活动是一个不间断的、从已知探索未知的过程，对其评价只能在"科学探究的终极目标"与"社会发展的现实需求"之间寻求平衡。因此，其评价的分类方案应首先满足当前及今后一段时间的实践需要。

②可操作性原则，即分类方案在评价过程中要具有可操作性

分类不能过于复杂，分类颗粒度切分要恰当，以保证分类框架清晰简明，并在最大限度上能够与评价主体的常识判断保持基本一致，使评价主体较容易把握，从而提高评价操作的效率和评价结果的准确性。

③可比性原则，即分类方案的评价结果要具有可比性

只有同类比较才可以实现同一指标下的度量，评价结果也才具有可比性、可信度，这就要求分类标准明确和界限清晰。

---

[1] 2022年9月发布的最新版《学位授予和人才培养学科目录》已经简化至一级学科。

④可扩展性原则，即分类方案要具有一定的扩展张力

随着经济、社会、文化等诸方面的日益交融和加速推进，专业学科也随之细分、交叉、融合。因此，保持评价分类体系具有较广的范围适应性和较强的功能扩展性，有利于评价结果的持续性比较和评价工作的一致性开展。

（2）分类方案的构建思路

依据上述调研结果和优化原则，我们提出以下人文社科学术论文评价的分类方案，如图4-1所示。

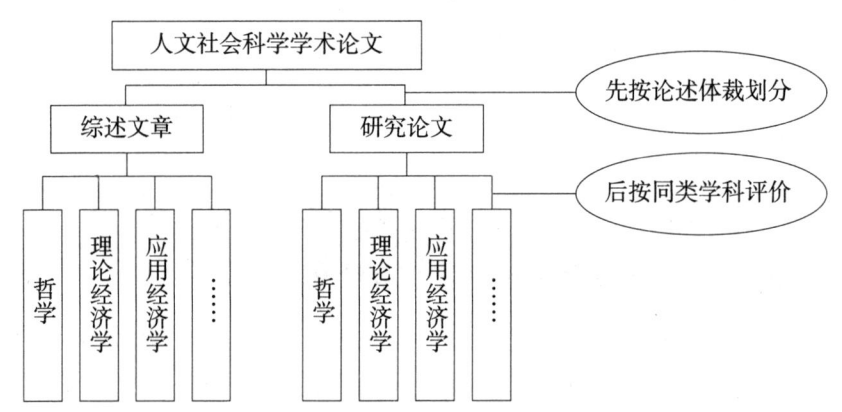

图4-1 人文社会科学学术论文评价分类方案

```
                    人文社会科学学术论文
                    ┌──────┴──────┐
                  综述文章      研究论文        ── 先按论述体裁划分
                ┌──┼──┼──┐   ┌──┼──┼──┐
                哲  理  应  …  哲  理  应  …    ── 后按同类学科评价
                学  论  用      学  论  用
                    经  经          经  经
                    济  济          济  济
                    学  学          学  学
```

分类是按照某种标准把一个属概念划分为若干种概念，因此就必然会关系到选择哪种分类标准及为什么要选择此分类标准的问题[1]。在人文社科学术论文评价的分类方案中，一方面，影响论文差异性的因素是多维的，按单一差异性因素进行分类一般不能够满足评价活动的客观需要；另一方面，影响论文差异性的因素在实践中是不可能面面俱到的，只能选取其中较为显著和具有可操作性的区分因素作为其关键的分类标准。

与其他分类方案相比，综合运用按论述体裁和按一级学科这两种分类方案开展人文社科论文评价，具有相对合理性和现实可行性。理由如下。

一是这两种分类标准能较为贴切和显著地吻合人文社科学术论文本质属性的

---

[1] 邱均平、文庭孝等：《评价学理论·方法·实践》，科学出版社2010年版。

区分。人文社科学术论文本质属性的差异主要体现在内容属性和学科属性的不同上。内容属性的差异主要体现在创新内容角度的不同上。例如，研究论文的创新内容角度在于提出新的（或修正完善已有的）学说、理论、观点、问题等，或提出新的（或改进运用已有的）方法、视角等，或发现新的资料、史料、证据、数据等，其基本特征是学术性、创新性和理论性；综述文章的创新内容角度在于对已有成果做出新的概括、评析，其基本特征是资料性、综合性和概括性。学科属性的差异主要体现在各学科指标权重设置的不同上，而非指标的设置上。当然，各学科的指标权重有些可以是共同的，有些则需根据学科特点分别设置；综述文章更多依赖于写作形式上的学术规范，其价值和质量在各学科之间的差异体现并不明显，可以采用同一指标权重[1]。内容属性的恰当切分是实施论文直接评价的核心环节，学科属性的归类细分是开展论文深度评价的逻辑起点。因此，按论述体裁进行分类能更明确地区分论文内容属性之间的差异，按所属学科进行一级学科划分能更好地凸显学科属性之间的差异。

二是这两种分类方案在论文评价实践中具有现实可操作性。首先，综述文章与研究论文相比，具有明显特殊的行文结构和性质特点，能够较容易从论文成果中区分开来，可明确地分为"作为过程的文献回顾"和"作为结果的文献回顾"两种类型。其次，一级学科的划分除了有现成的学科分类标准可参照外，从评价主体上看，按一级学科细分利于形成同行评议的学术共同体，便于评价主体在同一学科视域下针对论文具体研究内容的价值（含学术价值和社会价值）进行深度评价。从评价客体上看，同一学科论文有其共同的研究对象和研究范式等，其评价结果具有可比性，能够更好地实现论文质量评价的目的和要求。

（3）分类方案中的特殊问题处置

一是关于特殊文体和译文的分类评价问题。特殊文体，如政策解析、标准技术规范解析，书评、理论学习、社会实践札记，时事、政治、思想评论，文学评论、艺术评论等，在确定是否归为评价对象（学术论文）时，应从研究目的、研

---

[1] 中国人民大学人文社会科学学术成果评价研究中心：《人文社会科学论文质量评估指标体系实施方案（试行）》。

究对象和研究内容三个角度同时进行判别。若以探讨一般规律为研究目的、以专业研究人员为读者对象、研究内容有明确的研究过程并有所创新，则为学术论文；若以介绍、宣传或推介为研究目的、以普通大众为阅读对象、内容未经过研究且无创新性，则不是学术论文。译文的核心内容是原文作者研究贡献的成果，而译者只是通过另一种语言工具对其做了直译或意译，进行学术质量评价时，是对原文作者的成果内容进行直接评价，而非对译者的水平进行评价。

二是跨学科、交叉论文的学科归属问题。跨学科论文是指论文的研究内容涉及一个以上的一级学科，在评价过程中，应按照是否存在主次学科区别对待、分别处理，即若是围绕某一主要学科的理论、方法或问题开展研究，但借鉴了其他学科方法和理论，可分为主次学科并在主要学科中进行评价。交叉学科研究论文若同时涉及一个以上学科的理论、方法或问题，学科归属不明晰，不存在主次学科，应同时在不同学科中进行独立评价。

三是同一级学科内部不同二级学科间的学科差异问题，如图书馆学、情报学、档案学三个二级学科之间的学科差异，需要在二级学科内部对各自所属论文开展有针对性的细分评价，然后通过学科的上下类位关联，汇聚至一级学科进行较全面的同类比较。

总之，关于人文社科学术论文评价的分类方案，还必须与指标遴选、权重赋值及评价流程等变量因素进行逻辑关系的考量，这就需要综合权衡评价体系的完备性与可行性及理想与现实之间的众多矛盾，经过反复的论证总结、实践检验和修正完善，才能逐步构建科学、合理、可行的分类方案。

4.2 论文评价指标体系研究

近年来，关于人文社科成果评价问题的宏观指导层面研究已经比较深入，许多研究者从学术与行政、程序正义、时空维度、多元标准体系、延时评议、同行评议、代表作评价、定性评价为主的弹性评价、本土学术与国际学术等各个层面进行了探讨。

4.2.1 论文质量可否评价

人文社会科学研究，不论采用什么范式方法，都是一种追求客观真相的主观价值判断过程，学术评价则是对这种主观价值判断的再判断。这种再判断面临着诸多不确定因素，如类型多样、价值显现周期较长、转化应用方式模糊、难以得到"精确"的结果、评估者认知能力和知识水平有限等。因此，有些学者提出了人文社科论文"不可评""不可测"的悲观论调。但是，从科学研究角度看，既然人文社会科学需要按科学学术规范进行研究，就必然要遵循科学研究的规律，也一定存在科学的方法来评估它的研究成果。问题在于我们如何找到人文社会科学研究的本质规律，并依照规律逐步改进和完善评估成果的方法和体系。大量经验表明，只要是依据目标导向明确的指标体系，是可以大致判断评价对象的"等级"的。

但知易行难，多年来各方纷纷呼吁要建立科学的学术成果评价体系，至今也没有形成一套普遍认同的标准体系。当前我国人文社科论文评估指标体系处于"政出多门、标准不一、事故易发的阶段"[1]。如表4-3所示，各类指标均存在某些方面的不足和缺陷，或不能有效反映论文质量，或可操作性较差，或不符合人文社科研究规律，等等。此外，有些指标体系评估标准模糊、指标逻辑关系不清、权重设置不合理，指标体系的实施细则或不够细化或复杂烦琐，这些问题均影响了评估结果的准确性和公正性，甚至导致了评估的实际效果偏离评估目标的"异化"现象[2]，阻碍了人文社会科学的发展。

---

[1] 倪润安：《中国人文社会科学学术成果评价体系建立的困境与出路——当前研究状况的总结与思考》，《社会科学管理与评论》2004年第2期。
[2] 高军、迟爽：《我国学术评价制度的异化研究》，《高校教育管理》2008年第3期。

表 4-3 各类人文社科论文评价指标优劣势分析

类型	代表性指标体系	主要指标	优势	劣势
同行评议主观指标	卜卫等人构建的社科成果评估指标体系[1]；国家社会科学基金项目成果评估指标体系（论文类）	科学性、价值性、难度、学术规范性、创新程度、论证完备程度等	直接反映论文质量，评估较为灵活、及时	评价者主观随意性难控制，实施程序复杂，成本高，易受人为因素影响
客观指标	唐德章、沙似鹏、叶蓬等学者构建的人文社科成果评估指标体系（主观指标与客观指标相结合）[2]	成果字数、课题来源、出版层次、获奖层次、会议入选、政府采纳情况等	可操作性强，受人为因素影响较小	间接反映论文质量，不够确切；数据来源不一，可比性差
文献计量指标	南京大学中国社会科学评价研究院的"CSSCI来源刊"，北京大学图书馆等机构评选"核心期刊"使用的指标体系	被引频次、被引半衰期、被引广度、影响因子、被下载率等	可操作性强，受人为因素影响较小	间接反映论文质量，不够确切；对引用数据和统计方法要求高；评估不及时（至少发表3年后）；"以刊评文"

另外，某些外在非学术性因素（课题来源、新闻媒体报道、获奖情况等）往往对学术标准产生影响。特别是人文社会科学要赢得社会建制内的生存空间，就不得不部分地服从非学术标准的要求。

为此，必须充分重视指标体系所面临的理想与现实的矛盾。理想的人文社科论文评估指标体系的关键要素包括：指标设置科学、权重分配合理、实施程序公正、操作便捷可行等；然而在现实中，对人文社科论文评估标准、手段、方法、路径等方面的认识还存在分歧，指标体系的构建还面临完备性与可行性、及时性与延迟性、精细化与高效率等一系列矛盾，难以面面俱到。所以，苛求"完美的"评估指标体系是不切实际的。我们必须在坚持人文社科论文"有必要评估""可以评估"的基础上，从"理想完美性"与"现实可行性"之间做出优化选择。

---

[1] 卜卫、周海宏、刘晓红：《社会科学成果价值评估》，社会科学文献出版社1999年版，第101—170页。
[2] 唐德章、夏元林：《社会科学研究成果定量评估方法初探》，《社会科学研究》1989年第1期；沙似鹏、郑礼、郭才伯、张毅：《人文—社会科学研究成果评价指标体系初探》，《上海高教研究》1994年第1期；叶蓬：《人文社会科学研究成果评估指标体系分析》，《探求》2001年第1期。

4.2.2 论文评价指标设置的基本理念

（1）体现学术共同体的"共识性"认知

人们总是希望论文评价尽可能"客观"，然而，评价是主体对客体进行判断的行为，带有天然的"主观性"，即使通过文献计量进行评价，也需以主体在引用和计量中进行的主观判断为基础，所以评价不可能"完全客观"。在学科建制化背景下，对人文社科论文进行"客观"评价，在本质上是指基于一定事实认定之上的学术共同体的"共识性"价值判断，而非某一研究者的个人主观判断[1]。因此，完善人文社科论文评价指标体系的首要问题，是以学术共同体所认可的"共识性"指标为评价的基本标准和原则，并在这些"共识性"认知的基础上，深入分析人文社科论文评价涉及的变量因素，对当前人文社科论文评价指标体系进行综合分析与完善，降低评价指标的片面性。

（2）同行评议为主，文献计量为补充

文献计量和同行评议是现阶段学术成果评价的两种主要方法。然而，单独采用任何一种方法都有其局限性。由于引用动机难以准确描述和统计，仅用文献计量评价容易导致"重量轻质""重刊不重文"等问题；同行评议的主要不足则是评价主体的主观随意性较难控制。与自然科学研究相比，人文社会科学研究具有更强的"小科学"特征[2]，比如自由和个性化等[3]，成果转化利用的时间、范围、方式都比较模糊[4]，所以同行评议法更符合人文社会科学的研究规律。随着我国人文社科领域学术引证规范程度的逐步提高，以及 CSSCI、CNKI 等引文数据库的日益完善，将引证指标用于评价人文社科论文的条件也初步具备。因此，两种方法相结合的综合评价渐成为当前学术界的共识，采用"同行评议为主，文献计量为补充"思路，通过相互补充和彼此限制来完善人文社科论文评价指标体系，更符

---

[1] 刘大椿：《中国人文社会科学评估问题之审视》，《重庆大学学报（社会科学版）》2009 年第 1 期。
[2] 这里的"小科学"特征主要是指：人文社科研究从选题到创新，很多时候遵循"自由研究"原则，研究成果"很难预测"，研究方法中"思辨"的成分较多。从这个角度讲，"标尺型"的文献计量方法不太适合人文社会科学，对成果进行直接、全面、灵活审视的同行评议方法则更符合人文社会科学的研究规律。
[3] 朱少强：《论科学建制背景下的人文社会科学研究评价》，《评估与管理》2008 年第 12 期。
[4] 虞文、周亚霆：《基于因素分析的社科成果转化评价指标浅探》，《科学学与科学技术管理》2006 年第 3 期。

合当前评价实践的现状和需求。

（3）坚持"质量为本"的评价导向

量化评价在当前的学术成果评价中占主导地位。但过于强调量化评价已导致学术成果的"数量激增"与"高水平成果稀缺"的尴尬反差。改善这一状况的当务之急是倡导"质量为本"的导向，克服单纯以成果数量评价学术水平的弊端[1]。所以，应当着重对人文社科论文的内容质量进行评价，形成以直接反映质量的定性指标为主、以间接反映质量的定量指标为辅助和补充的指标体系。ISO8402-1994《质量术语》中将质量定义为"反映实体满足明确或隐含需要的能力的特征及特征总和"。人文社会科学论文质量即是满足学术需要和社会需要的能力属性，比如创新性、价值性、重要性等，所提炼的评价指标应充分体现这些属性。

4.2.3 评价指标体系如何优化建构

在遵循上述三个基本原则的基础上，针对我国人文社科论文评价指标体系存在的问题，我们通过文献调研、问卷调研和专家论证，对现有人文社科学术论文评价指标进行了汇集、梳理、分析和归纳，理顺指标之间的逻辑性，优化组合各类指标；通过实证试验，确定合适的指标数量和层级，明确界定指标的内涵和数据获取途径，提高指标体系的可操作性；改进指标权重分配，体现指标重要性的显著差异，提高权重分配科学性。最终遴选出9个指标，构成一套优化的人文社科学术论文质量评价指标体系，如表4-4所示。

表4-4 人文社科论文评价指标体系

指标类别	子类	评价指标	权重分配	
同行评议指标	主要指标	学术创新程度	0.595	0.7
		论证完备程度		
		社会价值		
		难易程度		
	辅助指标	课题立项	0.105	
		发表载体		
文献计量指标（补充指标）		Web下载频次	0.06	0.3
		被转载次数	0.09	
		被他引频次	0.15	

---

[1] 郑文涛：《关于哲学社会科学评价的若干思考》，《社会管理科学与评论》2008年第2期。

（1）同行评议指标的优化

在坚持学术共同体"共识性"认知的前提下，我们遴选同行评议主客观指标时注意了以下几点：

必要性：评价论文质量必不可少。

有效性：能有效反映论文质量。

逻辑性：与其他指标不交叉或重叠，其他指标不可替代。

可操作性：指标内涵清晰、易于评价把握。

广泛适用性：可用于评价各类型和学科人文社科论文。

表4-4中所示的6个同行评议指标均得到大部分学者的认可。在收集各类指标的过程中，还有不少评价指标未采纳。比如，学术价值指标，内涵过于含混，且与学术创新程度、论证完备程度两个指标明显重叠；成熟度、系统性、可靠性、规范性、先进性、充分性、完备性等指标，隶属于论证完备程度；研究内容意义、前沿性、唯一性、新颖度等指标，与学术创新程度存在交叉；作用强度、影响力度、效益、生命强度、影响广度等，内涵较为模糊、不易把握，且与社会价值指标交叉；资料性、理论性、综合性、专门性、可读性等指标，难以有效反映论文内容质量。

对指标的名称和内涵进行准确界定是十分必要的。比如，学术创新程度指标是为凸显论文在学术方面的创新，除了基本的理论、观点、方法、论据等方面的创新内容外，特别界定了"对已有成果做出新的总结概括"是综述文章学术创新的重要体现；论证完备程度指标是为强调论证过程对人文社科论文的重要性，包含研究方法科学性、论据可靠与充分性、逻辑严密规范性等内容；社会价值指标不仅包含对于解决经济、社会问题的支持作用，还包括对思想道德文化的促进作用，以适应人文学科和基础理论类论文的评价；难易程度指标包括资料搜集处理和研究难度与论题本身复杂程度两方面内涵。

需要指出的是，把课题立项和发表载体列为人文社科论文同行评议的辅助指标，虽然存在一定争议，但是这两个指标体现了课题立项评审人员和期刊选文评审人员对论文的评价意见，有利于以较低的成本拓展评价共同体的范围，得到更为可靠的评价结果。

（2）文献计量指标的优化

在遴选文献计量指标时，我们注意了以下几点：

可统计：可针对单篇论文进行统计。

有效性：能有效地反映论文质量。

逻辑性：与其他指标不交叉或重叠，其他指标不可替代。

易获取：评价所需的文献计量数据便于获取。

根据"同行评议为主，文献计量为补充"的思路，文献计量指标仅着重选取少数关键指标。经过对国内外现有主要文献计量评价体系指标的分析，我们最终确定了最能反映论文质量的3个文献计量指标：Web下载频次是指论文发表后一段时间内，被网络下载的总频次，在论文普遍上网的情况下，有利于反映论文质量，为防止人为增加下载频次，相同IP在24小时内下载同一篇论文只计作1次；被转载次数是指论文发表后，被《新华文摘》、中国人民大学《复印报刊资料》、《中国社会科学文摘》《高等学校文科学术文摘》等文摘类报刊转载的总次数，被转载实际上表示论文质量得到了同行的再次认可；被他引频次是指论文发表后一段时间内，被他人引用的总频次。施引论文的所有作者与被引论文的所有作者不重叠时算作"他引"。被引频次是当前国内外各类文献计量评价指标体系的核心指标，被他引的频次往往比自引频次更能够体现论文的质量。其他指标因体现的内容与论文评价关联度较小而没有采纳。比如，影响因子指标更适用于评价期刊，H指数、G指数指标更适用于评价作者，扩散因子、被引广度、半衰期、即年指数等指标用于评价单篇论文，数据量小、区分度不大、统计规律不强。

（3）评价指标权重赋值的改进

当前各类人文社科论文评价指标体系往往设置单一的、固定的指标权重分配方案。然而，通过文献研究和问卷调查分析，我们发现各类人文社科论文虽然可采用通用指标，但不同学科、体裁的论文在指标权重设置方面存在明显差异。比如，根据层次分析法问卷调查结果，社会价值指标权重在心理学和体育学学科中约占6个同行评议指标的27%，但在艺术学和理论经济学学科中仅占约15%。综述文章的学术创新程度指标权重比研究论文低10%以上。因此，权重分配应在体现"同行评议主观指标为主，客观指标为辅，文献计量为补充"的前提下，通过分层、分类设置权重来提高指标体系权重分配的科学性。

我们对评价指标的权重分配采用了层次分析法、问卷调查和专家论证法，将指标权重共分为以下三层。

第一层权重通过多轮专家论证，将同行评议指标和文献计量指标的权重比例确定为 0.7：0.3。

第二层权重通过层次分析法调查和统计分析，确定同行评议指标中主要指标、辅助指标、文献计量指标的权重为 0.595：0.105：0.3。

第三层权重分为两类：一是对6个同行评议指标的权重赋值，根据论文学科和体裁差异，依托评价软件设置多套权重分配方案[1]。二是对3个文献计量指标的权重赋值。通过实证测算和专家论证，Web下载频次、被转载次数和被他引频次的权重比例确定为 0.06：0.09：0.15。

4.2.4 实施评价指标体系应注意的几个关键问题

要获得较为科学合理的评价结果，不仅要优化评价指标体系的设置，而且要重视指标体系的有效实施。尤其是要利用新技术手段进行验证与纠偏，这是提高指标体系的科学性和可行性的重要路径。根据对《复印报刊资料》选文评文的大量实践，我们对指标体系实施中遇到的关键问题进行了总结，并提出了解决办法。

（1）跨学科论文的分类评价问题

按学科进行分类评价、同类比较是当前学术界普遍认可的、实践中常用的方案。然而，在应用这一方案时，跨学科论文的学科归属至关重要。跨学科论文一般是

---

[1] 程淑、桂林、冀航：《主观评分的归一化算法及误差分析》，《高等函授学报（自然科学版）》2007年第10期。

指论文的研究对象、方法等涉及一个以上的一级学科。卜卫等认为应在开展同行评议之前先对论文所跨学科的百分比进行判断，比如经济学70%、管理学30%，之后分学科进行评价，再按百分比计算评价结果[1]，然而这一方式存在较大主观随意性；也有学者认为应按作者的学科背景确定所评论文的所属学科，但作者的学科背景本身也难以准确界定，更何况还存在作者跨学科发文的情形。

通过实证研究，我们将跨学科论文分为两类：一是围绕某一主要学科的理论、方法或问题开展研究，但借鉴了其他学科方法和理论，此类论文应在主要学科中进行评价，形成唯一的评价结果；另一类论文同时涉及一个以上学科的理论、方法或问题，学科归属不明晰，应同时在不同学科中进行独立评价，形成多个评价结果，以便满足多种评价需求。这样的分类模式既有利于体现跨学科论文的特性，又保证了评价的可操作性。

（2）同行评议评分量表的选择与改进

同行评议的评分量表用于帮助评价者量化论文质量在其心目中的位置。在同行评议实施过程中，选择合适的评分量表有助于评价者对评价结果进行确切的"量化表达"，否则评价将事倍功半。

常用的"5分""10分"量表，在实践中评价者往往因分级过少而强行做出选择，造成评价信息丢失，比如评价者有可能需要表示4.8分，但只能被迫选取4分或5分。"100分"量表的分级过多，超出了评价者的可控范围，尤其在大规模评价论文时，对质量相近的论文的评价易出现判断失误。此外，无论采用哪种量表，大部分评价者往往习惯性地将分数固定在更小的区间，比如用"10分量表"评分时，评价者的评分可能集中在"6~9分"，导致评分结果区分度过小。

因此，在选择同行评议评分量表时，要求量表能充分地帮助评价者量化论文质量在其心目中的位置，使评分结果既有合适的区分度，又不扭曲评价者的评价意愿。米勒（G.Miller）于1956年提出，人的短时记忆容量为7+2个信息单位，

---

[1] 卜卫、周海宏、刘晓红：《社会科学成果价值评估》，社会科学文献出版社1999年版，第119页。

这一短时记忆容量又叫短时记忆广度。心理学家西蒙（H. A. Simon）在1974年提出，人的实际工作记忆广度小于7，只有4或5个信息单位。评价者在量化评价结果时也遵循这一规律。根据实证研究结果，"嵌套式量表"是较好的选择，比如两个"5分量表"嵌套形成的"21分量表"[1]，要求评价者先判断论文水平处于五个基本等级中的哪一级（1分表示"极差"，6分表示"较差"，11分表示"一般"，16分表示"较好"，21分表示"极好"），再左右微调确定论文的最终得分，有利于更准确地量化评价结果。此外，还可通过软件或实施细则引导评价者将论文的评分分布在不同的分数区间，确保论文评分的区分度。

（3）大规模评价活动的程序优化

在采用指标体系大规模评价论文时，对评价的效率、准确性、便捷性、低廉性和评价结果的可比性提出了更大挑战，因此需要更为科学的评价程序。

一般来讲，人文社科论文能够较容易地区分出"好文"和"差文"，但在评价实践中，人们希望进一步区分"好文"的优质程度，进一步区分"差文"等级的需求则相对较小。因此"差文粗评、好文精评"的分步筛选流程有利于提高评价效率。首先筛选出"差文"由1~2个评价者进行"粗评"即形成最终结果，再组织多位评价者对"好文"进行多轮"精评"，形成更为准确的评价结果。还可通过评价流程的细化分工进一步提高评价效率，比如分别设置专人负责论文分类、"差文"筛选、各类论文同行评议、分数核算等不同评价环节。

评价主体的专业化程度，是影响评价客观公正的重要因素，在同行评议中尤为如此。学术界普遍认为，对人文社科学术论文的评价，评价者的知识背景和结构与论文研究内容越是接近，对论文评价的效果就越好，因此在遴选评价者时应尽量遵循"小同行"原则，并对评价者进行培训，使之完全理解指标的含义、评价标准、评价流程和评价规则等。将看似不合理或异常的评价结果反馈给评价者进行重新审视，也有利于改进评价结果、提高评价者的评价能力。

---

[1] 卜卫、周海宏、刘晓红：《社会科学成果价值评估》，社会科学文献出版社1999年版，第157页。

（4）评价结果的矫正与合成

在计算评价结果时，有两个环节对评价结果的公正性至关重要。第一，论文的同行评议评价结果受到评价主观性的影响，容易出现不同评价者尺度松紧不一的情况，若采用原始评分的平均数作为最终结果，则会降低评价结果的公正性和相互可比性。若通过统计手段对不同评价者的评价结果进行纠正，比如程淑等提出的"除以平均值、乘以系数"的方法，使论文的评分都转换为"相对值"后再取平均数[1]，则有利于改进这一状况。第二，本文所遴选的指标的量纲不同：6个同行评议指标均可采用相同量表，比如"21分量表"，但3个文献计量指标的评分，则为$[0, \infty)$区间内的整数。因此，在计算单篇论文最终得分时，首先需统一量纲，才能对各指标得分进行加权求和。统一量纲俗称"归一化"，可采用"论文某个指标得分/同类论文该指标得分的最大值（或平均值）"等公式实现。

（5）智能化评价软件的开发与应用

同行评议和文献计量过程涉及大量复杂的分类、计算和控制等问题，以往的研究虽早已发现评价活动中的这些问题，但由于技术条件的限制无法使之得到有效解决。在现阶段，若依托数据挖掘、语义网等技术开发"智能化的评价软件"，不仅有助于总结评价问题的发生规律，还有助于这些问题的解决，从而推动评价实践的进步。第一，依托智能化评价软件，可及时发现和纠正评价者的不合理或异常评价行为，比如评价分数区间过小可能表示评价者需要提高分数的区分度；分数过于集中在少数分数上，可能表示评价者的评价较为草率；若一篇论文某个指标得分明显低于其他指标得分，可能表示误操作；等等。第二，利用智能化评价软件可对评价数据的关联性和差异性进行挖掘计算，比如在海量数据中识别出论文某些指标得分相关度较高或差异较大，为评价理论方法的深入研究和学科、作者、机构、期刊的发展态势提供依据。第三，通过智能化软件可对论文及其评价数据进行详细的分类标引、评价结果的合成计算和归一化，有助于提高评价的

---

[1] 程淑、桂林、冀航：《主观评分的归一化算法及误差分析》，《高等函授学报（自然科学版）》2007年第10期。

准确性和效率。

（6）评价指标和权重的灵活配置

科研管理等实践要求多样化的评价时间点，有时需要论文形成后即刻进行评价，有时则要求论文发表1年或几年后进行评价。因此，一个科学实用的评价指标体系需具备灵活配置指标及权重的特性，以满足不同时间、不同目的的评价实践需求。

前面提出的学术创新程度、论证完备程度、社会价值、难易程度等4个主要指标，在论文形成后可随时通过同行评议形成评价数据；发表载体的数据，在论文正式发表后可获取；论文的Web下载频次和被转载次数的数据，通常在论文发表1年后才能形成有效数据；被引频次等文献计量指标，至少需要3年的累积数据才具有说服力。因此在开展评价时，应根据实际需要对这些指标进行"动态组合"。比如，若在论文发表后1年左右进行评价，可只选择已产生有效数据的指标，暂不采用需至少3年才能获取有效评价数据的被他引频次指标，并按比例重新计算权重。

此外，虽然当前大部分学术论文可通过网络访问全文，但个别未上传至网络的论文，其Web下载频次指标的评价数据则无法获取，个别期刊拒绝论文被转载，其论文被转载次数也无法获取，这时可去掉该指标，并将该指标权重按比例分配到其他指标。

总之，开展人文社科学术论文评价是对人们探索真理过程的再认识，但在评价目标的理想完美性与现实可行性之间必然要进行一种优化选择。我们基于学术共同体的共识性认知和"理想与现实的优化选择"的基本思想，提出了优化后的4个同行评议主观指标、2个同行评议客观指标和3个文献计量指标，作为评价人文社科论文的通用指标；通过分层、分类设置多套权重赋值方案来体现不同体裁和学科论文的差异性，进一步完善了我国当前人文社科论文评价指标体系。同时，我们通过实证研究总结了指标体系实施过程中应当注意和需要解决的关键问题，也有利于改进指标体系的实施效果。但评价指标的适用性、评价过程的科学性、评价者组成的公正性、评价结果的可验证性、尚无法彻底解决的评价者主观随意性、特殊论文（比如政治敏锐性论文）的评价等诸多问题，仍需要进行深入研究。

4.3 人大《复印报刊资料》论文遴选指标体系

学术论文的质量评估，因其数量大、评估标准复杂多元等原因，一直是科研成果评价、科研绩效考核、科研管理工作中的一大难题。研究者、科研管理界普遍认为：评价人文社科论文，无论是从价值角度还是方法角度，必须坚持直接指标与间接指标、主观评价与客观评价、学术价值与社会效益等原则，体现学科共同体的"共识性价值判断"。但是，希望按这些原则建立起一个面面俱到的万全的评价标准又是不现实的。很多时候，采用以刊评文、以影响因子高低评文等方法实在是不得已而为之。因此，科研成果评价与管理实践中更为迫切的需求是：如何将这些抽象原则、共识性价值具体化为较科学的、易操作的主观评估指标？应当包括哪些基本指标？不同学科对这些基本指标依赖程度有什么差异？如何通过实践验证这些基本指标的科学合理性？等等。

人大《复印报刊资料》60多年来一直从事优中选优的论文筛选工作，在选文思想理念、指标体系、运行机制、评价研究、人才队伍等方面都积累了丰富的经验。特别是2008年在中国人民大学书报资料中心成立50周年庆祝大会上正式成立了中国人民大学人文社会科学学术成果评价研究中心后，专门机构、专职人员、专项任务，有力促进了学术成果评价研究工作的科学化、正规化、体系化、应用性，构建了一套相对科学可行的人文社会科学学术论文质量评估指标体系，并配套完善了各种保障机制，从而确保了人大《复印报刊资料》遴选论文的质量。

信息不对称导致外界往往对此不甚了解甚至误解，下面简要介绍人大《复印报刊资料》论文遴选的有关体系、机制情况。

4.3.1 论文遴选指标体系的特色

学术文摘的使命就是推优推新，论文遴选实际上是按一定规则评选论文的过程。因此，"基于评价的转载"的人大《复印报刊资料》，其论文遴选指标体系建构，一贯倡导质量导向、创新为首，把论文的"学术创新程度"作为评估论文质量的首要指标并占有较大比重；面向应用、面向服务，不追求理想的体系模型完美。

（1）关于评估对象：针对论文的"内容质量"而非论文的"形式载体"

论文质量是指满足学术需要（提供新知识，揭示客观真理）和社会需要的能力属性，诸如创新、正确、有用、重要等；对论文质量的评估就是对论文的创新程度、正确程度、有用程度、重要程度等进行判断。

（2）关于评估标准：以"真理标准"为主导，兼顾"社会价值标准"

"真理标准"和"价值标准"[1]是学术成果评估的两大主要标准。其中"真理标准"体现科学研究的"客观法则"，具有客观性和普遍性；"价值标准"则因主体需要的差异呈现出复杂性。人文社会科学研究过程必须遵循人类认识活动的"客观法则"，因此其研究成果也必须接受"真理标准"的检验；同时，人文社会科学研究也是为人类社会发展服务的，因此也要接受"社会价值标准"的检验。人大《复印报刊资料》论文遴选指标体系选择普遍适用于各学科和各类型论文的"真理标准"作为主导标准，兼顾"社会价值标准"，用以弥补"真理标准"难以反映的论文在"社会价值"方面的贡献。当然，"政治标准"兼具学术标准和价值标准，属于前置性标准，具有一票否决之作用。

（3）关于评估方法：同行评议为主，文献计量为补充

文献计量和同行评议两种方法各有优缺点，二者相结合的"复合评估"已成为学术评估领域的普遍共识。

（4）关于评估分类：区分差异、分类评估、同类比较

分类评估是所有评价体系的基本原则。不分类、一个标准评估或过细分类、无数个标准评估的方案显然不合时宜，抽象理论研究性质的分类评估见解，看似

---

[1] "真理标准"也称"学术标准"，含"创新标准"和"科学标准"；"价值标准"主要包括"学术价值"和"社会价值"两类标准；其中后者也称"非学术标准"或"应用标准"，含"效益标准"。

完美但实难实操。问题的关键在于如何解决学术成果形式上的批量分类与质量内涵评价指标的匹配度。因此,简化分类与探寻分类基础上的共识性、通用性评价指标,成为本体系着力解决的问题。然而,分类评估并非越细越好:较精细的分类评估有利于提高科学性,较粗略的分类评估有利于提高可行性。因此,从科学应用性角度看,人大《复印报刊资料》论文遴选体系在确定分类评估方案时,充分权衡了"精细评估"与"粗略评估"的优势和不足,针对差异较为明显的论文特征(如综述文章与研究论文的差异、不同学科之间的差异等)设置单独分类,差异微小的特征不再进行分类评估。共分为以下两大类。

第一类:研究论文,是指研究者在探讨人文社会科学某一学科对象过程中形成的、记录并阐述研究的创新见解和知识,并按照特定范式撰写的书面文件,可用于学术会议上宣读、交流、讨论或学术刊物上发表。研究论文的基本特征为:学术性、创新性、理论性、规范性。

第二类:综述文章,是指对人文社会科学某学科领域或专题在某段时期的研究状况进行系统的查阅、整理、总结和分析,并做出综合性描述或评议的文章。

对于译文、学术动态,领导讲话、政策解析、标准技术规范解析、书评、理论学习、社会实践札记,时事、政治、思想评论,文学评论、艺术评论等文章,在确定是否为评估对象时,参照下述原则。如表4-5所示。

表4-5 确定评估对象参照原则

论文特征	作为评估对象	不作为评估对象
目的	以探讨一般规律为目的	以介绍、宣传或推荐为目的
读者对象	以学者为读者对象	以社会大众为读者对象
论文内容	有明确研究过程并有所创新的文章	未经过研究过程、无创新的文章

【说明】对译文质量的评估,是对原文作者(而非译者)的学术研究成果进行评估。

简化实施环节,首先通过"初评"评估论文的学术性质和基本水平,筛选掉非学术性论文;之后通过"复评"判断论文基本的"优劣等级",筛选掉质量较差的论文,并对质量一般以上的学术论文进行评估;最后通过"终评"对质量一般以上的学术论文进行再次精细评估。

（5）关于评估周期：根据可有效获取数据的时间差异，发布多种评估结果

不同的论文评估指标所需的数据产生的时间不同："学术创新程度"等定性指标，在论文形成后可随时通过同行评议形成评估数据；"发表载体"指标的评估数据，需要在论文正式发表后才能获取；论文的 Web 下载频次、被转载次数等指标的评估数据，通常在论文发表半年至 1 年可有效形成；被引频次等文献计量指标，至少需要 3 年的数据积累才可计算出有效的数据。通常，延迟评估有利于得出更准确的结果，但及时评估更有利于人文社会科学学术成果出版、学术资源分配和对学术研究者的激励。为此，人大《复印报刊资料》论文遴选指标重点针对论文发表当年可形成有效数据的一系列指标评估方案。

4.3.2 指标体系总体架构

人大《复印报刊资料》论文遴选指标体系分为同行评议指标体系和文献计量指标体系两大部分（如下图所示）。其中，前者占主体地位，后者作为必要补充。同行评议指标体系中，又分为主要指标和辅助指标，最终将形成直接的、及时的论文评估结果；文献计量指标体系中 3 个指标形成的评估结果将起补充作用。见图 4-2。

图 4-2 指标体系总体结构

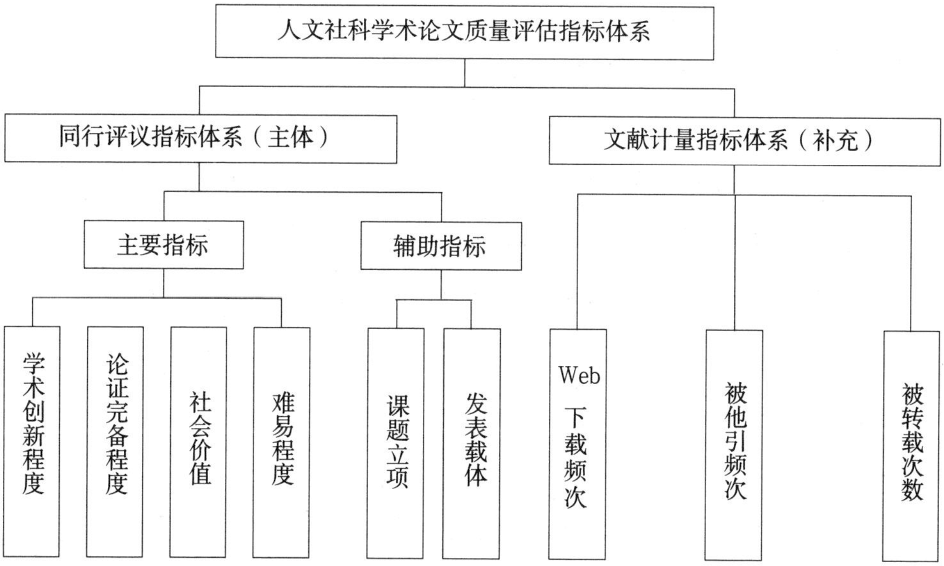

指标体系设计了如下论文分类、权重配置方案（见图 4-3）。

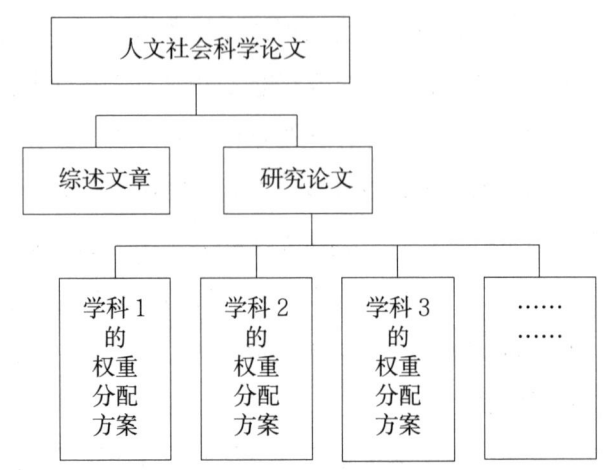

图 4-3 论文权重分类设置方案

```
            人文社会科学论文
              ┌──────┴──────┐
           综述文章        研究论文
                      ┌──────┬──────┬──────┐
                    学科1   学科2   学科3   ……
                     的     的     的     ……
                    权重   权重   权重
                    分配   分配   分配
                    方案   方案   方案
```

（1）同行评议指标体系采用"指标通用、分类设置权重、同类比较"的方案

对所有人文社会科学论文，设置通用的评估指标。

根据论文的论述体裁和所在学科，设置不同的指标权重分配方案（见下图），即先分为"研究论文"和"综述文章"（所有学科的"综述文章"设置统一的指标权重），然后将"研究论文"按所在一级学科，设置不同的权重分配方案。

分析评估分数时，对相同学科的论文进行同类比较。

（2）文献计量指标体系采用"指标和权重通用，同类比较"的分类评估方案

针对所有人文社会科学论文，设置通用的评估指标和权重分配方案。

分析评估分数时，对相同学科的论文进行同类比较，学科分类规则与同行评议部分相同。

需要说明的是：对论文的研究内容涉及一个以上的一级学科的，分以下两种情况处理。

"跨学科研究论文"：围绕某一主要学科的理论、方法或问题开展研究，但

借鉴其他学科方法和理论。此类论文在该主要学科中进行评估。

"交叉学科研究论文":研究同时涉及一个以上学科的理论、方法或问题,学科归属不明晰。此类论文同时在不同学科中进行独立评估。

4.3.3 同行评议指标及其权重设置(见表4-6)

表4-6 同行评议指标及其权重设置

类别	评估指标	指标内涵	评估内容
主要指标	学术创新程度	衡量论文提供的新知识对学术发展的促进程度。	以下内容对学术发展的促进程度: 提出新的(或修正完善已有的)学说、理论、观点、问题、阐释等 提出新的(或改进运用已有的)方法、视角等 发现新的资料、史料、证据、数据等 对已有成果做出新的概括、评析(仅指综述文章)
	论证完备程度	衡量论文的研究规范程度和严谨程度。	研究方法有效性: 研究方法科学性 研究方法适当性(对于研究问题)
			论据可靠性: 资料占有全面性 资料来源真实性 资料引证规范性
			论证逻辑性: 理论前提科学性 概念使用准确性 论证过程系统性 逻辑推理严密性
	社会价值	衡量论文对社会发展进步可能产生的推动作用的大小。	对解决经济、政治、社会建设中问题的推动作用 对思想道德文化建设的促进作用
	难易程度	衡量论文研究投入劳动的多少。	论题复杂度: 理论难点的多少 实证研究的难度
			资料难度: 资料搜集难度 资料处理难度

续表

类别	评估指标	指标内涵	评估内容
辅助指标	课题立项	论文来源的课题立项的情况。	国家级 省部级 其他立项 无立项
	发表载体	论文发表载体的学术影响力。	核心报刊 非核心报刊

【注】①课题立项是指资助单位所处的层级。国际、横向和商业项目，将由评委根据实际情况，确定相应等级。由于国际项目较少，不再单独设置细分等级，根据国际资助机构层级，归入国家级、省部级或其他立项；高等院校研究基金资助项目，统一归入"其他立项"。

②发表载体是指论文发表当年被认定的报刊分级结果。其中"核心报刊"是指以下"四大评估体系"中任何一个体系所认定的报刊：

——北京大学《核心期刊要目总览》（2008）

——南京大学 CSSCI 来源期刊（2010—2011）

——中国社科院《中国人文社会科学核心期刊要览》（2008）

——《复印报刊资料》重要转载来源期刊（2009）

经过问卷调查及专家论证，同行评议指标的权重分配如下。

（1）主要指标和辅助指标的权重分配（适用于所有论文），见表4-7

表4-7 主要指标和辅助指标的权重分配

类别	权重
主要指标	85%
辅助指标	15%

（2）综述文章的权重分配，见表4-8

表 4-8 综述文章的权重分配

类别	指标	综述文章
主要指标（85%）	学术创新程度	29%
	论证完备程度	29%
	社会价值	27%
	难易程度	15%
辅助指标（15%）	课题立项	54%
	发表载体	46%

（3）各一级学科研究论文的指标权重分配，见表 4-9（下页）。

4.3.4 文献计量指标及其权重设置

按照"可针对单篇论文进行统计分析、可有效反映论文学术影响力"的遴选原则，确定以下 3 个文献计量指标。

（1）论文 Web 下载频次（月均[1]）

指论文发表后一段时间内，每月平均被网络下载的频次；下载频次越高，论文的影响力越大。计算公式如下：

$$\text{Web 下载频次} = \frac{\text{论文自上网后被下载的频次之和}}{\text{论文统计时间} - \text{论文上网时间（月）}}$$

【注】每年定期对前 1 年和 3 年前发表的论文[2]的"Web 下载频次"进行分别统计。

（2）论文被转载次数

指论文发表后一段时间内，被《新华文摘》、中国人民大学《复印报刊资料》《中国社会科学文摘》《高等学校文科学术文摘》转载的次数。被转载次数越多，表示论文的影响力越大。

---

[1] 设置"月均"下载频次，是为了防止论文在一段时间中上网时间不同所导致的不公平。比如统计某年 1 月至 12 月的论文下载频次，1 月发表的论文因为上网的时间长，所以被下载的机会更大。为防止人为增加下载频次，"相同 IP"在 24 小时内下载同一篇论文，只算作 1 次。
[2] 比如 2010 年 1 月，集中统计 2009 年 1 月至 12 月发表的论文，以及 2007 年 1 月至 12 月发表的论文。

表 4-9 各一级学科科研论文的指标权重分配

类别	指标	哲学	理论经济学	应用经济学	法学	政治学	社会学	民族学	马克思主义理论	教育学	心理学	体育学	中国语言文学	外国语言文学	新闻传播学	艺术学	历史学	地理学	管理科学与工程	工商管理	农林经济管理	公共管理	图情档
主要指标 85%	学术创新程度	38%	36%	41%	32%	33%	36%	36%	34%	37%	39%	34%	41%	41%	38%	46%	34%	34%	29%	29%	29%	29%	39%
	论证完备程度	28%	27%	24%	24%	24%	25%	25%	21%	24%	21%	25%	24%	24%	23%	24%	25%	25%	29%	29%	29%	29%	25%
	社会价值	18%	21%	22%	26%	28%	23%	23%	31%	21%	29%	24%	18%	18%	28%	18%	26%	26%	30%	30%	30%	30%	25%
	难易程度	16%	16%	13%	18%	15%	16%	16%	14%	18%	11%	17%	17%	17%	11%	12%	15%	15%	12%	12%	12%	12%	11%
辅助指标 15%	课题立项	33%	53%	40%	40%	47%	53%	53%	40%	50%	40%	40%	53%	53%	47%	33%	50%	50%	47%	47%	47%	47%	47%
	发表载体	67%	47%	60%	60%	53%	47%	47%	60%	50%	60%	60%	47%	47%	53%	67%	50%	50%	53%	53%	53%	53%	53%

【注】分数确定为5级：4大文摘中，4次转载评分为1，3次转载评分为0.8，2次转载评分为0.6，1次转载评分为0.4，0次转载评分为0。每年定期对前1年新发表论文[1]的"转载次数"进行统计。

（3）论文被他引频次

指论文发表后一段时间内，被他人引用的总频次；被引用的频次越高，论文的影响力越大。每年定期对3年前发表论文[2]的"被他引频次"进行统计。

【注】施引论文的"所有作者"与被引论文的"所有作者"不重叠时算作"他引"。

上述指标分别从不同角度反映了论文被传播、被使用和被认可的情况，各指标之间是并列关系。经反复讨论和专家论证最终确定权重值如下表4-10所示。

表4-10 文献计量指标及其权重设置

指标	权重	
	1年数据	3年数据
论文Web下载频次	0.4	0.2
论文被转载次数	0.6	0.3
论文被他引频次	——	0.5

【注】只有相同时间区间内的文献计量指标的评估数据可进行加权求和。若某一文献计量指标的数据无法获取，该项指标的权重将按其他两个指标的权重比例，分配到其他两个指标中。

4.3.5 论文遴选操作流程

（1）评估工具——"21分量表"

"心理量表"是用来量化评估者所得印象的一种测量工具，它解决的核心问题是：较为准确地获得评估主体印象；尽量减少主观印象表述和量化过程中的信

---
[1] 比如2010年1月，集中统计2009年1月至12月发表的论文的"被转载次数"。
[2] 比如2010年1月，集中统计2007年1月至12月发表的论文。南京大学苏新宁教授研究认为，72%的人文社会科学期刊论文的引用峰值，出现在论文发表后的3年内（见《2009年中国人文社会科学期刊学术影响力报告》中国社会科学出版社，2009，第13页）。

息损失。我们借鉴了符合短时记忆容量的5分量表嵌套的"21分量表"[1]（见图4-4）。要求评委在打分时，先判断论文水平处于五个基本等级中的哪一级，再左右微调论文的最终得分。这种方法避免了因分级过少而强行做出选择时造成的评估信息丢失，或因分级过多导致超出评委把控能力造成的失误。

评估软件可即时对评估者做出的评估数据计算合成、排序统计。

图 4-4 "21分量表"示意图

```
+ - - - + - - - + - - - + - - - +
 21     16      11      6       1
极好    较好    一般    较差    极差
```

（2）评估流程——分级评估

按月度循环组织同行专家按照"同行评议指标体系"对论文质量进行初评、复评和终评；每年定期对数据进行汇总和统计分析，并形成评估成果（见图4-5）。

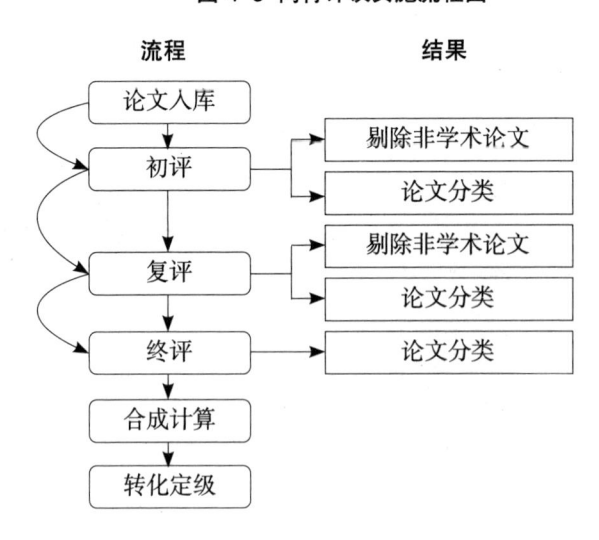

图 4-5 同行评议实施流程图

```
流程                    结果
论文入库
  ↓
 初评    →   剔除非学术论文
         →   论文分类
  ↓
 复评    →   剔除非学术论文
         →   论文分类
  ↓
 终评    →   论文分类
  ↓
合成计算
  ↓
转化定级
```

---

[1] 卜卫、周海宏、刘晓红：《社会科学成果价值评估》，社会科学文献出版社1999年版，第157页。

初评既是对论文基本学术性的鉴别、剔除过程，也是对论文的分类入库过程，大大减轻了后续评估工作量。复评是对论文的评估分级，将质量一般及以上的论文分为A、B、C三级（比例约为进入复评论文的60%~70%）送入终评；质量明显较差的论文分为D、E两级（比例约为进入复评论文的30%~40%），这部分论文不再进行终评，以复评等级作为最终评估结果。终评评委对进入终评的A、B、C三类论文再次进行评分。进入终评的论文，将综合所有复评评委和终评评委的评分，确定论文的最终分数和等级。

结合"21分量表"，论文各级赋分值的标准如表4-11所示。

表4-11 论文各级赋分值的标准

指标	21分（A-极好）	16分（B-较好）	11分（C-一般）	6分（D-较差）	1分（E-极差）	得分
学术创新程度	全面创新，对学术发展有显著贡献。	有较大创新，对学术发展有较大贡献。	有一定新意，对学术研究有启发和参考意义。	选题陈旧，无新意。	选题无意义，内容雷同。	
论证完备程度	研究方法科学先进。 论据全面准确；引证清晰规范。 理论前提科学，概念使用准确，推理严密系统，分析深入透彻。	研究方法较为科学。 主要论据充实正确，细节部分略有欠缺；引证清晰规范。 论证说服力较强，分析较深入。	研究方法基本可行。 主要论据基本正确，但欠充实；引证基本规范。 论证基本清晰，分析有一定深度。	研究方法不适当。 重要论据有遗漏；引证不规范。 论证缺乏说服力，分析浅显。	研究方法无效。 论据严重不足，存在错误；引证不规范。 论证混乱，缺乏分析。	
社会价值	对社会基本问题提出了切实可行的解决思路；或对人类思想进步具有较大的推动作用。	对社会基本问题提出了较好的解决思路；或对人类思想进步具有一定的推动作用。	对促进社会基本问题的解决或人类思想进步，具有启发或参考意义。	基本无社会价值。	无社会价值。	

续表

指标	21分（A-极好）	16分（B-较好）	11分（C-一般）	6分（D-较差）	1分（E-极差）	得分
难易程度	论题研究难度大。资料搜集处理困难。	论题研究难度较大。资料搜集处理较困难。	论题有一定研究难度。资料搜集处理具有一定难度。	论题较为简单。资料搜集处理难度较小。	论题简单。资料搜集处理无难度。	

对该篇论文的总体印象：□A 极好 □B 较好 □C 一般 □D 较差 □E 极差

（3）分数合成计算

①未进入终评论文的最终分数。

由评分软件根据复评论文的等级，统一给出最终分数。

②进入终评论文的最终分数。

a. 原始得分的合成计算。

以管理学研究论文为例，设第 i 个评委评估第 j 篇论文的总分为 Sji：

Sji=0.85×（0.29×学术创新程度+0.29×论证完备程度+0.30×社会价值+0.12×难易程度）+0.15×（0.47×课题立项+0.53×发表载体）

b. 得分数据的修正处理。

为了减少不同评委打分尺度的主观差异性，需要对每位评委的所有评分结果进行修正。修正方法如下[1]。

设某一论文集合中共有 n 篇论文参评，复评和终评共有 m 位评委，第 i 个评委给第 j 篇论文的评分为 Sji，则：

第 i 位评委对 n 篇论文评分的平均分：

$$\overline{S_i} = \frac{\sum_{j=1}^{n} S_{ji}}{n}$$ （i=1,2⋯m; j=1,2⋯n）（公式 1）

m 个评委打分的区间平均值：

$$k = \frac{\frac{\sum_{i=1}^{m} min(s_{1i}, s_{2i} \cdots s_{ni})}{m} + \frac{\sum_{i=1}^{m} max(s_{1i}, s_{2i} \cdots s_{ni})}{m}}{2}$$ （i=1,2⋯m; j=1,2⋯n）（公式 2）

---

[1] 程淑、桂林、冀航：《主观评分的归一化算法及误差分析》，《高等函授学报（自然科学版）》2007 年第 10 期。

那么，第 i 个评委评估第 j 篇论文修正后的值为 Ui：

$$U_i = \frac{kS_{ji}}{\overline{S_i}} \quad (i=1,2\cdots m; j=1,2\cdots n) \quad （公式3）$$

c. 单篇论文的最终分数。

对 m 位评委的修正分数进行平均后，得到第 j 篇论文的最终分数为：

$$\overline{U_i} = \frac{\sum_{i=1}^{m} U_i}{m} \quad (i=1,2\cdots m; j=1,2\cdots n) \quad （公式4）$$

（4）转化定级

转化定级是指对进入终评的论文，将其指标评分结果转化为论文质量级别的过程。论文质量级别实际上是表示单篇论文质量在某论文集合中（如12个月内、相同学科的论文）所处的百分比位置。

论文得分排序：对一定时期内相同学科所有论文的最终分数（修正平均后）进行排序。"跨学科研究论文"在所归属的主要学科内进行排序，形成一个评估结果；"交叉学科研究论文"在不同学科内分别进行排序，形成多个评估结果，其中最高得分作为该论文的综合得分。

根据排序结果，确定论文级别的划分，定级标准为"占进入终评论文的百分比"。本体系测定进入终评环节的各级论文的比例如表4-12所示。

表4-12 进入终评环节的各级论文的比例

级别	占进入终评论文（约18万~22.5万）的百分比	占所有学术论文（约30万~37.5万）的百分比	占所有论文（约40万~50万）的百分比
A	约前10%（1.8万~2.25万）	约前6%（1.8万~2.25万）	约前4.5%（1.8万~2.25万）
B	约前11%-30%（3.7万~6万）	约前7%-16%（2.1万~4.8万）	约前4.6%-12%（1.84万~6万）
C	剩余约70%（12.7万~14万）	约前17%-40%（5.1万~15万）	约前13%-30%（5.2万~15万）

【说明】上表中的百分比为"预估值"。由于每年论文数量、质量存在波动，实际操作时，可参考上述标准进行微调。

4.3.6 文献计量评估的实施

（1）评估工具

文献计量评估的分数，依托评分软件进行辅助计算。评估软件的主要功能包括：

文献计量数据统计，分数的录入、查看、修改、计算合成、排序等[1]。

根据如下流程，每年定期对前1年发表的和3年前发表的论文的文献计量指标得分，分别进行统计分析。

图 4-6 文献计量评估实施流程图

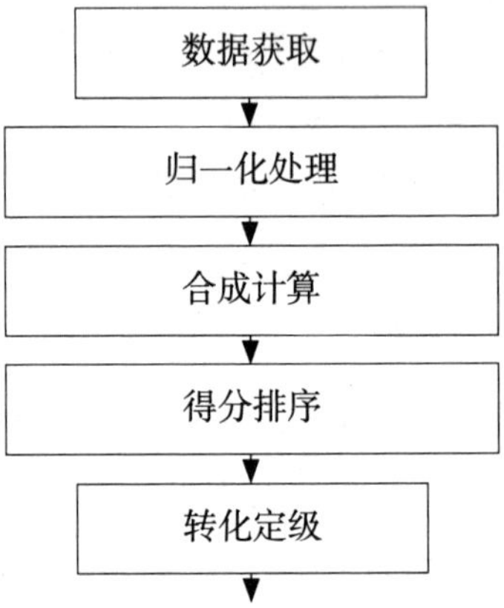

```
数据获取
   ↓
归一化处理
   ↓
合成计算
   ↓
得分排序
   ↓
转化定级
```

①归一化处理

由于文献计量指标得分的量纲不同，需要进行归一化处理。将所有指标得分的值域映射为(0,1)区间的数字。归一化方法是，将每一指标中的最高者设置为1，其他数值依据相应比例获取归一化后的数值。

设某一论文集合中的第 i 篇论文的某一指标值为 N_i，归一后的值为 U_i，则：

$$U_i = \frac{N_i}{Max\{N_i|i=1,2\ldots\ldots\}}$$

其中，$Max\{N_i|i=1,2\ldots\ldots\}$ 是指这一指标最大的一个评分数值。

②合成计算

对1年的评估数据的合成计算：

文献计量指标分数 =0.4×"Web下载频次归一化值"+0.6×被转载次数

对3年的评估数据的合成计算：

文献计量指标分数 =0.2×"Web下载频次归一化值"+0.5×"被他引频次归

---
[1] 评估系统的文献计量指标统计功能，与同行评议功能类似。

一化值"+0.3× 被转载次数

（2）论文定级

每年定期对前1年发表的论文和3年前发表的论文，分别根据文献计量分数排序结果，为论文定级。

（3）综合评估

①归一化处理

由于同行评议和文献计量指标分数的量纲不同，需要经归一化处理，把同行评议指标得分结果，映射为（0,1）内的数字。

②综合得分计算

对1年评估数据的合成计算：

综合得分 =0.85×"同行评议指标得分归一化值"+0.15×"文献计量指标得分归一化值"

对3年评估数据的合成计算：

综合得分 =0.7×"同行评议指标得分归一化值"+0.3×"文献计量指标得分归一化值"

③分数排序

利用评分软件，分别对论文的1年评估数据和3年评估数据的综合得分数据，在相同学科内进行排序。

④论文定级

根据综合得分排序结果，分析得分数值分布规律，为论文定级。

4.3.7 关键指标的差异性验证

依据论文质量评估指标遴选的原则，即必要性（理论上和实践上得到学者和评估者的广泛认同）、有效性（与论文质量正相关，能有效反映论文质量）、相对独立性（在逻辑上与其他指标不重合，其他指标不可替代）和可操作性（指标内涵清晰、易于评估把握），我们吸取了已有研究成果有价值的观点，认真甄别和界定了各种指标含义边界,并通过同行专家问卷调研,确定了学术共同体较为普遍认同的四个一级指标——学术创新程度、论证完备程度、社会价值、难易程度。

那么,在实施同类评估中,这四个主观指标的差异性是否明显?这涉及指标设定的科学性以及不同学科论文之间、研究论文与综述论文之间权重分配等关键问题。为此,我们利用配对 T 检验方法,检验相同学科论文不同指标的得分是否存在显著差异。

检测步骤:每个学科论文评分由多位评委共同完成;根据配对 T 检验方法,P 值,即 Sig. 值若小于 0.05,则说明被比较对象差异显著,否则视为不显著。比如,检测转载的法学学科论文共 915 篇,这些论文学术创新程度和论证完备程度两项指标评分(不同评委)的差异性检验,P 值为 0.837,大于 0.05,说明转载的该学科论文,学术创新程度和论证完备程度两项指标的评分差异不显著。

通过对 22 个一级学科论文的学术创新程度、论证完备程度、社会价值、难易程度这四个指标评分差异性对比可以发现:大部分学科被转载论文四个指标评分之间的差异性是显著的;其中,相同学科被转载论文的社会价值和难易程度两项指标评分数据的对比中,差异显著的学科数量最多,这说明这两项指标评分的差异显著程度较大。见表 4-13。

表 4-13 相同学科被转载论文四个指标评分差异性

对比的配对指标	差异不显著的学科数量 数量	差异不显著的学科数量 比例	差异显著的学科数量 数量	差异显著的学科数量 比例
学术创新程度 VS 论证完备程度	5	22.73%	17	77.27%
学术创新程度 VS 社会价值	3	13.64%	19	86.36%
学术创新程度 VS 难易程度	5	22.73%	17	77.27%
论证完备程度 VS 社会价值	4	18.18%	18	81.82%
论证完备程度 VS 难易程度	3	13.64%	19	86.36%
社会价值 VS 难易程度	2	9.09%	20	90.91%

分学科分析看:

在学术创新程度与论证完备程度的对比中,法学、教育学、社会学、外国语言文学和心理学 5 个学科的论文，这两项指标的评分差异不显著；其余差异显著的 17 个学科中，大部分学科的论文论证完备指标平均得分高于学术创新程度指标，这些学科包括地理学、工商管理、管理科学与工程、理论经济学、历史学、马克思主义理论、体育学、图情档、新闻传播学、艺术学、哲学、政治学和中国语言文学；公共管理、民族学、农林经济管理和应用经济学 4 个学科论文的学术创新程度指标平均分则更高。

在学术创新程度与社会价值指标的对比中，地理学、理论经济学、心理学 3 个学科的论文，这两项指标的评分差异不显著；其余差异显著的 19 个学科中，历史学、民族学、图情档、外国语言文学、艺术学、哲学和中国语言文学的学术创新指标平均得分高于社会价值指标；法学、工商管理、公共管理、管理科学与工程、教育学、马克思主义理论、农林经济管理、社会学、体育学、新闻传播学、应用经济学和政治学学科论文的社会价值指标平均得分则更高。

在学术创新程度与难易程度指标的对比中，法学、工商管理、管理科学与工程、新闻传播学和艺术学 5 个学科的论文，在这两项指标评分上差异不显著；其余 17 个差异显著的学科中，除了政治学论文的难易程度指标平均分更高以外，其他 18 个学科论文的学术创新程度平均得分均高于难易程度指标。

在论证完备程度与社会价值指标的对比中，管理科学与工程、马克思主义理论、民族学和心理学 4 个学科的论文，在这两项指标评分上差异不显著；其余差异显著的 18 个学科中，地理学、理论经济学、历史学、图情档、外国语言文学、艺术学、哲学和中国语言文学论文的论证完备程度平均分高于社会价值指标；法学、工商管理、公共管理、教育学、农林经济管理、社会学、体育学、新闻传播学、应用经济学和政治学论文的社会价值指标平均分则更高。

在论证完备程度和难易程度指标的对比中，法学、农林经济管理和心理学 3 个学科的论文，在这两项指标评分上差异不显著；其余差异显著的 19 个学科的论文，论证完备程度的平均分均高于难易程度指标的平均分。

在社会价值和难易程度指标的对比中，历史学和心理学 2 个学科的论文，在这两项指标评分上差异不显著；其余差异显著的 20 个学科，除了艺术学的难易程度指标平均分更高以外，其他 19 个学科的论文，论证完备程度的得分均高于难易程度指标。

"某学科论文某项指标平均分高于另外一项指标"说明，相比之下该学科大部分论文质量在该项指标上表现较好；"某学科论文某项指标平均分低于另外一项指标"说明，相比之下该学科大部分论文质量在该项指标上需要提升。比如，历史学论文学术创新指标平均分低于论证完备程度指标，说明与论证完备程度指标相比，大部分历史学论文的学术创新程度需要提升。

指标评分存在显著差异的学科，除了论文质量在单项指标上存在差异外，还可能由论文体裁方面的差异造成。我们选择了其中综述文章数量超过（含）20 篇的 14 个一级学科，对相同学科论文中，综述文章各指标平均分与研究论文各指标平均分进行了对比分析。

表 4-14 中灰色的值表示综述文章平均分高于研究论文，反之则表示研究论文的平均分更高。在对比平均分的基础上，我们还利用独立样本 T 检验方法，检验了相同学科中综述文章和研究论文平均分差异的显著性。根据独立样本 T 检验方法，P 值若小于 0.05，则说明被比较对象差异显著，否则视为不显著。比如法学学科共转载了研究论文 894 篇，论证完备程度指标平均分为 17.56，综述文章 21 篇，论证完备程度指标平均分为 16.38，两者对比 P 值小于 0.05，说明样本中法学的研究论文和综述文章的论证完备程度评分的差异显著。表 4-14 中的"*"表示两类论文评分差异显著，不带"*"则表示差异不显著。

表 4-14 相同学科研究论文与综述文章平均分对比

学科	研究论文数量	综述文章数量	学术创新 研究论文	学术创新 综述文章	论证完备 研究论文	论证完备 综述文章	社会价值 研究论文	社会价值 综述文章	难易程度 研究论文	难易程度 综述文章
法学	894	21	*17.59	*15.71	*17.56	*16.38	17.86	17.19	*17.49	*16.14

续表

学科	研究论文数量	综述文章数量	学术创新 研究论文	学术创新 综述文章	论证完备 研究论文	论证完备 综述文章	社会价值 研究论文	社会价值 综述文章	难易程度 研究论文	难易程度 综述文章
工商管理	1262	76	15.48	15.54	15.57	16.18	16.29	16.66	*15.33	*16.72
公共管理	528	22	18.19	17.64	17.97	17.91	18.67	18.55	17.37	17.45
教育学	1206	28	18.04	18.43	*18.07	*19.25	18.53	18.89	*17.27	*18.46
理论经济学	736	43	*17.15	*14.98	*17.34	*16.67	*17.08	*15.60	*16.22	*14.19
历史学	788	84	*18.64	*17.55	*18.73	*17.99	*18.17	*17.74	*18.19	*17.30
马克思主义理论	429	29	*18.17	*16.86	18.42	18.21	18.43	18.86	17.79	18.21
图情档	345	31	18.04	17.94	*18.16	*18.68	17.73	17.71	17.19	17.32
心理学	59	81	17.86	18.53	17.78	18.41	17.81	18.41	17.73	18.41
艺术学	376	29	*15.68	*16.79	*15.94	*16.93	*14.99	*17.45	15.72	15.93
应用经济学	1894	51	*18.06	*16.24	*17.85	*16.59	*18.45	*16.29	*17.45	*16.25
哲学	1123	37	*18.23	*16.57	18.34	18.03	*17.98	*18.76	17.44	17.54
政治学	1225	42	*17.48	*16.48	*17.81	*16.67	*18.00	*16.83	*17.68	*16.55
中国语言文学	967	29	*18.34	*17.28	18.46	18.34	*18.04	*18.86	*17.38	*16.55

如表4-14所示，对于学术创新指标，在14个学科中，只有心理学和艺术学两个学科的综述文章平均分显著高于研究论文，此外工商管理和教育学两个学科的综述文章平均分也略高于研究论文。这说明，与其他学科相比，这4个学科综述文章的平均学术创新程度较高。其余10个学科的综述文章平均分均显著低于研究论文的平均分。这说明，对于样本中大部分的人文社科学科，其研究论文的学术创新程度高于综述文章，在该学科论文的学术创新方面发挥了比综述文章更重要的作用。

论证完备指标的情形与学术创新指标类似，心理学、艺术学、工商管理、教育学和图情档5个学科的综述文章论证完备指标平均分高于研究论文，其余9个学科的综述文章平均分均显著低于研究论文。这说明，样本中大部分人文社科学科，其研究论文的论证完备程度均显著高于综述文章，在该学科论文的论证完备方面发挥了比综述文章更重要的作用。

对于社会价值指标，法学、公共管理、理论经济学、历史学、图情档、应用经济学、政治学等 7 个学科，研究论文的平均分高于综述文章；在工商管理、教育学、马克思主义理论、心理学、艺术学、哲学、中国语言文学等 7 个学科中，研究论文的平均分低于综述文章。也就是说，在社会价值方面，不同学科综述文章与研究论文的平均分各有高低。

难易程度指标的情形与社会价值指标类似，14 个学科中，法学、理论经济学、历史学、应用经济学、政治学、中国语言文学等 6 个学科中，研究论文的平均分高于综述文章；在公共管理、图情档、工商管理、教育学、马克思主义理论、心理学、艺术学、哲学等 8 个学科中，研究论文的平均分低于综述文章。也就是说，在难易程度方面，不同学科综述文章与研究论文的平均分各有高低，综述文章平均分较高的学科数量略高于研究论文。

综合以上数据也可以看出，心理学、艺术学、工商管理和教育学 4 个学科的论文，在四个主观指标评分中，综述文章的平均分均高于研究论文，也就是说，这 4 个学科的综述类文章的平均质量较高，相比之下，其余 10 个学科的研究论文的平均分（四个主观指标总分）高于综述文章。

上述验证对一级指标权重分配、同指标各学科权重分配差异、不同体裁文章的差异度大小等都提供了科学依据，为指标体系科学建构奠定了坚实基础。

4.3.8 指标权重分配研究

有了科学的评价理念、构建了合理的评价指标体系后，如何科学分配各项指标权重，则直接影响到最终评估结果的科学性。为此，我们设计了调查问卷，采用"层次分析法"，构建指标"两两比较的矩阵"调查各项指标的相对重要程度，之后将矩阵利用 MATLAB 软件进行检验计算；最后利用 SPSS 软件进行统计。

论文评价指标权重的调查问卷

【说明】

本问卷将用"层次分析法"调查评价指标之间的重要程度。请您将指标两两比较，按照下图中"重要程度"对应的"数量表示"赋值。如：指标 X 比指标 Y 非常重要，数量表示为"7"；指标 X 比指标 Y 非常不重要，数量表示为"$\frac{1}{7}$"。

*打分示例如下表，纵向指标与横向指标相比：

重要程度：	极端不重要	非常不重要	明显不重要	稍微不重要	同等重要	稍微重要	明显重要	非常重要	极端重要
数量表示：	$\frac{1}{9}$	$\frac{1}{8}$ $\frac{1}{7}$	$\frac{1}{6}$	$\frac{1}{5}$ $\frac{1}{4}$	$\frac{1}{3}$ $\frac{1}{2}$ 1	2 3	4	5 6	7 8 9

● 若指标 A 比指标 B 明显重要，在 A 行和 B 列交叉位置填入"5"；

● 若指标 A 与指标 C 同等重要，在 A 行和 C 列交叉位置填入"1"；

● 若指标 A 与指标 D 重要性相比，处于稍微重要和明显重要之间，在 A 行和 D 列交叉位置填入"4"；

● 若指标 B 比指标 D 稍微不重要，在 B 行和 D 列交叉位置填入"1/3"。

	A	B	C	D
A		5	1	4
B			1/5	1/3
C				4
D				

【步骤】

首先，选择分类方案。

方案1：按学科大类划分为人文学科论文和社会科学论文。

方案2：按论文的论述体裁划分为研究论文和文献综述（含述评）。

方案3：按研究的性质分为基础理论研究论文和应用实证研究论文。

方案4：同一指标，区别权重，构建一个基本的评价指标集合，根据不同学科（政治学、经济学、管理学、教育学、历史学、哲学、文学等）对指标赋予不同权重。

其次，根据选择的分类方案，填写下表（未选分类方案以及黑底斜线部分不用填写）。

若您选择了方案1，请填写以下两个表：

人文学科论文评价指标的比较表

	学术创新	论证完备	难易程度	社会价值	课题立项	发表载体
学术创新						
论证完备						
难易程度						
社会价值						
课题立项						
发表载体						

【注】：若指标 A 比 B 重要、B 比 C 重要，则 A 比 C 重要，下同。

社会科学论文评价指标的比较表

	学术创新	论证完备	难易程度	社会价值	课题立项	发表载体
学术创新						
论证完备						
难易程度						
社会价值						
课题立项						
发表载体						

若您选择了方案 2，请填写以下两个表：

研究论文评价指标的比较表

	学术创新	论证完备	难易程度	社会价值	课题立项	发表载体
学术创新						
论证完备						
难易程度						
社会价值						
课题立项						
发表载体						

文献综述（含述评）评价指标的比较表

	学术创新	论证完备	难易程度	社会价值	课题立项	发表载体
学术创新						
论证完备						
难易程度						
社会价值						
课题立项						
发表载体						

若您选择了方案 3，请填写以下两个表：

基础理论研究论文评价指标的比较表

	学术创新	论证完备	难易程度	社会价值	课题立项	发表载体
学术创新						
论证完备						
难易程度						
社会价值						
课题立项						
发表载体						

应用实证研究论文评价指标的比较表

	学术创新	论证完备	难易程度	社会价值	课题立项	发表载体
学术创新						
论证完备						
难易程度						
社会价值						
课题立项						
发表载体						

若您选择了方案 4，请您根据所在学科特点填写下表：

	学术创新	论证完备	难易程度	社会价值	课题立项	发表载体
学术创新						
论证完备						
难易程度						
社会价值						
课题立项						
发表载体						

其他权重设置意见：

以上有效问卷数量共 176 份，有效矩阵数量为 301 个（含分类方案多选情况）。按六项指标权重的和为 100% 计算，分析结果如下：

①"主要指标"和"辅助指标"权重分配比例约为"85%∶15%"

主要指标即"学术创新程度""论证完备程度""难易程度"和"社会价值"，这四个是用于同行评议定性判断的主体指标；辅助指标即"课题立项"和"发表载体"两个用于补充同行评议判断的指标。

若不区分学科和论文类型（即选择分类方案四），共有 65 个矩阵有效。我们对这 65 个矩阵进行了综合的统计分析，发现"主要指标"和"辅助指标"的权重比例如下所示：

指标类别	权重值
主要指标	84.76%
辅助指标	15.24%

不同学科背景的受访者对指标权重分配的看法存在明显差异，如图 4-7 所示。"艺术学"背景受访者所认为的"主要指标"权重最高、"辅助指标"权重最低，其比例为"89.51%：10.48%"；历史学背景受访者所认为的"主要指标"权重最低、"辅助指标"权重最高，其比例为 77.36%：22.65%。

图 4-7 不同学科背景的受访者对指标权重分配的看法差异

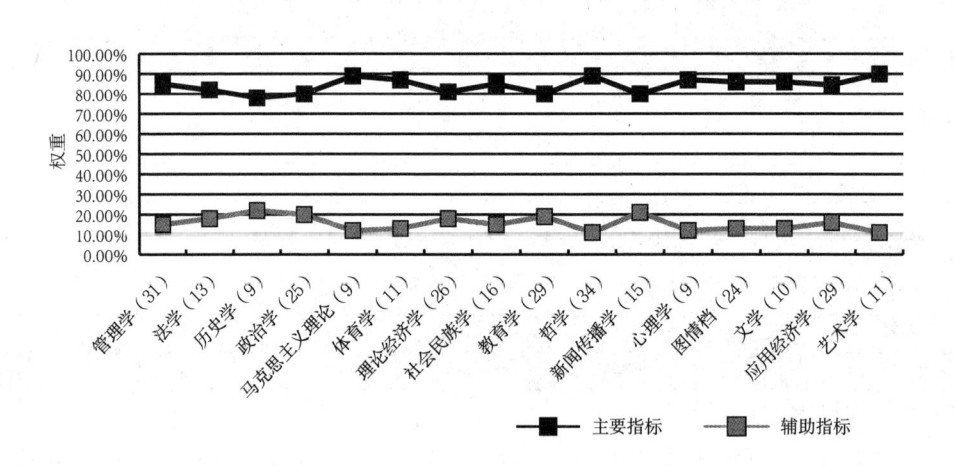

【注】括号内数字为"有效矩阵数量"。下同。

对选择不同分类方案的受访者进行统计，发现"应用实证研究论文"的"主要指标"权重最高、"辅助指标"权重最低，其比例为 85.37%：14.61%；"综述文章"的"主要指标"权重最低、"辅助指标"权重最高，其比例为"79.22%：20.76%"。如图 4-8 所示。

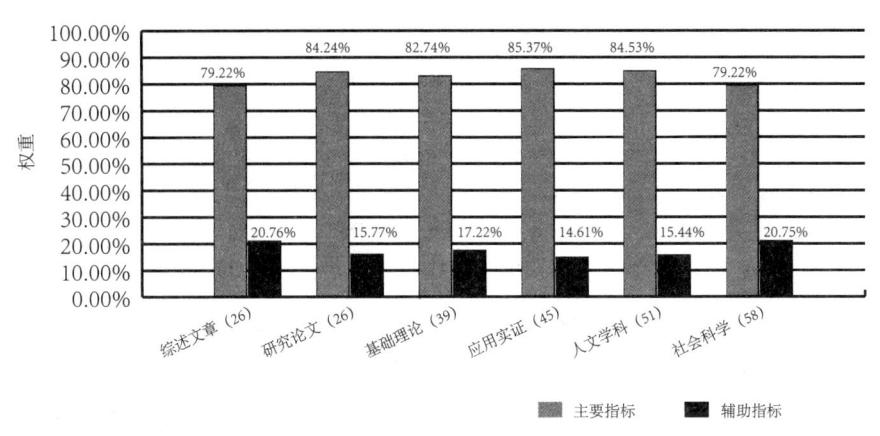

图 4-8 选择不同分类方案的受访者

②"人文学科论文"与"社会科学论文"的指标权重分配存在微小差异

对选择方案一的受访者进行统计分析发现,"人文学科论文"和"社会科学论文"在指标权重分配上有细微差异,如图 4-9 所示。

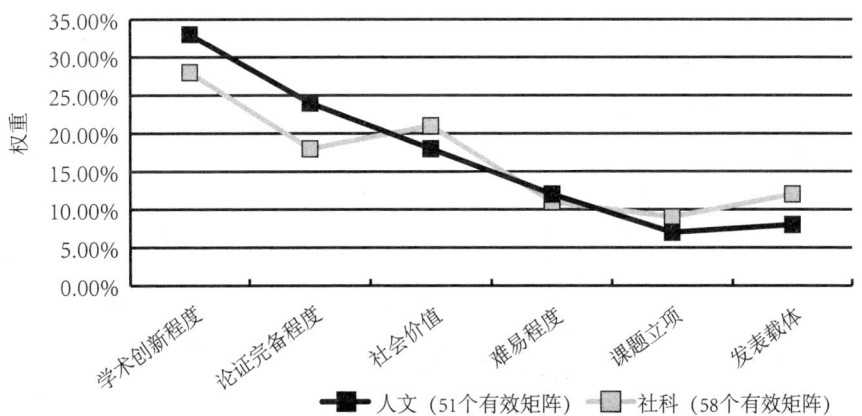

图 4-9 选择方案一的受访者统计分析

由图 4-9 可见:"人文学科论文"比"社会科学论文"更偏重"主要指标",但差异不明显;"人文学科论文"的"学术创新程度""论证完备程度"和"难易程度"三项指标的权重都略高于"社会科学论文";"社会科学论文"的"社会价值"指标的权重稍高于"人文学科论文"。这个现象值得深入研究。

③"综述文章"与"研究论文"的指标权重分配存在明显差异

对选择方案二的受访者进行统计分析发现,"综述文章"和"研究论文"在指标权重分配上存在差异,"研究论文"的"学术创新程度"指标的权重明显高于"综述文章"。如图 4-10 所示。

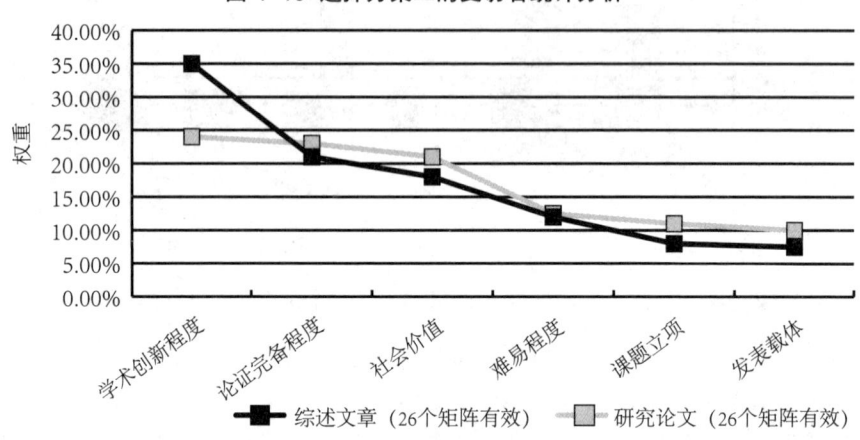

图 4-10 选择方案二的受访者统计分析

④ "基础理论研究论文"与"应用实证研究论文"的指标权重分配基本一致

对 176 个有效矩阵中的"基础理论研究论文"和"应用实证研究论文"的矩阵进行分别统计分析,发现两类论文在指标权重分配上差异很小,可忽略不计,如图 4-11 所示。

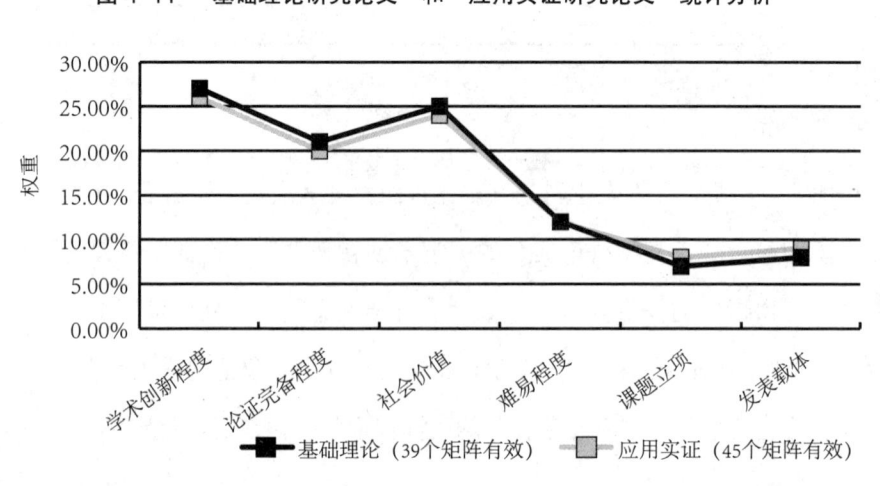

图 4-11 "基础理论研究论文"和"应用实证研究论文"统计分析

⑤不同学科背景的受访者对指标权重分配的差异评析

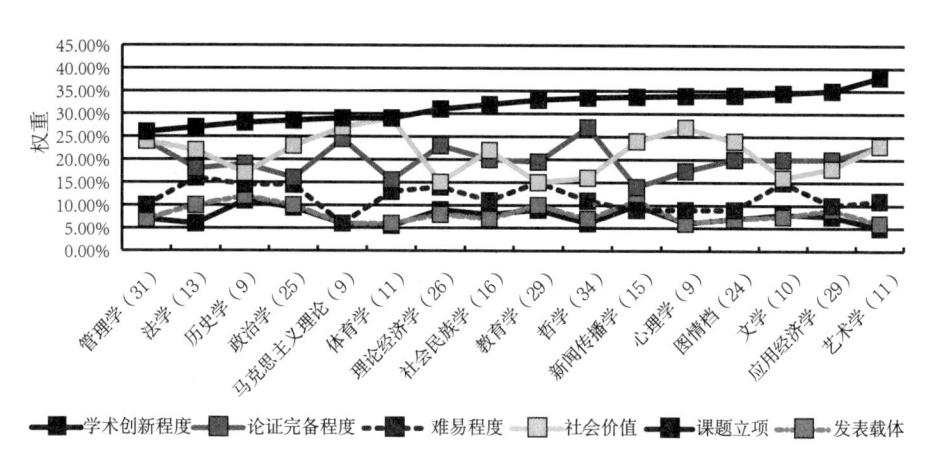

图 4-12 不同学科背景的受访者对指标权重分配的差异评析

如图 4-12 所示，从总体调查结果上看，各项指标的重要性程度从高到低可分为四级，依次为：学术创新程度、论证完备程度、社会价值、难易程度和发表载体、课题立项。

各学科受访者普遍认为，"学术创新""论证完备""社会价值"是各学科论文质量评价体系中较为重要的指标。"学术创新程度"是衡量人文社会科学论文质量的首要指标，权重值在 26%～39% 之间，远远高于其他指标的权重。其次是"论证完备程度"（13.38%～26.96%）和"社会价值"（14.91%～28.45%）。"难易程度"指标的权重排在第四位，权重值处于 6%～16% 之间。"课题立项"与"发表载体"权重取值范围都在 5%～10% 之间，但"发表载体"的权重在大多数学科中略高于"课题立项"的权重。

"学术创新程度"的指标权重。虽然各学科受访者均认为该指标的权重应最高，但在具体权重值的设置中，存在明显差异。其中，艺术学学科背景的受访者所认为的"学术创新程度"指标权重值最高，为 38.89%；管理学学科背景的受访者所认为的"学术创新程度"指标权重值最低，为 25.90%。

"论证完备程度"的指标权重。各学科背景的受访者对"论证完备程度"

的看法差异较大。其中，哲学学科背景的受访者分配该项指标的权重值最高，为 26.96%；管理学、体育学、理论经济学学科背景的受访者也赋予了该项指标较高的权重；然而心理学、政治学、马克思主义理论尤其是新闻传播学学科背景的受访者，对该项指标权重赋值较低，其中新闻传播学的权重值最低，为 13.38%。这个结果令人深思，难道新闻传播学领域的研究成果不强调论证方法、论据、逻辑的规范严谨吗？

"难易程度"的指标权重。在各学科中，法学学科背景的受访者最为看重"难易程度"对论文质量的影响，赋予该指标 16.33% 的权重，其次是教育学和文学学科背景的受访者，也赋予了较高的权重；不过管理学、心理学、新闻传播学、图情档、体育学等专业学科背景的受访者赋予该项指标的权重普遍低于 10%，其中体育学受访者赋予的权重最低，为 6.35%。显然，这些赋予权重较低的学科学者，对课题研究所应投入的必要劳动时间缺乏充分认知。

"社会价值"的指标权重。社会科学各学科的受访者赋予了该项指标较高的权重，其中，马克思主义、心理学、体育学所赋予的权重最高，均高于 26.68%；而人文学科背景和理论性较强的学科背景的受访者，赋予该项指标的权重较低，比如历史学 17.56%、哲学 16.77%、文学 16.50%、艺术学 16.30%。其中较为特殊的是教育学，虽然作为社会科学，但赋予该指标的权重为 14.91%。

"课题立项"的指标权重。历史学和新闻传播学学科背景的受访者，最为看重"课题立项"对衡量论文质量的作用，分别赋予 11.24% 和 10.28% 的权重；然而，哲学和艺术学学科背景的受访者，分别赋予该项指标 5.62% 和 4.14% 的权重。

"发表载体"的指标权重。该项指标的学科差异与"课题立项"指标类似，历史学和新闻传播学学科背景的受访者赋予了最高的权重，分别赋予 11.41% 和 11.05% 的权重；然而，心理学和艺术学学科背景的受访者，分别赋予该项指标 6.04% 和 5.74% 的权重。

此外，问卷调查显示，指标的权重设置在论述体裁和学科背景两个方面存在较大显著差异；按照研究性质划分的"基础理论研究论文"和"应用实证研究论文"的权重设置基本一致。

上述指标权重的调研论证，揭示了人文社科成果评价中的一些基本规律，如学术共同体一致看重的"学术创新程度"指标，说明"无创新不学术"已成为无可争议的公理，但也明显表现出不同学科领域的学者对学术成果评价中一些指标的权重大小存在分歧，说明人文社科学术成果评价的复杂性、个性化。这些学术共同体的认知异同，正是学术评价研究者需要深入思考和解决的，也是我们构建《复印报刊资料》论文遴选指标体系时反复论证和研究的关键问题。可以说，不深入研究和解决这些实操中的节点问题，任何所谓的学术成果评价体系的科学应用价值都应存疑。

4.3.9 指标体系的扩展应用

人大《复印报刊资料》论文遴选指标体系，通过对人文社会科学论文质量评估所涉及的复杂变量因素进行深入细致的研究分析，以及对现有指标体系进行剖析、改造和创新，针对当前评价现状与现实需求，把人文社会科学论文作为直接的评估对象，以"同行评议为主、文献计量为补充"，区分论文学科、体裁差异，分类评估，同类比较，强调创新、质量、服务导向，综合、平衡各种因素，构建了一套相对科学可操作的"人文社会科学学术论文质量评估指标体系"。

该指标体系基于人大《复印报刊资料》60多年选文实践经验的总结，吸收了学术成果评价研究最新成果，尤其是将学术成果同行评议工作进行了量化转化，并遵循人文社会科学学术研究规律、成果呈现特征，对指标体系进行了科学简化，极大提升了指标体系的实践应用性，开辟了人文社会科学学术成果评价"独树一帜"的新境界。目前，该指标体系不仅深深内嵌于人大《复印报刊资料》系列期刊的选文评文流程中，成为每个编辑、专家的默会知识，发挥着基础性、规范性的保障作用，从而持续性保持了人大《复印报刊资料》的学术品牌质量，而且基于人大《复印报刊资料》转载数据，发布了一系列学术评价研究成果（见图4-13）。

图 4-13 学术评价研究成果

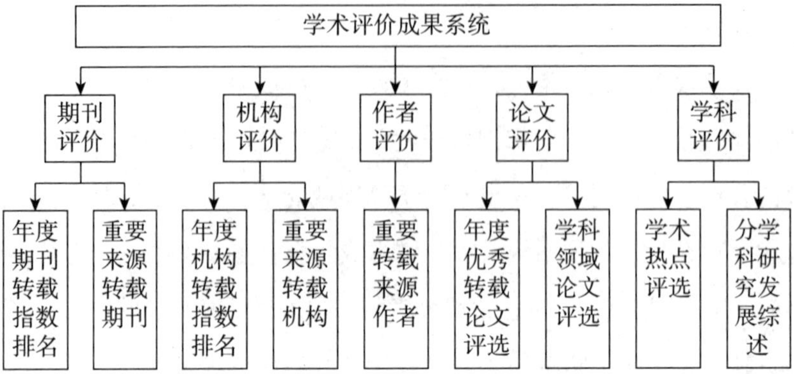

```
                    学术评价成果系统
    ┌──────────┬──────────┬──────────┬──────────┐
  期刊评价   机构评价   作者评价   论文评价   学科评价
   ┌─┴─┐     ┌─┴─┐       │       ┌─┴─┐     ┌─┴─┐
  年度 重要   年度 重要  重要转   年度 学科  学术 分学
  期刊 来源   机构 来源  载来源   优秀 领域  热点 科研
  转载 转载   转载 转载  作者     转载 论文  评选 究发
  指数 期刊   指数 机构           论文 评选        展综
  排名         排名                评选              述
```

该指标体系的实施具备良好的可扩展性，可根据不同需要，对所设置的指标进行多种组合，对论文、学科、期刊、机构、作者等评估对象进行动态评估。对尚未正式发表的学术论文，可选择学术创新程度、论证完备程度、难易程度、社会价值和课题立项五项指标进行即时的同行评议；对已正式发表论文，若需要即时评估结果，也可在五项指标基础上，增加发表载体指标，形成同行评议评估结果。当然，选择不同的指标组合方案时，需要重新设置各指标的权重。

4.4 合作研究类论文质量测评[1]

4.4.1 人文社科论文合作研究概述

现在科学研究基本上按照两个方向推进，一是专业化细分方向，二是综合交叉方向。从人类智慧潜能看，前者研究突破的难度越来越大、概率越来越低，后者研究突破范围越来越广、概率越来越大。但无论是哪个方向，单打独斗式的科学研究模式已逐渐被团队所取代，论文科研成果的署名方式有多名成员或团队集体署名成为较普遍的现象。所以，从论文质量评价角度探讨人文社科各学科的合

---

[1] 范晓莉对此部分内容亦有贡献。

作现状以及合作研究与论文质量的相关性，对期刊发展与评估、课题立项与研究、学科建设与管理有重要的理论价值和实际意义。表现在以下三点。

第一，为期刊编辑审稿提供参考依据。若某学科合作论文水平普遍较高，则编辑应关注合作论文。

第二，为学术评价中是否要把"篇均作者数"作为评价指标提供数据支撑。目前的学术评价体系中没有考虑学科特点，把"篇均作者数"作为各学科期刊评价指标，但是通过研究会发现，在某些学科中，合作研究并不能提高论文的学术水平，因此不能通用"篇均作者数"评价此类学科，不同学科评价时需视情况考虑是否采用"篇均作者数"指标。

第三，从定量角度描述了学科特点、研究方法和研究规模，为课题立项时是应偏好于合作研究还是应重视个人研究在某些学科的重要性提供依据，同时结合篇均作者数还可以准确地评价各学科完成一项科学研究课题所需的平均人数，从而为学科发展、决策提供依据。

国内对科研人员之间合作的研究，由从整体分析人文社科合作研究状况，逐渐转向研究某一学科，如管理学、教育学、图书馆情报与档案管理学科的合作研究规律。如晏尔伽等[1]认为图情档学科中影响因子较高的期刊所刊载论文的作者合作率也较高；岳洪江等[2]认为篇均作者数和基金论文比是影响管理科学期刊影响因子和即年指标的两个最重要的因素。

人文社科领域关于科研合作现象的探讨还只是初步的，且分析角度不外乎以下几种：合作率或合作度分析、作者合作年龄分析、合作者地域分析、国内外合作状况对比或趋势分析、合作率与期刊影响因子的关系等。但目前，关于作者科研合作与论文质量之间关系的成果还很少见。而且，哪些学科需要合作研究才能

---

[1] 晏尔伽、朱庆华：《我国图书馆、情报与文献学领域作者合作现状——基于小世界理论的分析》，《情报学报》2009年第2期。
[2] 岳洪江、刘思峰：《管理科学期刊引证指标的灰色关联研究》，《科学学研究》2008年第1期。

在规定时间内达到预期目标？哪些学科不需要合作也能在较短时间内完成预期指标？这些问题也还需要深入研究。

4.4.2 据来源与研究方法

需要说明的是，在研究科研合作问题前需要作一个理想化假设：即合作须是两名及以上的研究人员参与了研究工作，并在论文发表时署名。在实践中，存在着挂名合作（如导师、领导、名人挂名）和不挂名合作（参与了研究工作却未署名）两种"署名不实"的现象[1]，会使实验数据与实际情况有所偏差。我们尽量选择大样本论文来降低个别挂名合作和不挂名合作论文的比例，使结果具有较高的科学性和可靠性。

数据来源于2010年度《复印报刊资料》学术期刊全文转载的论文，共计14117篇（不含领导讲话、工作指导类以及无作者的论文），覆盖了国务院学位委员会和国家教育委员会1997年颁发的《授予博士、硕士学位和培养研究生的学科、专业目录》中22个人文社会科学一级学科。该数据的优势是：第一，所有论文被反复筛选、评议，基本代表了本年度中国人文社会科学学术论文的最高水平；第二，每篇论文由专家按照"人文社会科学论文质量评估指标体系"[2]，采用"21分量表"[3]为论文的学术创新程度、论证完备程度、社会价值、难易程度四个指标打分评价。考虑到不同评价者打分时因尺度不一造成的主观差异，我们采用程淑提出的归一化算法对评价者的评分结果进行修正[4]，即以论文的原始评分除以该评价者为所有论文打分的平均值，使所有评分都转换到同一个衡量坐标系中，既能体现论文在每位评价者心目中的位置，又能在相同的尺度上横向比较论文水平。

研究主要采用文献计量、均值差异显著性检验、对比等方法，分析合作研究

---

[1] 金梅、熊爱民：《从CSSCI合著论文看我省人文社科研究的科研合作》，《贵州教育学院学报》（社会科学版）2009年第7期。
[2] 中国人民大学人文社会科学学术成果评价研究中心：《人文社会科学论文质量评估指标体系实施方案》（试行）。
[3] 卜卫、周海宏：《社会科学成果价值评估》，社会科学文献出版社1999年版，第157页。
[4] 程淑、桂林、冀航：《主观评分的归一化算法及误差分析》，《高等函授学报》（自然科学版）2007年第10期。

与论文质量间是否存在相关性。该问题可转化成检验合作论文和独著论文得分均值是否有显著差异。由于合作论文和独著论文的评分主体、标准、程序完全相同，而作者人数不同，因此可以认为得分一旦存在差异，这个差异是由作者人数造成的。下面我们以学术创新程度指标得分为例，介绍均值差异显著性检验的原理。

设合作论文得分均值为 $\mu1$，独著论文得分均值为 $\mu2$，若 $\mu1>\mu2$，并不能说明合作论文均分一定高于独著论文均分，因为可能是由于合作研究所致，也可能是抽样误差或偶然所致。这就需要借助统计学方法检验。合作与独著为二分类别变量，得分为连续变量并符合正态分布，且独著论文和合作论文可看作是独立样本，样本数都大于30，因此用独立大样本均值差异显著性检验方法。步骤如下[1]：

* 提出假设：H0:$\mu1=\mu2$；H0:$\mu1 \neq \mu2$
* 构造统计量 Z 并计算：

$$Z=\frac{X_1-X_2}{\sqrt{\frac{\sigma X_1^2}{n_1}+\frac{\sigma X_1^2}{n_1}}}$$

* 确定检验形式为双侧检验
* 统计决断

当 P 值大于 0.05，均值差异不显著；当 P 值小于等于 0.05 且大于 0.01 时，均值差异显著；当 P 值小于等于 0.01 时均值差异极其显著。

由于均值差异显著性检验过程计算量较大，需借助 SPSS 软件实现，这里只给出检验后双侧检验的概率 P 值和 t 值。t 值代表独著论文均值减去合作论文均值的差值，因此 t 值为负数时表示独著论文均分低于合作论文均分，t 值为正数时表示独著论文均分高于合作论文均分。

4.4.3 研究分析

（1）人文社科论文合作现状分析

表 4-15 列举了各学科论文总篇数、作者数分布（用百分比表示）、合作率、

---

[1] 孙立宏：《独立样本平均数差异的显著性检验方法与应用》，《职大学报》2007 年第 4 期。

篇均作者数，并按合作率降序排列。其中，署名"××课题组"或"××研究所/中心/院"等单位名称，或"××等"，视同为四人及以上合作；篇均作者数是每篇论文平均拥有的作者数。

表 4-15 各学科论文合作现状

学科	总篇数	一人	两人	三人	四人及以上	合作率	篇均作者数
心理学	140	19.3%	37.9%	42.9%	0.0%	80.7%	2.24
人文地理学	77	27.3%	26.0%	46.8%	0.0%	72.7%	2.19
农林经济管理	269	42.8%	38.3%	15.2%	3.7%	57.2%	1.8
体育学	114	43.0%	28.9%	28.1%	0.0%	57.0%	1.85
工商管理	1338	43.4%	36.2%	19.7%	0.6%	56.6%	1.78
图情档	376	50.5%	31.9%	17.6%	0.0%	49.5%	1.67
应用经济学	1945	53.8%	32.7%	11.1%	2.4%	46.1%	1.62
理论经济学	779	58.8%	28.6%	11.2%	1.4%	41.2%	1.55
管理科学与工程	32	62.5%	18.8%	18.8%	0.0%	37.5%	1.56
公共管理	550	64.0%	29.6%	6.2%	0.2%	36.0%	1.43
教育学	1234	67.6%	25.0%	6.0%	1.4%	32.4%	1.41
新闻传播学	370	70.3%	23.8%	5.1%	0.5%	29.5%	1.35
社会学	546	71.6%	22.0%	4.8%	1.6%	28.4%	1.36
马克思主义理论	458	72.9%	23.1%	2.8%	1.1%	27.1%	1.32
民族学	133	73.7%	24.8%	1.5%	0.0%	26.3%	1.28
法学	915	80.0%	17.6%	1.7%	0.7%	20.0%	1.23
政治学	1267	81.3%	15.2%	0.8%	2.8%	18.7%	1.25
哲学	1160	87.4%	12.3%	0.3%	0.0%	12.6%	1.13
中国语言文学	996	88.0%	10.8%	0.9%	0.1%	11.8%	1.13
历史学	872	89.0%	10.6%	0.5%	0.0%	11.0%	1.11
艺术学	405	89.1%	10.1%	0.7%	0.0%	10.9%	1.12
外国语言文学	141	92.9%	6.4%	0.7%	0.0%	7.1%	1.08
所有学科	14117	68.7%	23.0%	7.2%	1.1%	31.3%	1.41

① 作者数分布状况

人文社科论文以独著形式为主，约有 68.7% 的论文都是个人研究的成果；在合作论文中，两人合作为主要形式，约占70%以上，而三人及以上的合作成果非常少，且大部分学科没有四人合作。

人文学科的独著、合作论文数量分布与社会科学形成互补；尤其是传统的人文学科几乎都是独著论文，如哲学、中国语言文学、历史学、艺术学、外国语言文学，独著比例高达80%甚至90%以上。

人文地理学和心理学比较特殊，两人和三人合作是主要形式，且三人合作论文约占所有论文的一半，两人合作论文约占三分之一。

② 合作率状况

由表4-15可知，人文社科平均合作率为31.3%（即每3篇论文就有1篇是合作论文），远低于自然科学论文合作率70%[1]。由于各学科的研究手段、方法和规模存在显著差异，致使合作水平参差不齐，从心理学合作率80.7%到外国语言文学合作率7.1%，两者相差10多倍。按合作率高低可将所有学科分成以下两个阵营。

第一，心理学、人文地理学、农林经济管理、体育学、工商管理、图情档、应用经济学、理论经济学、管理科学与工程、公共管理、教育学等11个学科，合作率均高于人文社科平均合作水平，尤其是日益向自然科学靠拢的心理学、人文地理学，合作率远高于其他学科，构成高合作率学科群。

第二，其余学科合作率低于平均合作水平，构成低合作率学科群。

③ 篇均作者数状况

由表4-15可知，人文社科学科篇均作者数与合作率正相关，即篇均作者数高的学科，其合作率也较高。总的来说，人文社科整体篇均作者数水平（1.41）较低，除心理学和人文地理学的篇均作者数超过2，其他学科篇均作者数均未超过2；以应用性、实证性研究为主的社会科学学科篇均作者数高于人文社科平均水平，以规范研究[2]为主的人文学科篇均作者数远低于人文社科平均水平。

---

[1] 安秀芬、王景文、冯佳洁：《我国期刊论文作者研究进展》，《中国科技期刊研究》2004年第4期。
[2] 规范研究也就是演绎推理，即根据假设按事物内在联系运用逻辑推理得到结论。

（2）合作与独著论文水平均值差异显著性检验

按合作与独著论文均分大小的关系可以分成三类：合作论文均分大于独著论文，用"合作>独著"表示；合作论文均分小于独著论文，用"合作<独著"表示；合作论文均分等于独著论文，用"合作=独著"表示。

① 分指标进行均值差异显著性检验

第一，学术创新程度得分均值差异显著性检验

表4-16 学术创新程度均值差异显著性检验

均分大小关系	学科	P值	t值
合作>独著	应用经济学	.000**	-4.176
	公共管理	.002**	-3.065
	管理科学与工程	.011*	-2.706
	工商管理	.032*	-2.141
合作<独著	哲学	.000**	3.664
合作=独著	其他学科	>0.05	——

【注】"**"表示两组论文均分差异极其显著，"*"表示差异显著；从上到下按合作论文与独著论文水平差异降序排列；下同。

由表4-16可知，在学术创新程度得分均值差异显著性检验中，应用经济学、公共管理、管理科学与工程、工商管理4个学科的P值都小于0.05，t值为负，说明这些学科的合作论文均分高于独著论文。而哲学学科的P值小于0.05，t值为正，说明该学科合作论文均分低于独著论文。其余学科的P值都大于0.05，说明合作论文均分与独著论文均分无差异。

第二，论证完备程度得分均值差异显著性检验

由表4-17可知，在论证完备程度得分均值差异显著性检验中，应用经济学、管理科学与工程、工商管理、公共管理、社会学5个学科P值都不大于0.05，t值为负，说明这些学科的合作论文均分高于独著论文。而哲学学科的P值小于0.05，

t值为正，说明该学科合作论文均分低于独著论文。其余学科的P值都大于0.05，说明这些学科合作论文均分与独著论文均分无差异。

表4-17 论证完备程度均值差异显著性检验

学科		P值	t值
合作 > 独著	应用经济学	.000**	−6.103
	管理科学与工程	.000**	−3.965
	工商管理	.000**	−3.546
	公共管理	.000**	−3.852
	社会学	.050*	−1.964
合作 < 独著	哲学	.005*	2.796
合作 = 独著	其他学科	>0.05	——

第三，社会价值得分均值差异显著性检验

表4-18 社会价值均值差异显著性检验

学科		P值	t值
合作 > 独著	管理科学与工程	.002**	−3.468
	人文地理学	.006**	−2.820
	公共管理	.007**	−2.698
	农林经济管理	.009**	−2.620
	应用经济学	.013*	−2.477
	工商管理	.015*	−2.445
合作 < 独著	外国语言文学	.021*	2.331
	图情档	.047*	1.989
合作 = 独著	其他学科	>0.05	——

由表4-18可知，管理科学与工程、人文地理学、公共管理、农林经济管理、应用经济学、工商管理这6个学科P值都小于0.05，t值为负，说明这些学科的合作论文均分高于独著论文；而外国语言文学、图情档学科的P值小于0.05，t值为正，说明这两个学科的合作论文均分低于独著论文。其余学科的P值都大于0.05，说明这些学科的合作论文均分与独著论文均分无差异。

第四，难易程度[1]得分均值检验

表 4-19 难易程度得分均值差异显著性检验

学科		P 值	t 值
合作 > 独著	应用经济学	.000**	-6.093
	管理科学与工程	.000**	-4.633
	公共管理	.000**	-4.561
	农林经济管理	.016*	-2.432
合作 < 独著	哲学	.002**	3.213
	法学	.011*	2.563
	马克思主义理论	.04*	2.024
合作 = 独著	其他学科	>0.05	——

由表 4-19 可知，应用经济学、管理科学与工程、公共管理、农林经济管理 4 个学科的 P 值都小于 0.05，t 值为负，说明这些学科的合作论文均分高于独著论文。而哲学、法学、马克思主义理论学科的 P 值小于 0.05，t 值为正，说明这些学科的合作论文均分低于独著论文。其余学科的 P 值都大于 0.05，说明这些学科合作论文均分与独著论文均分无差异。

② 合作研究影响学科论文质量的分层

表 4-20 合作研究影响学科论文指标的分层

	学科名称	几个指标有影响
合作 > 独著（7 个）	应用经济学、管理科学与工程、公共管理	4 个
	工商管理	3 个
	农林经济管理	2 个
	社会学、人文地理学	1 个
合作 < 独著（5 个）	哲学	3 个
	外国语言文学、图情档、法学、马克思主义理论	1 个
合作 = 独著（10 个）	心理学、体育学、理论经济学、教育学、新闻传播学、民族学、政治学、中国语言文学、历史学、艺术学	无

---

[1] 在确定研究问题时论文就具有了与该问题所处的时空背景相关的基础难度，如研究问题的理论难点多少、资料搜集处理的难度等；在论文的研究过程中，对于同一个问题，研究者可以避重就轻，也可以小题大做，从而采取不同的研究思路、角度、方法，这些会导致同一问题的研究难度各不相同。

由表 4-20 可知，有 7 个学科的合作论文均分高于独著论文。这些学科均属于社会科学的范畴，多采用实证研究方法，具有综合性、交叉学科性质，与其他学科的渗透日益增强。从合作研究影响论文水平的指标数量来看，合作研究对经济学、管理学门类的学科影响显著：应用经济学、管理科学与工程、公共管理学科的所有指标均受到合作的影响，工商管理、农林经济管理分别有 3 个、2 个指标受到合作的影响。

有 5 个学科的合作论文均分低于独著论文。其中，图情档、法学、马克思主义理论属于近年来发展迅速的社会科学学科，而哲学和外国语言文学属于传统的人文学科。除了哲学学科合作论文有 3 个指标均分分别低于独著论文，其余 4 个学科的合作论文只有 1 个指标均分低于独著论文。

其余 10 个学科的合作论文均分与独著论文均分基本无差异。

4.4.4 结论分析

（1）合作研究对各学科论文水平影响不同但方向一致

由表 4-20 可知，在应用经济学、管理科学与工程、社会学、人文地理学等 7 个学科中，合作论文的部分或全部指标均分高于独著论文，即合作研究对这些学科产生了正影响；在哲学、外国语言文学、法学、马克思主义理论、图情档 5 个学科中，合作论文的部分指标低于独著论文均分，即合作研究对这些学科论文产生了负影响；其余学科的合作论文各项指标均分与独著论文无差异。且由表 4-20 可知，三个学科群之间没有交集，说明若合作研究对某学科论文的一个指标产生了正（负）影响，对其余指标或者产生正（负）影响，或者无影响，不会出现对该学科某些指标产生正影响，而其余指标产生负影响的情况，这就是方向一致。

由上文可知，合作研究产生正影响的学科均属于社会科学学科，而产生负影响的学科中既有社会科学学科，又有人文学科。合作研究之所以对某些社会科学论文质量产生了正影响，与该学科研究特点、方法、规模有关。以应用经济学为例，目前经济学研究领域较宽，主要研究问题已从经济体制改革开放领域转变成各专业经济部门的发展问题，一项课题往往涉及一个省、市、地区甚至整个国家某方面的数据资料，对各部门和专业领域的理论和方法要求较高，这就使得经济学者个人很难适应这种研究专业化、动态化要求[1]，需要拥有多领域知识的研究团队协同工作，合理分工，集思广益，在规定时间内完成具有一定难度的论文。

部分学科里合作论文的个别指标水平反而低于独著论文。出现这种反常结果的原因比较复杂，一方面可能是这些学科的研究对象和方法比较特殊，不适于进行合作研究，这种情况更易出现在人文学科中，如哲学和外国语言文学，这些学科的研究方法以阐述研究者个人观点为主，独创性的思想、观点往往首先在一个人的头脑中形成，陈述、阐释这些思想、观点的论文通常只能由这个人独立撰写[2]，这些学科的研究主体个人状况在研究中所发挥的独特作用，是再多的其他人相加所不能替代的[3]；研究领域相对封闭，一般不涉及其他学科领域知识。另一方面，出现这种反常结果也不能排除"挂名合作"的可能。王玖总结了近年来不实合著的6种现象，即"专家搭桥，论文发表""一人研究，全家挂名""礼尚往来，相互署名""受制于领导，领导第一""利益驱动，合著署名""给予帮助，面面俱到"。[4]出于不同动机的虚假合作论文的出现，与学术上的急功近利有关，因此越是这种情况的合作论文，质量会越低。

---

[1] 苏新宁、邹志仁、杨克义：《中国人文社会科学学术影响力报告》，中国社会科学出版社2007年版，第688页。
[2] 王续琨：《学术论文虚假合著现象论析》，《情报科学》2010年第8期。
[3] 朱少强：《论科学建制背景下的人文社会科学研究评价》，《重庆大学学报》(社会科学版) 2008年第3期。
[4] 王玖：《由期刊论文合著率的变化谈不实合著署名现象》，《中国科技期刊研究》2003年第2期。

（2）合作研究对各学科产生的正影响程度较大，负影响程度较小

双侧检验的P值越小，表示合作论文与独著论文均分差异越显著：当P值小于或等于0.01时，合作论文与独著论文均分差异变得极其显著。在合作研究产生正影响的7个学科、19个指标中，有13个指标的P值都小于0.01，其余6个指标的P值也是略大于0.01，这说明独著论文与合作论文的研究水平有极其显著的差异，即合作研究对这些学科的正影响程度较大。而在合作研究产生负影响的5个学科、7个指标中，只有3个指标的P值小于0.01，其余指标的P值明显大于0.01，说明在合作研究产生负影响的学科中，虽然合作论文均分低于独著论文均分，但是差异程度要小于正影响导致的差异程度。

（3）合作研究对社会科学学科的影响大于人文学科

首先是合作论文均分与独著论文均分有显著差异的社会科学学科数目多于人文学科：合作研究对12个社会科学学科产生了影响，对其中7个学科产生了正影响；合作研究对2个人文学科产生了负影响。其次是影响社会科学学科论文的指标数量多于人文学科：社会科学学科中有22个论文指标因合作和独著的不同而受影响，人文学科中仅有4个论文指标因合作和独著的不同而受影响。

（4）合作率或篇均作者数较高的学科，合作论文质量较易高于独著论文

结合表4-15可知，合作论文质量高于独著论文的学科都位于该表的上半部分（图情档除外），即合作率和篇均作者数较高的区域。因此我们可以得出结论：合作率或者篇均作者数越高的学科，合作论文质量较易高于独著论文。

需要说明的是，对于合作论文水平高于独著论文的学科，合作率若能保持在较高水平，合作研究就能在最大程度上提升论文质量。对比各学科合作现状以及其对论文水平的影响，会发现在社会学、公共管理、管理科学与工程3个学科中，

虽然合作论文质量高于独著论文，但合作率与篇均作者数还比较低。

（5）合作研究与四个论文水平指标的关系

在合作论文质量高于独著论文的学科中，合作研究易于使论文的社会价值水平提升，其次是论证完备程度，最后是学术创新程度和难易程度，具体表现在分别有6个学科论文的社会价值程度指标、5个学科论文的论证完备程度指标、4个学科论文的学术创新程度指标、4个学科论文的难易程度指标的合作论文均分高于独著论文。从合作与独著论文均分差异显著程度的学科比例看，论证完备程度指标、难易程度指标、社会价值指标、学术创新程度指标分别有80%、75%、60%、50%的学科的合作论文均分与独著论文均分存在极其显著的差异。无论是从受影响的学科数还是从合作研究产生的差异显著程度来看，相比其他指标，论文的学术创新程度水平较难提升。

在合作论文质量低于独著论文的学科中，合作对难易程度指标、社会价值指标的负影响较大，分别有3个、2个学科的合作论文均分低于独著论文，而对学术创新程度、论证完备程度指标的负影响相对较小，分别有1个学科的合作论文均分低于独著论文。

总之，采用均值差异显著性检验方法，讨论合作研究与论文质量的相关性问题，对学术论文生产规律的探究具有一定的启发意义。结果表明：仅有部分学科，如经济学、管理学、社会学等社会科学学科中，合作研究与论文质量呈正相关性；哲学、外国语言文学、马克思主义理论、法学、图情档学科中，合作研究与论文质量呈负相关性；其余学科合作研究与论文质量无关。这与目前学术界所倡导的加强各学科合作研究的主张并不相符，有待进一步深入讨论。

由于某些学科样本量还比较小，一定程度影响了均值差异显著性检验的结果，若能增加样本数量，合作与独著论文各项指标的差异可能会更加明显。同时，还可以进一步分析独著、两人合作、三人合作等合作类型的论文研究水平是否也存在差异。在将来的研究中，还可以进一步深入研究跨学科合作与学科内合作、跨单位合作与单位内合作等合作类型对论文研究水平的影响，以期对人文社科研究活动有所启迪。

5 学术期刊评价体系

5.1 我国学术期刊评价标准或体系述评

5.1.1 厘清几种评价对象的边界

关于期刊的评价，除了国家或行业的评优评奖外，人们更多关注的可能是学术期刊的评价。然而，每每在讨论学术期刊评价问题时，我们常常感觉充斥着一些彷徨、焦虑、困惑、愤懑等复杂的非理性情绪。分析其原因，首要的便是没有真正弄清楚学术评价与学术期刊评价、核心期刊与学术期刊评价的逻辑关系，及其各自存在问题的边界。很多时候，争论了半天，连讨论的对象都没有弄清。

其实，每个人或组织作为相对主体经常对他者进行主观性评价，学术评价是其中更细分、更专业的一种评价。从广义上讲，凡是人们有目的地从学术维度开展的各种价值评价活动皆为学术评价；从狭义上讲，学术评价指第三方对学术研究主体或其研究成果的质量水平所开展的价值评价活动。学术评价作为非自我主体对于客体的价值评价，涉及要素极为庞杂。例如，在评价对象上，有对论文、著作、课题、报告等的评价，有对研究个体、研究机构、地区/国别等的评价；在评价方法上，有侧重内容的同行评议，也有侧重外在形式的量化分析评价；在评价方式上，有公开的评价，也有匿名的评价；等等。

期刊或学术期刊评价是评价者对期刊这种媒介所开展的评价活动，既是对期刊的使命，包括坚持正确的政治方向、舆论导向、价值取向，传播传承先进的科学文化知识，促进人类文明进步，倡导学术道德、学术规范、学术创新等的评价，也是对期刊的传播力、引导力、影响力、公信力等的评价。概言之，即是对期刊所进行的经济效益与社会效益的评价。

  核心期刊评价只是学术期刊评价的形式之一。核心期刊概念是舶来品,是基于文献计量学的文献离散定律、引文分析理论、文献增长与文献老化指数等理论基础构建的评级体系,其源于指导图书馆、资料馆等的期刊采购、引导读者文献阅读的目的。由于核心期刊这种评价体系一定程度上耦合了同类期刊影响力大小、学术水平高低的评选标准,尤其符合了技术主义或工具理性研究范式的世界潮流,因而受到广泛推广应用。特别是在学术权威缺失、同行评议公信力遭质疑、社会功利性干扰、评价需求巨大等情况下,这种由专业研究机构研制的核心期刊评价体系越来越受推崇,甚而极端至"唯核心"论英雄。实际上,我国学术期刊评价已形成开放多元的发展格局,不仅有所谓第三方评价机构开展的评价,还有政府机构主导、行业学会组织或各教学科研单位自定的各种各样的学术期刊评价标准,核心期刊评选只是学术期刊评价体系之一,但不是唯一。

  的确,学术期刊所承载的功能随着时代的发展而拓展。如果说学术期刊诞生的初心是学术信息交流,是学术同行之间的一种信息共享、互鉴的媒介平台,那么随着社会的发展,学术期刊这种形态的出版物所承载的功能已大大拓展,尤其成为反映学术研究水平,体现个人、组织或国家的创新力、竞争力、影响力等软实力的工具。这也说明了为什么学术期刊评价问题会引起社会的广泛关注,牵动方方面面的利益。但即使如此,学术期刊作为一种成果发布载体,依然没有资格和能力僭越学术评价者的角色。

  显而易见,学术期刊评价特别是核心期刊被异化为学术评价活动中"以刊评文""以影响因子评文"的工具,并非学术期刊评价之过,而是学术评价体制机制和学术生态环境存在流弊。那些抨击核心期刊是"闹剧""公害""万恶之源""扼杀""毒害""败坏"等的"锐词",表面上很吸引眼球,实质上要么是对象不清、没抓住主要矛盾,要么是人云亦云、非理性议论,更有可能仅仅是源自不愿"被评价"或害怕被排除在"游戏"之外的反应罢了。

厘清了评价、学术评价、学术期刊评价与核心期刊评价的概念范畴，有利于从逻辑上清晰界定各自的研究对象和问题边界，避免将各种不同范畴的问题混为一谈进而陷入无所适从、无所作为的焦虑泥淖。

5.1.2 几种期刊评价标准或体系评点

期刊评价，特别是备受关注的学术期刊的评价，很长时间以来，被南大核心、北大核心数据库收录替代。但实际上，各方面一直未停止探索具有中国特色的期刊评价标准。

下面对几种代表性期刊评估标准或体系简要评述。

（1）《社会科学期刊质量标准及质量评估办法（试行）》（新出期〔1995〕696号）

1995年，新闻出版署发布了《社会科学期刊质量标准及质量评估办法（试行）》，对7类社会科学期刊（学术理论类、工作指导类、时事政治类、文学艺术类、综合文化生活类、教学辅导类、信息文摘类），按照政治标准、业务标准、编辑标准、出版标准4个大的指标，设置了统一的评分细则，并分别对每一类社会科学期刊的业务、编辑、出版标准设置了20多项不同的具体评分细则和方法。

这个官方的社会科学期刊质量评价标准文件，无论从开创性、体系完整性还是基本导向性看，都是值得肯定的，基本框架直到今天也还适用。

（2）《全国报纸期刊出版质量综合评估指标体系（试行）》（新出字〔2010〕294号）

2010年12月8日，原国家新闻出版总署新闻报刊司根据《报纸期刊出版质量综合评估办法（试行）》，发布了《报纸期刊出版质量综合评估指标体系（试行）》。该指标体系旨在建立全面反映报刊出版活动全流程的质量与效果评价的指标体系，形成报纸期刊出版优胜劣汰机制，发现和警示不合格出版主体，鼓励和扶持优秀报纸期刊做优做强，全面提高报纸期刊出版产业的整体质量和效益，引导报纸期刊出版主体向规模化、集约化方向科学发展。

这个指标体系是我国官方第一个公开发布的系统性、综合性与专业性相结合的报刊质量量化综合评估指标体系，代表了那个时期官方对推动报刊质量评估科学化、产业化发展的认识和意愿。

该指标体系的亮点有以下三点。

第一，偏重期刊发展保障和绩效的评估

该体系内容包括全面评估报纸期刊发展过程中综合表现的各项要素，分"基础建设条件""环境资源条件""出版能力""经营能力"4个板块、17个类别、60余个具体指标。表5-1为期刊出版质量综合评估指标体系。

表5-1 全国期刊出版质量综合评估指标体系（试行）

一级指标	二级指标	三级指标	数据来源
基础建设条件	基本出版条件	办公场所	自报＋专家赋值
		印刷手段	
		发行手段	
		技术设备	
	体制机制建设	法人资质情况	管理部门赋值
		基本出版制度	
		人事管理制度	
		收入分配制度	
	出版管理规范	主管主办单位职责落实情况	管理部门赋值
		出版行为规范	
		采编行为规范	
		报社负责人资质	
		经营规范	
		年度核验质量	
环境资源条件	政策环境	行业政策调控方向	管理部门赋值
	经济环境	※所关注行业或专业领域的GDP水平（仅适用于专业类、行业类期刊）	统计数据
	市场环境	占同类期刊广告市场份额	自报＋系统计算
		占同类期刊发行市场份额	
	出版资源	信息资源	自报＋专家赋值
		所主办报刊数量	

续表

一级指标	二级指标	三级指标		数据来源
	人力资源	出版主体总人数	人员岗位结构	自报+系统计算
			人员学历结构	
			人员职称结构	
			学科结构（仅适用于专业学术期刊）	
	资本实力	总资产	固定资产	自报
			货币资金	
			期货证券	
		净资产		
	其他资源	拥有子公司的数量（全资或控股）		自报
		主管主办单位支持力度		
		荣誉度		
		专项经费资助		
出版能力	出版规模	年度总印数		自报
		年度总发行量		
		平均期发行量		
		年度总印张数		
	内容评价	导向正确性		管理部门+专家赋值
		内容与办刊宗旨的一致性		
		专业水准		
		学术诚信度（仅适用于学术期刊）		
		报道客观公正（仅适用于综合类期刊）		
		广告质量		
	编印质量	编校质量		专家赋值
		出版形式规范		
		印装质量		
	※学术水准（仅适用于学术期刊）	总被引频次		专家赋值
		影响因子		
		他引总引比		
		基金论文比		
		Web即年下载率		
		年获奖论文数		
		国际论文比		
		国际编委比		

续表

一级指标	二级指标	三级指标		数据来源
	数字出版	纸质出版物数字化		自报+系统计算
		年度数字出版收入比例		
	国际化	版权输出、引入		自报+专家赋值
		海外出版、发行		
经营能力	经营规模	收入	年度广告收入	自报
			年度发行收入	
			年度其他收入	
		支出	纸张和印刷费用总额	
			年度稿酬总额	
			年度人员工资总额	
			年度员工培训支出总额	
			年度信息化投入额	
			年度社会公益捐赠额	
	经营效益	利润总额		自报
		纳税总额		
		全员劳动效率		

从表5-1可以看出，该综合评估体系内容丰富、指标庞杂，包括了期刊出版的基础建设条件、环境资源条件、编辑队伍、内容质量、印制出版、经营能力等方方面面的内容，可以说是对办刊保障条件、外在环境、办刊能力和办刊效益的综合发展情况的评估。

第二，产业化目标考核导向

从整个指标体系设置指导思想看，按照产业经济进行建构的思路明显。所以，4大板块、18个类别、60余个具体指标中，无论从概念、指标内涵还是指标设置来看，文化产业考核色彩浓厚。例如，第二大板块"环境资源条件"中，政策环境——行业政策调控方向指标是指：国家新闻出版管理部门根据新闻出版中长期发展规划中设定的不同类别期刊的总量、结构、布局原则所反映出的对该类期刊发展的支持力度或削减倾向，考量该类期刊在现行政策下的发展空间。系统将期刊出版单位分为鼓励发展类、维持存量类、调整减缩类三个等级。出版资源—所主办报刊数量的指标是指期刊出版单位拥有国内统一连续出版物号的报纸期刊总量。所主办报刊数量可用于考量期刊出版单位获得国家许可的产品资源情况。资本实力—固定资产（指期刊出版单位所拥有的房地产、设备等实物形态现值的资金总量，考量该期刊出版单位抗击市场波动的能力）、货币资金（指期刊出版单位所拥有的银行存款、现金等以货币形态存在的资金总量，考量该期刊出版单位资金灵活运转的能力）、期货证券（指期刊出版单位所拥有的有价凭证、期货合约等尚未转化成为货币资金和固定资产的可交易资本现值的资金总量，考量该期刊出版单位以资本形式参与市场竞争的程度）三个指标则直接用资本或资金量来评估期刊单位经营运行状况；其他资源—拥有子公司的数量（全资或控股）是指期刊出版单位所拥有的全资或控股的子公司的总量，考量期刊出版单位经营的范围和资产资源状况；政策环境指标则直接指期刊所关注的行业或专业领域的 GDP 水平（仅适用于专业类、行业类期刊）；市场环境—占同类期刊广告市场份额是指期刊出版单位广告额占该类期刊广告总额的比重，用以考量期刊出版单位占有广告主市场资源的能力以及在同类竞争中该期刊出版单位的竞争优势；占同类发行市场份额是指期刊出版单位发行量占该类期刊发行总量的比重，用以考量期刊出版单位占有消费者市场资源的能力以及在同类竞争中该期刊出版单位的竞争优势；等等。可见，在推动报刊市场化改革、将文化产业发展壮大为国民经济支柱产业的大政策背景下，做大做强成为该体系考量期刊出版水平的主要导向。

第三，指标通用、略有分类

该指标体系基本经营性指标都是通用的，体现了文化产业评估的特点。同时，也对二级指标做了分类评估的适应性规定。例如，仅限专业类期刊评估使用的"信息资源"指标（期刊出版单位对该专业发展信息的开发和利用程度，考量该期刊出版单位信息源丰富程度、信息获取的便利程度及垄断性信息资源的占有量）；仅适用于学术期刊的"学术水准"指标（总被引频次、影响因子、他引总引比、基金论文比、Web即年下载率、年获奖论文数、国际论文比、国际编委比）。

该指标体系值得商榷之处有以下三点。

第一，依据出版产业思路制定，经济效益硬指标多，社会效益软指标少

我国出版业发展的指导思想是社会效益为首、经济效益与社会效益相统一，这一目标导向就决定了出版业与其他产业最大的不同是强调其社会效益。因此，任何评估标准或体系都应当以这个指导思想为主线和目标。针对我国期刊业大而不强、小且散弱的现状，过分强调期刊发展的经济"硬件"指标考核，既不符合我国期刊发展的实际，也不利于期刊向专、精、特、新方向发展，尤其是占据半壁江山的学术类期刊，更是处于劣势。这种以经济硬指标考核期刊质量的导向，必将导致以经济效益论英雄的后果，而且对于绝大部分连独立法人资格、独立财务、独立经营等条件尚不具备的期刊而言，这些经营性的经济硬指标如资本实力、经营利润、纳税总额、收支情况、全员劳动效率、社会公益捐赠等，更是无从谈起。所以，该指标体系在整体设计指导思想上存在一些问题。为此，中央有关部门连续发文纠正这种文化发展导向的偏差。2015年，中共中央办公厅、国务院办公厅印发《关于推动国有文化企业把社会效益放在首位、实现社会效益与经济效益相统一的指导意见》（中办发〔2015〕50号），2018年，中央全面深化改革委员会第五次会议通过了《关于加强和改进出版工作的意见》。2018年底，中宣部印发《图书出版单位社会效益评价考核试行办法》强调：图书出版单位社会效益是指图书出版单位通过以图书为主的出版物和与出版相关的活动，对社会产生的价值和影响；图书出版单位社会效益评价考核主要考核出版质量、文化和社会影响、产品结构和专业特色、内部制度和队伍建设等方面；图书出版单位绩效考核为综合性考核，需兼顾社会效益和经济效益，并把社会效益放在首位，社会效益评价考核的占比权重在50%以上。2019年，中宣部印发《报刊出版单位社会效益评价考核试行办法》（中宣发〔2019〕22号）[1]，参照图书出版单位社会效益评价考核要求，

---

[1] 此文件按保密规定未公开发布。

强调了报刊出版单位要把社会效益放在首位、社会效益与经济效益相统一的指导方针，并规定了"出版导向与价值取向""舆论引导与社会责任""出版质量与管理能力""出版规模与传播效果""党的建设与人才培养"等几个基本方面。

第二，适应性、操作性一般

该指标体系涉及 60 余项具体指标，总体上对期刊集团、市场类、工作指导类或党刊类头部大刊评估较适用，对大多数非独立法人主体的期刊而言，基本不适用，甚至连基本数据也没有。尽管该指标体系在应用注意事项中也指出，评估专家组要依据该体系提供的评估框架，根据拟定评估的报刊类别进行再度开发，确定适用指标范围，科学赋予指标权重，将体系中的三级指标分解为可以采集或赋值的变量；要按照报纸期刊的性质和功能，对不同类别的报刊实行区别对待、分类评估。但基本评估框架定型如此，实际评估时又能怎样"再度开发"呢？再者，期刊的定位、分类极其复杂，一个地区期刊数量有限，又怎么细分评估呢？另外，该指标体系在应用注意事项中还指出：评估体系中的三级指标应用时需要进一步分解为可以直接加以采集或赋值的变量，而这些变量的获得并非全部通过年检数据，各省级新闻出版行政部门应组织评估工作团队重新编制评估数据采集表，专门采集或组织评估专家组赋值，并开发相应的统计计算系统进行后台数据处理，确保评估结果的公正科学。这样的高标准高要求对地方部门而言实际上也很难做到，而且不少指标的数据以期刊自评为主，如此海量数据的科学性、可信度怎么保证呢？

第三，综合实力评估而非质量评估

综观整个指标体系，实际上是对期刊实力的评估。尽管"实力"是质量的保障，但有实力并不一定就能出版高质量的、把社会效益放在首位的期刊。如上所述，该指标体系对学术期刊内容质量的评估指标虽然单独设置，但指标少且主要以期刊总被引频次、影响因子、他引率、基金论文比、Web 即年下载率、年获奖论文数、国际论文比等量化指标为主，显然并不适用于所有学术期刊，尤其是人文社会科学学术期刊。这个问题，国际国内已越来越形成共识。

第四，评估结果难以落实

在实施该指标体系的通知中，要求原国家新闻出版总署和各省级新闻出版行政部门通过评估，鼓励扶持报纸期刊（集团）和有实力的报纸期刊出版单位做优做强，培育发展一批具有较强传播能力和舆论引导能力的优秀品牌报刊出版单位；经评估，对出版能力不足、出版质量长期低下，报刊经营不善、资不抵债，不能维持正常出版活动的，或评估为不合格的报刊，应采取调整定位，由有实力的传媒集团或报纸期刊企业兼并、重组、托管以及停办等多种手段实施报纸期刊退出机制；在一个评估周期内，各省、自治区、直辖市退出的报纸期刊比例一般不得低于本区域报纸期刊总数的3%。这个带有行政性的评估结果应用建议非常刚性，有关部门也喊了许多年，但在我国实行报刊行政审批制度和报刊隶属"单位资产"的环境下，推行报刊退出机制阻力很大，除非出现了极端情况，有关部门才会做减法处理。

因此，该试行办法在实际推行中的效果没有预想的好，认可度也没有官方期待的高，反而更像一个产业评估方面的学术研究成果。

（3）《报纸期刊质量管理规定》（国新出发〔2020〕10号）

2020年5月28日，国家新闻出版署印发《报纸期刊质量管理规定》（以下简称《规定》），共计15个条款并4个附件（报纸编校差错率计算方法；期刊编校差错率计算方法；报纸出版形式差错数计算方法；期刊出版形式差错数计算方法）。

该《规定》开宗明义阐明：为加强报纸、期刊质量管理，规范报纸、期刊出版秩序，促进报纸、期刊质量提升，根据《中华人民共和国产品质量法》《出版管理条例》《报纸出版管理规定》《期刊出版管理规定》等法律法规，制定本规定。

第三条规定了报纸、期刊质量包括内容质量、编校质量、出版形式质量、印制质量四项，并明确界定了合格与不合格的标准，尤其是4个附件更是详细给出了差错的计算办法。

第八条规定了质量管理的责任主体是：国家新闻出版主管部门负责全国报纸、期刊质量管理工作，各省级新闻出版主管部门负责本行政区域内的报纸、期刊质量管理工作。

该《规定》实际上是官方的期刊质量评估办法。其亮点有：

第一，从期刊构成的全要素规定了期刊质量评判标准

《规定》以结果为导向，全面考核期刊所呈现的所有要素，如第十条规定，期刊内容质量、编校质量、出版形式质量抽样检查的对象为期刊正文、封一（含书脊）、封二、封三、封四、版权页、目次页、广告页、插页等所有内容。

第二，有相应的处罚措施

该《规定》不同于期刊评价体系的软性评优，而是体现国家对期刊管理的刚性处置办法。如第十二条规定，报纸、期刊内容质量、编校质量、出版形式质量不合格的，由省级以上新闻出版主管部门依据《出版管理条例》《报纸出版管理规定》《期刊出版管理规定》等相关规定，责令改正，给予警告；情节严重的，责令限期停业整顿，或由原发证机关吊销出版许可证。报纸、期刊出现严重质量问题的，出版单位应当采取收回、销毁等措施，消除负面影响。

第三，具有较强的可操作性

该《规定》从期刊内容质量、编校质量、出版形式质量、印刷质量四个方面细化评估事项和要求，又以附件形式详细给出了量化考核方案，简明扼要，操作性强。

但该《规定》也有待完善之处。

第一，虽是全要素考评，但形式考评大于实质内容考评

无论是期刊学术评价还是期刊质量管理，都离不开期刊内容的思想性、创新性、引领性这个根本，舍此则考评意义存疑。对这个"根本"的评价或管理，则是所有评价或管理的核心难题。从期刊定义、期刊分类研究到期刊评价、期刊质量管理，

都是围绕期刊这个"根本"展开。该《规定》列出的内容质量、编校质量、出版形式质量、印制质量4项指标，只对编校质量和出版形式质量这2项进行了详细规定，而对内容质量的规定表述最为空泛，仅在第四条规定为：报纸、期刊内容符合《出版管理条例》第二十五条、第二十六条规定[1]，并符合国家新闻出版主管部门批准的业务范围的，其内容质量为合格；不符合的，其内容质量为不合格。

第二，质量管理结果的分级不够，不利于分层管理

目前《规定》中将考核结果只分为合格与不合格两个级别，有些粗放。实践中，合格阵营里的优、良、中、合格的情况都有，不合格阵营里的基本不合格、差、较差、严重不合格的情况也都有。考评结果只分合格与不合格两个层级体现不出期刊的真实质量状态，也难以开展精准化的奖优罚劣管理措施。

第三，《规定》对期刊质量达到合格的标准较高，实践中容易出现偏差

若是严格按照4个附件中规定的差错计算细则，一本期刊达到合格要求极为不易。由于该《规定》对期刊外在形式的质量考核易操作、易量化，且依据充分，所以实践中编辑没有把有限的精力投入到选题策划、内容创新引领上，而是投入到各种外在形式考核的要素规范上，这种考评导向结果是期刊管理部门不愿看到的。

（4）《人文社会科学期刊评价（GB/T 40108-2021）》

2021年12月1日开始正式实施的、由中国社会科学院参与制定的《人文社会科学期刊评价（GB/T 40108—2021）》，被称为我国首个国家期刊评价标准。

该标准尝试以吸引力（Attractive Power）、管理力（Management Power）和影

---

[1] 第二十五条　任何出版物不得含有下列内容：（一）反对宪法确定的基本原则的；（二）危害国家统一、主权和领土完整的；（三）泄露国家秘密、危害国家安全或者损害国家荣誉和利益的；（四）煽动民族仇恨、民族歧视，破坏民族团结，或者侵害民族风俗、习惯的；（五）宣扬邪教、迷信的；（六）扰乱社会秩序，破坏社会稳定的；（七）宣扬淫秽、赌博、暴力或者教唆犯罪的；（八）侮辱或者诽谤他人，侵害他人合法权益的；（九）危害社会公德或者民族优秀文化传统的；（十）有法律、行政法规和国家规定禁止的其他内容的。第二十六条　以未成年人为对象的出版物不得含有诱发未成年人模仿违反社会公德的行为和违法犯罪的行为的内容，不得含有恐怖、残酷等妨害未成年人身心健康的内容。

响力（Impact Power）三个维度为基准（以下简称 AMI），通过定量与定性相结合的方式，构建人文社科期刊评价原则、体系和程序。该标准的评价指标体系由三个指标层级构成，一、二级指标构成如图 5-1 所示。

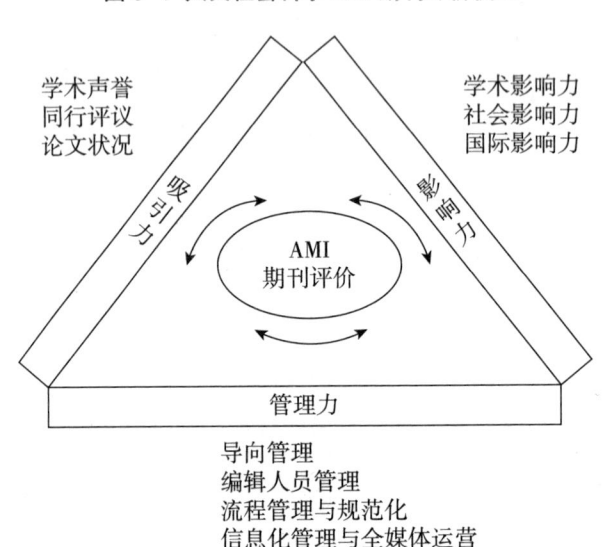

图 5-1 人文社会科学 AMI 期刊评价模型

学术声誉
同行评议
论文状况

学术影响力
社会影响力
国际影响力

吸引力

影响力

AMI
期刊评价

管理力

导向管理
编辑人员管理
流程管理与规范化
信息化管理与全媒体运营

该标准有如下亮点。

第一，系统完整。按标准制定的要求，前言、引言、术语定义、评价原则、评价指标体系、评价程序和参考文献一应俱全，要素完备。

第二，评价主体多元。吸纳了不同领域的人员参与评价，包括科研管理部门、第三方评价机构和学术共同体等。

第三，评价指标多元。综合了内在、外在的影响因素，尤其是外在评价指标增加了很多。例如：在吸引力维度上，将学术声誉（如荣誉、奖项、口碑等）列入指标体系；在管理力维度上，将期刊编辑人员管理、流程管理与规范化、信息化管理与全媒体运营列入指标体系；在影响力维度上，将社会影响力（发行量、网络显示度）列入指标体系；等等。

第四，操作性尚可。从指标数值可获取性看，除少数指标外，三级指标基本能够获得数据支持。

该标准有如下五点值得商榷之处。

第一，制定标准是否引用了规范性文件

《人文社会科学期刊评价（GB/T 40108-2021）》是以 GB 为字头的，属于标准中的最高级别，由国家标准化管理委员会审定。在期刊这样一个传统行业制定这样的标准，一般应以行业标准作为参考，以有关法律法规作为规范性引用文件。例如，该标准的"5.2.2.3 b）编辑规范 期刊字体大小是否合适、有无逆转页、栏数设置是否便于读者阅读等，中文题录信息完整、英文题录信息完整、参考文献著录形式规范、参考文献引用真实准确等；c）出版规范——示例：国内统一连续出版物号（CN）、国际标准连续出版物号（ISSN）、广告经营许可证号、期刊条码、期刊名称、期刊主要责任单位（主管单位、主办单位、出版单位）、印刷发行单位、总编辑、期刊出版标识（期刊编号、刊期）、版权页和期刊标示性文字等"。这些内容都是国家期刊管理规定和行业标准中的内容，属于规范性引用文件范围。而且，新近发布的《报纸期刊质量管理规定》（国新出发〔2020〕10号）中，对不少该标准的指标内容还做了法定性规定。另外，该标准对"3.1.6 影响因子（Impact Factor, IF）"的术语定义中明确注释了"学术期刊影响因子是指某期刊在统计年前两年发表的论文被引用总次数除以该期刊前两年内发表的论文总数。它可以衡量一篇在学术期刊上已发表的文章在其他科学文献中被引用的程度"，来源于规范文件"ISO 5127:2017, 3.11.7.14"。但该标准在"2 规范性引用文件"却标明："本文件没有规范性引用文件"。

第二，该标准的适应对象范围

该标准名称为《人文社会科学期刊评价（GB/T 40108-2021）》，但"人文社会科学期刊"这一概念包括的对象范围很宽泛，一般意义上，所有非自然科学、科技、科普类的期刊原则上都是"人文社会科学期刊"。但该标准"1 范围 本文件规定了人文社会科学期刊评价的原则、评价体系和评价程序。本文件适用于人文社会科学学术期刊的评价。在人文社会科学学术期刊建设与管理、科研诚信监督与改进，以及期刊信息化研发与建设等方面可以作为参考"。从这段对适用范围的描述中，显然针对的是人文社会科学学术期刊而不是所有的人文社会科学期刊。作为国家标准，名称与内容在逻辑上存在缺陷。

第三，该标准是评内在质量还是评外在影响力

该标准吸引力、影响力、管理力三大维度中的具体指标重点依然是期刊的外在性指标，连最为重要的同行评议指标中，也仅仅是邀请学科专家、期刊编辑、学术读者对学术期刊的学术水平、学科声誉、学术贡献和影响力等方面进行打分。而且，一方面，这个描述比较笼统，缺乏可操作性；另一方面，这根本就不是评价指标而是评价组织程序要求，若是这样设置指标，那么从评价的组织流程上还可以有很多，如评估过程监督制度、评估结果申诉复审制度、评价答辩制度、回避制度、反馈制度、举报制度和回溯评价制度等都可以设置为指标。由此看来，该标准依然没有突破影响因子、基金论文比、被转载量、出版形式规范、获得荣誉奖项数、社会口碑等外在的量化形式评价藩篱，基本还是遵循以评价期刊影响力代替评价期刊质量的老路。

第四，评价活动的独立性问题

该标准"4.5 期刊评价的独立性分为两个方面：a）评价活动的独立性 期刊评价主体不受相关行政主管部门干预，且与各种利益方无私相授受行为，完成对评价客体学术水平、声誉和影响力的评价"。这种排除法表述并没有讲清楚学术期刊评价的主体是谁，指第三方评价机构吗？还是排除了无行政主管部门干预、与各种利益方无私相授受行为这两种情况的任何主体都可以？学术期刊评价的规范严肃性怎么体现？

第五，标准利益攸关方参与度

一项标准的制定，参与方必须包括直接的、间接的利益攸关方，这是通行的规则。但从标准的前言中可以看出，是由中国社会科学评价研究院独家起草的，

没有邀请其他相关期刊评价研究的专业机构参与，甚至连有关国家期刊管理部门都不了解情况。比如，在《人文社会科学期刊评价（GB/T 40108-2021）》发布的同年，中宣部、教育部、科技部印发的《关于推动学术期刊繁荣发展的意见》（中宣发〔2021〕17号）中指出："改进完善学术期刊评价体系，以内容质量评价为中心，坚持分类评价和多元评价，完善同行评价、定性评价，防止过度使用基于'影响因子'等指标的定量评价方法评价学术期刊特别是哲学社会科学期刊。探索建立哲学社会科学期刊评价的行业标准……。"由此看来，这个《人文社会科学期刊评价（GB/T 40108-2021）》"国标"的认可度并不那么高，在中国现有期刊出版管理制度和对"核心期刊"认知广泛的背景下，其实际应用效果有待观察。

5.2 期刊评价体系建构方法论

5.2.1 新时代期刊评价的指导思想、方针政策

期刊的兴衰、期刊所承担的历史使命与时代发展、国家命运息息相关。期刊是传播思想文化的重要阵地，是促进理论创新和科技进步的重要力量，对于提升国家科技竞争力和文化软实力，构筑中国精神、中国价值、中国力量具有重要作用。

党和国家高度重视期刊建设，习近平总书记多次作出重要指示，为期刊出版工作指明了方向。例如，2016年5月17日，习近平总书记在哲学社会科学工作座谈会上的讲话中指出，要按照立足中国、借鉴国外，挖掘历史、把握当代，关怀人类、面向未来的思路，着力构建中国特色哲学社会科学，在指导思想、学科体系、学术体系、话语体系等方面充分体现中国特色、中国风格、中国气派。要建立科学权威、公开透明的哲学社会科学成果评价体系，建立优秀成果推介制度，把优秀研究成果真正评出来、推广开。习近平总书记在全国科技创新大会、中国科学院第十八次院士大会和中国工程院第十三次院士大会、中国科学技术协会第九次全国代表大会上提出，加强科技供给，服务经济社会发展主战场；广大科技

工作者要把论文写在祖国的大地上,把科技成果应用在实现现代化的伟大事业中。2019年8月21日,习近平总书记在读者出版集团有限公司考察调研时指出,为人民提供更多优秀精神文化产品,善莫大焉！2020年9月11日,习近平总书记在科学家座谈会上的讲话中指出,要办好一流学术期刊和各类学术平台,加强国内国际学术交流。2021年5月9日,习近平总书记在给《文史哲》编辑部全体编辑人员回信中指出,高品质的学术期刊就是要坚守初心、引领创新,展示高水平研究成果,支持优秀学术人才成长,促进中外学术交流。2022年4月25日,习近平总书记在视察中国人民大学时指出,加快构建中国特色哲学社会科学,归根结底是建构中国自主的知识体系。要以中国为观照、以时代为观照,立足中国实际,解决中国问题,不断推动中华优秀传统文化创造性转化、创新性发展,不断推进知识创新、理论创新、方法创新,使中国特色哲学社会科学真正屹立于世界学术之林。习近平总书记一系列关于文化科技创新发展的重要论述,是习近平新时代中国特色社会主义思想的重要组成部分,也是新时代期刊发展、期刊评价的思想遵循。

评价是一种导向,科学的评价体制机制,对提高国家文化科技实力至关重要,也是国家竞争软实力的重要组成部分,攸关国家核心利益。近十年来,有关部门发布了系列涉及学术评价改革方面的重要指导性文件,不断从政策导向上对学术评价进行规范和要求,这其中就包括了如下期刊评价。

2011年,教育部印发《教育部关于进一步改进高等学校哲学社会科学研究评价的意见》(教社科〔2011〕4号)中指出,要"正确认识《科学引文索引》(SCI)、《社会科学引文索引》(SSCI)、《艺术与人文引文索引》(A&HCI)、《中文社会科学引文索引》(CSSCI)等引文数据在科研评价中的作用,避免绝对化","摒弃简单以出版社和刊物的不同判断研究成果质量的做法"。

2015年,中共中央办公厅、国务院办公厅印发《关于推动国有文化企业把社会效益放在首位、实现社会效益与经济效益相统一的指导意见》(中办发〔

2015〕50号）。

2018年中共中央办公厅、国务院办公厅印发的《关于深化项目评审、人才评价、机构评估改革的意见》中指出："在对社会公益性研究、应用技术开发等类型科研人才评价中，SCI（科学引文索引）和核心期刊论文发表数量、论文引用榜单和影响因子排名等仅作为评价参考。"

2019年，中共中央宣传部印发《报刊出版单位社会效益评价考核试行办法》(中宣发〔2019〕22号），用出版导向、价值取向、舆论引导与社会责任、出版与管理、规模与效果、党的建设与人才培养等组成考核指标体系，每年考核期刊出版单位是否坚持把社会效益放在首位，并将考核结果与期刊年检挂靠。

2020年教育部、科技部印发《关于规范高等学校SCI论文相关指标使用 树立正确评价导向的若干意见》（教科技〔2020〕2号），下发该文件的通知中指出：要深入贯彻落实党的十九大精神和习近平总书记在全国教育大会、2018年两院院士大会上的重要讲话精神，破除唯分数、唯升学、唯文凭、唯论文、唯帽子的顽瘴痼疾，落实中共中央办公厅、国务院办公厅印发的《关于进一步弘扬科学家精神 加强作风和学风建设的意见》和《关于深化项目评审、人才评价、机构评估改革的意见》，探索建立科学的评价体系，营造高校良好创新环境，加快提升教育治理体系和治理能力现代化水平。该官方文件第一次坚定明确地亮出了"破五唯"、破除论文"SCI至上"的立场并规定了具体可操作的措施。

2020年，国家新闻出版署印发《关于〈报纸期刊质量管理规定〉的通知》（国新出发〔2020〕10号）具体规定了报刊内容质量、编校质量、出版形式质量、印制质量四个方面的质量合格标准。

2021年，中宣部、教育部、科技部印发的《关于推动学术期刊繁荣发展的意见》（中宣发〔2021〕17号）中指出，要改进完善学术期刊评价体系，探索建立哲学社会科学期刊评价的行业标准，加强对"核心期刊""来源期刊"等涉哲学社会科学期刊评价的规范引导。引导相关单位在学术评价、人才评价中准确把握学术期刊的评价功能，防止简单"以刊评文"、以"核心期刊""来源期刊"等评价学术期刊及论文质量，反对"唯论文"和论文"SCI至上"等不良倾向，避免SSCI、CSSCI等引文数据使用中的绝对化，鼓励实行论文代表作制度。本科生、研究生申请学位和毕业考核不与在学术期刊上发表论文情况简单挂钩。支持相关科研教育机构针对罔顾学术质量、商业利益至上的期刊建立预警名单。在科研课题申报、学术人才遴选中，应明确学术成果在我国期刊首发的比例，引导重大原创性科研成果更多在我国期刊发表。这是国家层面第一次对学术期刊评价问题表达鲜明立场和态度。

以上这些重要的官方文件中，除了首先明确强调坚持导向正确性外，还以问题为导向，聚焦各种评价的"破五唯"问题，以及如何科学运用各种引文数据及核心期刊表等，有针对性地提出了明确要求，甚至使用了"不得""不宜"等词。这一方面说明在新的历史时期党和国家对科技文化发展、科学评价的重要性的认识提升到了新高度，另一方面也为新时代新阶段期刊发展与期刊评价工作指明了方向、确立了原则——政治导向为先、社会效益为首、内容质量为上。

总之，期刊评价本身就是一个价值判断过程，评价活动体现出的价值取向就是一种价值观，能够引领期刊的发展方向。我国已开启全面建设社会主义现代化国家新征程，期刊既面临前所未有的发展机遇，又肩负着重要的职责使命。期刊评价及其评价体系的建设目的就是要推动学术期刊实现高质量发展，为我国现代化建设提供强大精神动力和智力支持，为建设世界科技强国和社会主义文化强国作出更大贡献。

5.2.2 期刊评价指标体系建构的一般原则

期刊评价体系建构除了要坚持正确的政治方向、价值取向、舆论导向外，还必须遵从分类、适用、简便、例外等原则。在指标体系构建过程中，应注意以下几点：

（1）科学分类为基础

有比较才会有评价，只有同类比较才会有评价价值。无论是自然科学期刊还是人文社会科学期刊，在领域、门类、学科、专业侧重等方面，都有差异。可以说，如何分类评价是当前所有期刊评价体系中最难、最核心的问题。国内目前几乎所有的"核心（引文索引来源）期刊"表都在尽力研究最佳的解决途径。通行的做法有：

一是以国家标准《学科分类与代码》（GB/T 13745-2009）中的一级学科作为学术期刊学科分类的依据，再考虑一些期刊的特殊性，增加综合类目。二是依据《中国图书馆分类法》（原称《中国图书馆图书分类法》，初版于1975年，2010年出版了第5版）。

我国学术期刊的专业化程度不高，综合性或是跨学科类期刊很多，给分类造成了很大的难题。即使是一些看似分类清楚的专业性期刊，因其刊登文章的专业方向偏好，在同类期刊中也往往难以比较评价。因此，开展学术期刊评价只能大致分类，做不到准确归类。国内各种"核心（引文索引来源）期刊"表研制中，对一些分类模糊的期刊，往往根据期刊论文学科归属和引文集聚比例高低确定归属类别，这是不得已而为之。有关期刊分类的研究，可参见前面专门章节的论述。

（2）指标设置要与时俱进

期刊评价具有鲜明的国家政治、社会文化的时代属性，从前面对我国几种比较权威的期刊评价标准或体系的评点中就可以看出，尽管都面向提高期刊质量这个总目标，但是不同时期的期刊评价体系都有不同的关注点，或强调形式规范，或突出产业导向，或坚持综合管理，每种评价体系都力图体现出符合当时国家社会发展要求的期刊评价导向。因此，在国家经济社会快速发展过程中，试图构建一套成熟定型的、放之四海而适用的期刊评价标准是不切实际的。坚持与时俱进思维，面向一个阶段的国家社会发展需要，实事求是建构科学合理的期刊评价体系才是务实举措。当前，建构期刊综合评价体系最新最权威的依据就是2020年5月28日国家新闻出版署印发的《报纸期刊质量管理规定》（国新出发〔2020〕10

号）。

（3）指标设置要整体、系统、科学

期刊评价指标要反映期刊发展的规律和特点，针对期刊所承担的使命和发展目标，以激励和指导办刊者积极努力、高质量发展为主线。指标体系要综合反映期刊本身及其对社会影响的各要素和这些要素相互作用的方式、强度和方向等各方面的内容。各种指标的取舍、先后、轻重的判断，要服从和服务于整体目标，避免局部优化。确立的指标必须是能够通过观察、测试、评议等方式得出明确结论的定性或定量指标。各具体评价指标之间要衔接配套，避免相互矛盾、相互抵触、交叉重复现象。同时，对一些特定指标，如政治导向性，必须作为前置性指标；对一些类型极为特殊的期刊，要设定例外的评价途径和方法。

（4）信息采集和组织评价活动的经济便利性

期刊评价涉及的要素、环节很多，理想化的评价体系当然是期刊评价的各要素齐全、主次分明、轻重恰当、高效精准，但考虑现实可行性就不能不有所取舍。既要全面准确反映评价标准的要求，方便信息数据的采集、清洗、整理，又要简化流程，可操作性强，经济性强，尽可能有效降低评价活动的人力、物力、财力和时间成本。

（5）选取指标要取最大公约数

理论上，每一种评价对象都各有特点，都有最适合自己的一种评价方法。然而，评价活动本质上是一种同类比较下的价值评断，没有比较的评价是毫无意义的。因此，舍弃个性化个别化的评价需求，选取评价对象的最大公约数因子，往往成为评价体系取舍指标过程中的最后共识。在评价方法应用上，也往往根据评价对象的特点和规律，坚持定性评价方法与定量评价方法相结合、同行评价方法和社会评价方法、过程评价方法与结果评价方法相结合的思路，并且在指标设定的针对性和适应性上、指标权重值大小统筹上进行调适。

5.3 期刊综合质量评估指标体系构想[1]

2005年12月1日起实施的《期刊出版管理规定》第47条规定："新闻出版总署制定期刊出版质量综合评估标准体系，对期刊出版质量进行全面评估。"根据前面关于期刊评价指标体系建构的指导思想和普遍原则，下面试就期刊的综合质量评估指标体系予以设想。

5.3.1 评估指标的选取

依据《报纸期刊质量管理规定》（国新出发〔2020〕10号）精神，对期刊质量综合评价的指标进行选取，并对指标的含义解析如下：

（1）政治导向

"政治导向"彰显期刊的政治立场、观点、方法，也体现期刊的价值取向和社会责任，贯穿于办刊过程的始终。是否坚持正确的政治导向，是期刊质量评估的前置条件，具有一票否决的关键作用。

（2）内容质量

"内容质量"集中体现期刊的思想性、知识性、创新性、价值性等内涵属性和特征，是期刊质量评估最主要的维度和内容。

（3）编校质量

"编校质量"是衡量期刊作为文化产品在文字差错率方面是否合格的重要标志，是期刊质量评估的重要维度和内容。

（4）出版形式质量

"出版形式质量"是按照新闻出版总署发布的《期刊出版形式规范》（新出报刊〔2007〕376号）规定，对期刊的国内统一连续出版物号（CN）、国际标准连续出版物号（ISSN）、广告经营许可证号、期刊条码、期刊名称、期刊主要责任单位（主管单位、主办单位、出版单位）、印刷发行单位、总编辑、期刊出版标识（期刊编号、刊期）、版权页和期刊标识性文字等进行的规范性评估。

---

[1] 本节内容主要源自于本人负责的一个报刊综合质量评估项目，杨红艳、熊春兰等也做出了重要贡献。

（5）印制质量

"印制质量"是从期刊物理形态上对期刊制成品的质量进行的评估，如印刷和装订工艺水平、清晰平整度、材料环保、成品外观等是否符合国家、行业标准。

（6）社会影响

"社会影响"是期刊自身发展及其规模所产生的社会效益的反映，主要是从读者维度对期刊质量进行的一种社会影响力评价。

（7）经济效益

"经济效益"是贯彻期刊出版"两个效益"相统一的要求，对期刊经营发展状况进行的评估。期刊作为一种文化产品，既有社会效益的公共属性，也有经济效益的市场属性。

（8）媒体融合

传播力决定影响力，树立移动互联网思维，加快传统媒体与新媒体融合的步伐，在出版内容、体裁、形式、方法、手段、业态、体制机制等方面不断创新，是期刊实现转型升级，扩大传播力、影响力、引领力，更好满足人民群众高品质精神文化需求的必由之路。因此，把"媒体融合"作为评估期刊综合质量的维度对期刊发展具有清晰的引导性。

5.3.2 评价指标权重的赋值

前面对《报纸期刊质量管理规定》（国新出发〔2020〕10号）的评述中已指出，该《规定》有重点突出、系统全面、可操作性强等优点，但也在期刊实质内容评估、评估结果分级管理、合格标准等方面存在待完善之处。因此，构建期刊综合质量评估指标体系，需要针对薄弱点，即在指标权重分配上予以调整弥补。

指标权重赋值既要有评价主导思想和目的的引领，也要运用层次分析法、问卷调查、专家论证和样本测验等科学手段予以系统性实证。因此，指标权重分配的思路应当是这样：

（1）指标权重应以内容质量为最大

高质量发展是期刊质量评价的目标，其中"内容质量"是重中之重，应在综合质量评估中占据最大比重，凸显通过评估活动激励和引导期刊高质量发展的导向。同时，编校质量直接影响内容质量，是广大读者普遍重视、社会广泛关注的内容，当前阶段也应当占据期刊质量评估指标权重的较大比重。

（2）指标权重应分类设置、各有侧重

根据学术期刊、非学术期刊的不同特征设定评估重点，秉持"基本指标通用，分类设置权重"的思路，解决差异化问题。例如，对学术期刊的评估，赋予"内容质量和社会影响"指标较高权重，"媒体融合"指标的权重占比较小，"经济效益"指标暂不考量（因为学术期刊的经济经营状况普遍较差，考核的意义不大，且易扰乱基本面考核工作）。

（3）指标权重应具有全局视野、统筹分配

权重分配的科学性直接影响考核的效果，需要反复测试验证。既要考虑单类指标的权重，也要考虑相关指标权重之间的关联性。如"内容质量"与"社会影响"两类指标具有一定相关性，"社会影响"与"媒体融合"两类指标的关系较为密切，"编校质量""出版形式质量"和"印制质量"三类指标的评价视角相近，这就需要在分配某类指标权重时，同时关注相关指标的权重，确保在全局整体视角下统筹合理分配各类指标的权重。

经论证和验证，指标权重较科学的分配方案如表5-2所示：

表5-2 期刊综合质量评估的指标权重分配对比（百分制）

指标	学术期刊	非学术期刊
政治导向	前置指标（不赋分）	
内容质量	55	50
编校质量	15	15
出版形式质量	13	10
印制质量	2	2

续表

指标	学术期刊	非学术期刊
社会影响	10	8
经济效益	——	10
媒体融合	5	5
合计	100	100

5.4 学术期刊综合质量评价指标体系

5.4.1 学术期刊综合质量评估指标与权重表

表5-3 学术期刊综合质量评估指标与权重表

一级指标	二级指标	三级指标
政治导向	前置指标	
内容质量（55分）	价值取向（10分）	
	内容合规（10分）	
	与办刊宗旨、内容定位一致性（3分）	
	学术诚信（7分）	学术不端（3分）
		滥发论文（4分）
	学术质量（25分）	论文学术创新性（8分）
		专题/栏目策划力度（4分）
		年度基金论文比（2分）
		作者队伍影响力（2分）
		年度总被引频次（人文社科2分/理工3分）
		5年影响因子（人文社科3分/理工4分）
		年度他引总引比（2分）
		二次文献转摘（仅限人文社科期刊，2分）
编校质量（15分）	编校差错率（10分）	
	重大编校错误（5分）	

续表

一级指标	二级指标	三级指标
出版形式质量（13分）	出版形式差错数（10分）	封扉版著录规范（6分）
		论文著录规范（4分）
	年检情况（0.5分）	
	版别规范（1分）	
	出版时间规范（0.5分）	
	广告刊登（1分）	
印制质量（2分）	印刷（1分）	
	装订（1分）	
社会影响（10分）	出版规模（1分）	年度总印数（0.5分）
		年度总发行量（0.5分）
	网络传播（2分）	国内主要数据库收录（0.5分）
		年度Web即年下载频次（1分）
		开放获取情况（0.5分）
	国际影响（2分）	是否有版权输出/引入（0.4分）
		国外发行量（0.4分）
		国际知名数据库收录（0.4分）
		国际编委数量（0.4分）
		国际作者发文量（0.4分）
	重要评价/索引库收录（4分）	
	奖项荣誉（0.5分）	
	出版资助（0.5分）	
媒体融合（5分）	数字化支撑体系建设程度（2分）	
	多媒体内容融合程度（3分）	独立官网（1分）
		在线采编系统（1分）
		新媒体建设力度（1分）

5.4.2 指标释义

【前置指标】

政治导向：评估期刊的政治责任。期刊必须坚持马克思主义立场、观点、方法，坚持习近平新时代中国特色社会主义思想，坚持以人民为中心的出版宗旨，增强"四个意识"、坚定"四个自信"、做到"两个维护"，自觉承担起"举旗帜、聚民心、育新人、兴文化、展形象"的使命任务，牢牢把握正确舆论导向，唱响主旋律，弘扬正能量，不断巩固壮大主流思想舆论。若出现立场观点方面的政治导向问题，则该刊直接被评价为"不合格"。

（1）内容质量

① 价值取向

评估期刊的社会责任。期刊必须传播先进的科学文化知识，弘扬社会主义核心价值观，坚持尊重科学规律，追求学术创新，推动经济、社会全面进步。

② 内容合规

评估期刊内容符合国家法律、法规的情况。具体指期刊不得刊载《出版管理条例》《期刊出版管理规定》和国家其他有关法律法规规定禁止刊载的内容。具体有以下方面：

不得含有以下内容：违反宪法规定的基本原则的；危害国家统一、主权和领土完整的；泄露国家秘密、危害国家安全或者损害国家荣誉和利益的；煽动民族仇恨、民族歧视，破坏民族团结，或者侵害民族风俗、习惯的；宣扬邪教、迷信的；扰乱社会秩序、破坏社会稳定的；宣扬淫秽、赌博、暴力或者教唆犯罪的；侮辱或者诽谤他人，侵害他人合法权益的；危害社会公德或民族优秀文化传统的；诱发未成年人模仿违反社会公德的行为和违法犯罪行为的，以及恐怖、残酷等妨害未成年人身心健康的；有法律、行政法规和国家规定禁止的其他内容的。刊载重大题材的内容，须按规定履行备案、申报手续。

发表或摘编涉及国家重大政策、军事、民族、宗教、外交、保密等内容须符合有关规定。转载、摘编自由来稿和互联网信息须符合有关规定。不转载、摘编内部发行出版物内容。

③ 与办刊宗旨、内容定位的一致性

评估期刊内容是否违背办刊宗旨、内容定位。期刊应严格遵循创刊时经过批准核定的办刊宗旨和内容定位，不超范围办刊。

④学术诚信

评估期刊是否恪守学术道德，尊重知识产权，反对、控制、避免学术出版不端行为。具体包括2个指标：

学术不端：是否有效控制抄袭、剽窃、造假等学术不端行为。

滥发论文：是否避免滥发低劣学术论文、买卖版面、粗制滥造等学术出版不端行为。

（2）学术质量

评估期刊刊登文章的学术质量。具体包括如下指标。

论文学术创新性：评估期刊发表论文提供的新知识对学术发展的促进程度及其转化为生产力价值的大小，或在专业领域内享有的学术声誉。新知识包括：提出新的或修正完善已有的学说、理论、观点、问题、现象、方法、技术、手段、资料、数据、阐释、评析等。对创新推动我国经济、政治、文化、社会、科技、生态文明及对全球治理、人类社会和平发展、提升中国学术理论的国际影响力等方面发挥的作用。

专题/栏目策划力度：评估期刊主体意识和力度。如时代性主题策划、特色栏目策划等。

年度基金论文比：在评估年度内，期刊发表论文中各类基金资助的论文占全部发表论文的比例。该量度与学术质量存在正相关关系。

作者队伍影响力：期刊作者群体在所在学科、行业领域范围内的学术影响力和话语权。通过作者成果的数量、质量、受同行认可度等指标进行判断。

年度总被引频次：期刊自创刊以来所登载的全部论文在统计当年被引用的总次数，反映了该刊刊发论文被使用和重视的程度，以及在科学交流中的作用和地位。该项指标由国内外多家科研机构公布的相关数据加权平均得出。

5年影响因子：期刊5年内发表的论文在统计当年被引用的情况，表征着期刊内容质量的影响广度和深度。该项指标由国内外多家科研机构公布的相关数据加权平均得出。计算公式为：5年影响因子＝期刊在评估当年（不含）之前5年发表的论文在评估当年被引的次数/期刊评估当年发表的论文总数。

年度他引总引比：他引总引比又叫他引率，指某期刊的总被引频次中，被其他期刊引用次数所占的比例。评估期刊对外开放的程度，以及用来杜绝自引、互引等一些期刊评估中的人为干扰。计算公式为：他引总引比＝被其他期刊引用次数/该期刊总被引频次。该项数据由国内外多家科研机构公布的相关数据加权平均得出。

二次文献转载（仅限人文社科期刊）：指期刊所刊载论文被人大《复印报刊资料》《新华文摘》《高等学校文科学术文摘》《中国社会科学文摘》转载（摘）的篇次。该指标只适合人文社科类期刊。

（3）编校质量

① 编校差错率

按《期刊编校差错率计算方法》计算。公式：差错率＝（差错数量÷所抽查版面的总字数）×100%。重要差错类型包括：

国别、地区、民族、地图等问题不规范使用。

语言文字不符合相关法律、法规及标准、规范要求。

文字、标点符号、遣词用句不规范。

行文表达不通顺、不合乎逻辑，存在病句。

使用繁体字、异体字、异形词等不符合相关标准。

数字用法和计量单位不正确等。

② 重大编校错误

期刊因重要人物、重大事件、规范性政治术语或表述、地图绘制等编校错误引起政治上的负面影响。

（4）出版形式质量

评估期刊封面、扉页、版权页的法定信息项、论文著录、年检、版别、出版时间、广告刊登等方面的出版形式规范程度。

出版形式差错数按《期刊出版形式差错数计算方法》计算，比如：

①封面、扉页、版权页著录项规范

期刊名称（含外文期刊刊登中文刊名、少数民族期刊刊登汉语刊名）、主要责任单位、印刷单位、发行信息、出版日期、总编辑（主编）姓名、定价、国内统一连续出版物号和国际标准连续出版物号、期刊条码、出版标识、版权页、标识性文字等要素完整、准确。

②论文著录项规范

标题、作者、摘要、关键词、引用、参考文献、转载（摘）出处等要素齐全、准确。

年检情况：是否按时年检并合格，是否提供完整准确的年检数据。

版别规范：评估期刊有无一号多刊现象，版别是否清晰。对于出版物版别合规性的判定，以原国家新闻出版总署2005年9月30日第31号《期刊出版管理规定》第33~36条为依据。

出版时间规范：评估期刊是否按上级管理部门批准的出版周期定时出版。

广告刊登：是否符合《中华人民共和国广告法》《公益广告促进和管理暂行办法》等相关规定。主要内容包括。

广告刊登是否在明显位置注明"广告"字样。

广告用语是否文明规范。

是否违反规定以新闻报道形式刊登广告。

广告内容是否符合国家有关法律法规、有无国家广告法明令禁止的广告内容。

公益广告发布是否符合有关规定：中央主要时政类期刊以及各省（自治区、直辖市）和省会、副省级城市时政类期刊，是否平均每期至少刊登公益广告1个页面。

企业出资设计、制作、发布或者冠名的公益广告，是否符合如下要求：不得标注商品或者服务的名称以及其他与宣传、推销商品或者服务有关的内容，包括单位地址、网址、电话号码、其他联系方式等；平面作品标注企业名称和商标标识的面积不得超过广告面积的1/5；公益广告中出现的企业名称或者商标标识不得使社会公众在视觉程度上降低对公益广告内容的感受和认知；不得以公益广告名义变相设计、制作、发布商业广告。

（5）印制质量

评估期刊印刷品的质量。如字迹、图表印刷清晰，装订规范，用材生态环保，便于读者阅读等。

印刷：是否存在文字印迹不清楚、图像不完整或轮廓不清晰、墨色不均匀等现象。

装订：是否存在纸张质量差、装订（粘贴）不牢固、不平整情况，是否有脱页、散页现象，是否完整、美观、环保、安全，是否便于读者翻阅和保存。

（6）社会影响

评估期刊出版后在读者或其他消费者层面产生的社会效益。

出版规模：通过期刊的有效发行数量考察期刊社会影响力大小。具体包括2个指标。

年度总印数：指期刊在某一年内的印制总册数。

年度总发行量：指期刊全年的实际征订、零售数量（不包括赠送、交换的期刊数量）。

网络传播：评估期刊在数字阅读平台和互联网上的传播影响力。具体包括3

个指标。

国内主要检索数据库收录：在线数据库有助于扩展传播范围，期刊被数据库收录越多，意味着网络传播机会越大。例如：万方数据资源系统－数字化期刊全文库、全国报刊索引数据库、中国期刊全文数据库（中国知网）、月旦知识库、维普资讯中文期刊服务平台、超星期刊库及各类专业数据库。

年度 Web 下载频次：统计当年期刊在主要数据库平台被全文下载的篇次总和。

开放获取情况：期刊通过不同形式在互联网上提供论文阅读渠道的开放程度。

国际影响：评估期刊在国际范围内的影响力，包括如下 5 个指标：

是否有版权输出/引入：对已有版权作品使用而产生的输出、引入行为。该指标通过期刊输出自有版权或引入国外版权情况来考察其出版国际化程度。

国外发行量：期刊在国外发行的情况。

国际知名数据库收录（不含评价数据库）：国外相关文献数据库收录情况。例如：EBSCO 系列数据库、IEEE 系列报刊库、Electronic Library（IEL）、OCLC First Search 系列数据库、ProQuest 系列数据库、Sage 电子期刊、Wiley-Blackwell 电子期刊数据库。

国际编委数量：该期刊国际编委（不含港澳台地区编委）占该刊编委的比例，衡量期刊国际交流程度。国际编委比＝该刊某时段国外编委/该刊该时段编委总数。

国际作者发文量：期刊国外作者发表论文占全部论文的比例，衡量期刊办刊国际化程度。国际作者论文比＝该刊某时段发表的国外作者论文数/该刊该时段发表的论文总数。

重要评价/索引库收录：评估期刊被具有学术期刊评价功能的研究成果、数据库或索引库（以下统称数据库）收录的情况，收录频次高低与该刊社会影响力呈正相关关系。数据库以评估期间的最新版为准，具体包括：

三大引文索引（SCI／SSCI／A&HCI）

EI 核心期刊

南京大学《中文社会科学引文索引》（CSSCI）核心期刊

北京大学《中文核心期刊要目总览》

中国社会科学院《中国人文社会科学期刊评价报告》（AMI）

武汉大学《中国学术期刊评价研究报告》

中国科学技术信息研究所《中国科技期刊引证报告》

中国科学院文献情报中心《中国科学引文数据库》

中国人民大学《复印报刊资料重要转载来源期刊》

奖项荣誉：期刊在统计年（含）近三年内，政府或行业权威机构颁发或认定的奖项或荣誉（不含办刊单位内部自设奖项）。包括：

国家级、省市区级、行业专业级期刊获奖、荣誉；

期刊刊登的论文获奖、荣誉；

特殊荣誉，如省部级及以上领导的肯定性批示，或其他形式的嘉奖等，可作为加分项。

出版资助：期刊在统计年（含）近三年内，是否受政府或行业专业机构的专项经费资助。包括国家级、省市区级、行业专业级和其他级别的各类资助。

【媒体融合】

评估期刊推动传统媒体和新兴媒体融合发展，提升数字化出版的能力和水平，提高优质内容传播力、影响力等情况。

数字化支撑体系建设程度：期刊是否以数字化转型为目标，对新媒体运营团队的建设和资金投入及营收情况。

多媒体内容融合程度：期刊多媒体建设成效。包括3个方面：

独立官网：期刊是否有独立的官方网站（含二级域名下建立的网站），且内容是否及时更新。

在线采编系统：期刊是否使用在线采编系统作为稿件采编的主要方式。

新媒体建设力度：期刊微信公众号、微博、移动客户端、微视频、微直播或微动漫等新媒体的建设成绩。

5.5 非学术期刊综合质量评估指标体系

5.5.1 非学术期刊综合质量评估指标和权重表

表5-4 非学术期刊综合质量评估指标和权重表

一级指标	二级指标	三级指标
政治导向	前置指标（不赋分）	
内容质量（50分）	价值取向（10分）	
	内容合规（10分）	
	与办刊宗旨、内容定位一致性（5分）	
	社会价值（25分）	专业指导性（7分）
		信息适用性（7分）
		内容可读性（7分）
		专题/栏目策划引领性（4分）
编校质量（15分）	编校差错率（10分）	
	重大编校错误（5分）	
出版形式质量（10分）	出版形式差错数（7分）	
	年检情况（0.5分）	
	版别规范（1分）	
	出版时间规范（0.5分）	
	广告刊登（1分）	
印制质量（2分）	印刷（1分）	
	装订（1分）	
社会影响（8分）	出版规模（3分）	年度总印数（1分）
		年度总发行量（1分）
		平均期发行量（1分）
	网络传播（2分）	年度Web下载频次（1分）
		国内主要数据库收录（1分）
	国际影响（1分）	版权输出/引入（0.2分）
		国外发行量（0.6分）
		国际知名数据库收录（0.2分）
	奖项荣誉、社会美誉度（2分）	

续表

一级指标	二级指标	三级指标
经济效益（10分）	年度利润总额（5分）	
	年度收入环比增长率（5分）	
媒体融合（5分）	数字化支撑体系建设程度（2分）	
	多媒体内容融合程度（3分）	独立官网（1分）
		在线采编系统（1分）
		新媒体建设力度（1分）

5.5.2 指标释义

（1）前置指标

政治导向：评估期刊的政治责任。同"学术期刊"。

（2）内容质量

价值取向：评估期刊的社会责任。同"学术期刊"。

内容合规：评估期刊内容符合国家法律、法规的情况。同"学术期刊"。

与办刊宗旨、内容定位一致性：评估期刊内容是否违背办刊宗旨、内容定位。期刊应严格遵循创刊时经过批准核定的办刊宗旨和内容定位，不超范围办刊，不刊发学术论文。

社会价值：评估期刊发表文章对相关领域社会文明进步的推动作用。例如，对经济、政治、文化、社会、生态文明等建设中问题的解决，对思想道德文化建设的促进，对科学技术、科学知识的普及等。具体包括如下4个指标。

专业指导性：考察期刊所发表内容的权威性、科学性对专业、行业发展及读者所起的指导作用。

信息适用性：考察期刊所发表内容对专业、行业领域以及读者需求满足的契合度和使用价值大小，对读者的凝聚力。

内容可读性：考察期刊所发表内容的新颖性、科学性、可读性（如贴近实际、贴近生活、贴近读者）。

专题/栏目策划引领性：评估期刊的主体意识和引导力度。如围绕党和国家重大决策部署、重大热点问题和重大活动，积极策划、组织、实施、创新主题出版，围绕本领域重大关键问题或社会关注热点，组织栏目、稿件，积极回应，为本领域解决关键问题、去伪存真、寻求社会共识、创造创新成果、提升文化自信贡献力量。

（3）编校质量

评估期刊的编校规范程度。同"学术期刊"。

（4）出版形式质量

评估期刊封面、扉页、版权页的法定信息项、年检、版别、出版时间、广告刊登等方面的出版形式规范程度。

出版形式差错数：同"学术期刊"。

年检情况：是否按时年检并合格，是否提供完整准确的年检数据。同"学术期刊"。

版别规范：同"学术期刊"。

出版时间规范：评估期刊是否按上级管理部门批准的出版周期定时出版。同"学术期刊"。

广告刊登：评估期刊刊登广告是否符合《中华人民共和国广告法》《公益广告促进和管理暂行办法》等相关规定。同"学术期刊"。

（5）印制质量

评估期刊印刷品的质量。如字迹、图表印刷清晰、装订规范、生态环保，便于读者阅读等。

印刷：同"学术期刊"。

装订：同"学术期刊"。

（6）社会影响

评估期刊出版后在读者或其他消费者层面产生的社会效益。

出版规模：通过期刊的印制发行数量考察期刊社会影响力大小。具体包括3个指标。

年度总印数：期刊在某一年内的印制总册数。

年度总发行量：期刊全年的实际征订、零售数量（不包括赠送、交换的期刊数量）。

平均期发行量：期刊平均每期的实际征订、零售数量（不包括赠送、交换的期刊数量）。

网络传播：评估期刊在数字阅读平台和互联网上的传播影响力。具体包括2个指标。

国内主要数据库收录：在线数据库有助于扩展传播范围，期刊被数据库收录越多，意味着网络传播机会越大。例如：万方数据资源系统－数字化期刊全文库、全国报刊索引数据库、中国期刊全文数据库（中国知网）、月旦知识库、维普资讯中文期刊服务平台、超星期刊数据库等各类专业数据库。

年度Web下载频次：统计当年期刊在主要数据库平台被全文下载的篇次总和。

国际影响：评估期刊在国际范围内的影响力，包括如下3个指标。

是否有版权输出/引入：对已有版权作品使用而产生的输出、引入行为。该指标通过期刊输出自有版权或引入国外版权情况来考察其出版国际化程度。

国外发行量：指期刊在国外出版发行或国内出版在国外发行的情况。

国际知名数据库收录（不含评价数据库）：国外相关文献数据库收录情况。例如：EBSCO系列数据库、IEEE系列报刊库、Electronic Library（IEL）、OCLC First Search系列数据库、ProQuest系列数据库、Sage电子期刊、Wiley-Blackwell电子期刊数据库。

奖项荣誉、社会美誉度：期刊在统计年（含）近三年内，政府或行业权威机构颁发或认定的奖项或荣誉（不含办刊单位内部自设奖项），受众反映，社会评价。

（7）经济效益

评估期刊经营能力和创造经济效益的水平。

年度利润总额：期刊出版单位在营业收入中扣除成本消耗及营业税后的剩余。利润总额＝年度营业利润＋年度营业外收入－年度支出。

年度收入环比增长率：期刊年度收入较上一年相比的增长幅度。年度收入环比增长率＝（当年总收入额－上年总收入额）/上年总收入额

（8）媒体融合

评估期刊应对传播环境变化，推动传统媒体和新兴媒体融合发展的能力和水平。如构建新型内容产品体系，扩大期刊的传播力、影响力、引导力。

数字化支撑体系建设程度：同"学术期刊"。

多媒体内容融合程度：同"学术期刊"。

以上关于（学术）期刊质量评估体系的一些思考，借鉴吸收了方方面面的理论研究与实践经验的成果，并经过了仔细的分析和取舍，但这个体系的科学性如何，还需要大量的实践验证。

回首近十多年来，我们虽然一直关注学术成果评价、（学术）期刊评价问题，也参与过不同层级的评价方案讨论、课题调查研究，但总的认知是：建立一套客观、公正、科学的期刊评价标准或体系是相当复杂和困难的。它将面临各种标准的冲突，如定量标准与定性标准、学术标准与非学术标准、直接标准与间接标准、价值标准与科学标准、人文标准与社会科学标准、基础理论研究标准与应用实践研究标准等。这些标准互不相同又相互联系，"评价就是要在这些标准间保持必要的张力"。所以，试图研制所谓科学化、精细化的理想评价指标体系，既不符合期刊评价活动的时代性、应用性的要求，也不符合期刊的发展性、差异性、复杂性的现实。

例如，对期刊评价尤其是学术期刊评价，最不能缺失的是对其品质、品位的评价。而这个对品质、品位的评价，大多时候是只可意会不可言传的，是学术期刊长期坚持修炼而形成的沉稳、内敛、睿智、执着、臻美等品相。相反，那些透

着炒作、速成、浅薄、乖戾、功利等特征的杂志，无论名声多么堂皇、指标多么优美，是不能称之为学术期刊的。一本真正的学术期刊，从封面设计、栏目编排、内文版式到大小标题字体字号、引文注释，甚至开本、装帧、材料、印制等，无不在细节处体现着一种品位、一种气质、一种审美、一种态度。要满足这样一种主观评价要求，指标体系又该如何设计呢？

每个研究者都有权对任何一种期刊评价体系提出批评或完善建议，从而不断推动期刊评价活动的科学规范化进程。但必须立足这样一个前提，即任何评价终究是价值判断，必然受制于历史时空、受制于制度文化、受制于研究认知水平，特别是受制于评价的时代性、目的性。因此，对待期刊评价问题，大可不必把简单的事情复杂化，在明确限定期刊评价目标的前提下，坚持同行评议、同类比较、选取主要评估指标，一般都能评价出行业领域内认可的结果。

6 我国期刊评价机制建设

6.1 我国期刊评价研究与实践

自我国改革开放以来，期刊评价在理论和实践上取得了很大的成绩，但大多注重评价标准体系的构建、完善和应用，反而忽视或回避了评价机制建设这个根本性问题。目前，对于期刊评价，各方面似乎都不是很满意，究其原因，多指向评价体制机制不健全这个根源。因此，必须认真思考期刊评价机制建设问题。

6.1.1 我国期刊评价取得的成就

根据国家统计局的数据显示，1978年我国的期刊种数共有930种，2015年我国期刊种数突破1万种，达到10014种，到了2020年，我国期刊种数增至10192种，比1978年增长了近10倍。与之相适应，期刊评价活动如影随形。

期刊评价的最终目的都是为了提升期刊质量、满足我国社会发展需求，但因市场需求不同、评价目的不同，期刊评价的主体、标准、结果也就不同。总体看，我国期刊评价研究和实践基本可以清晰地梳理出两条主线：行政管理机构（包括行业社团组织，下同）主导的综合质量评价和专业研究机构主导的学术影响力评价。

（1）行政管理机构或行业社团组织主导的期刊评价（包含学术期刊评价）。

期刊作为我国出版业的重要组成部分，不仅有《出版管理条例》《期刊出版管理规定》《期刊出版形式规范》《报纸期刊质量管理规定》等法规文件予以规范管理，而且相关管理部门或行业社团组织还经常通过期刊评价活动进行调控和引导。

比如，1992年由国家科委、中宣部和新闻出版署联合举办的"全国优秀科技期刊"评选，就是政府行政管理部门正式举办的期刊评奖活动。其中，设学术性期刊类别并首次出台《科学技术期刊质量要求》。1995年，新闻出版署开展"全国部分社科期刊评奖"活动，也设学术理论类期刊并同时出台《社会科学期刊质量管理标准》。据统计，2005年前，仅国家新闻出版署就举办了如"全国百种重点社科期刊"（1998年、1999年）、"国家期刊奖"（1999年、2002年、2004年）、"中国期刊方阵"（2002年）等评选活动。2005年，中共中央办公厅、国务院办公厅印发《全国性文艺新闻出版评奖管理办法》的通知，对全国性的评奖乱象进行了清理。其后，政府行政管理部门又开展了一些专项的评优活动，如原新闻出版总署创办的"中国出版政府奖"，原国家新闻出版广电总局组织评选的"中国百强报刊"，教育部组织的高校哲学社会科学"名刊工程"、高校哲学社会科学学报"名栏建设工程"。

1995年，原国家新闻出版总署发布了《社会科学期刊质量标准及质量评估办法（试行）》（新出期〔1995〕696号），将社会科学期刊分为七个类别：学术理论类、工作指导类、时事政治类、文学艺术类、综合文化生活类、教学辅导类、信息文摘类，设置了政治标准、业务标准、编辑标准、出版标准4个统一指标，并对每一类社会科学期刊的业务、编辑、出版标准都分别设置了20多项不同的具体评分细则和方法。

2010年，原国家新闻出版总署发布了从国家层面建构期刊质量综合评估指标体系的具有标志性意义的指导性文件——《报纸期刊出版质量综合评估办法（试行）》和《全国报纸期刊出版质量综合评估指标体系（试行）》，并要求各地政府管理部门主要参考该办法、该体系制定符合当地实际的评估细则，对报刊质量开展评估。该指标体系分为"基础建设条件""环境资源条件""出版能力""经营能力"4个板块、17个类别、60余个具体指标。

此外，像原国家新闻出版广电总局2014年、2016年组织的两次学术期刊认定（总计6468种）、全国社科规划办评选出的"国家社科基金资助学术期刊"，中国科协联合财政部、教育部、原国家新闻出版广电总局、中国科学院、中国工程院开展的"中国科技期刊国际影响力提升计划"等，都带有学术期刊评选或评价性质。

同时，各省市、区域等各级行政机构或学会、协会等行业社团组织开展的大量形式多样、名称不同的学术期刊评优活动，都可以看作是对学术期刊进行的一种评价。

概括之，行政管理机构或行业社团组织主导的全口径期刊评选、资助，特征是"评优"，标准是"综合"，方法侧重同行主观评议，标志是各种荣誉称号，目的主要是为了合规性与合格性评价、质量导向引领、发展重点扶持、以评促建（改）等管理服务目标。

对学术期刊评价而言，学术质量仅是评价指标之一（如设"学术水平"或"学术水准""专业水准"与"国际知名数据库收录"等一两个相关指标），还要结合政治导向、社会影响（学术规范、传播力、引导力、影响力、公信力等）、编校质量、出版形式质量、印装质量等指标进行全面综合评价。例如，仅按照《报纸期刊质量管理规定》中的编校质量、出版形式质量计算细则，就会影响一些内容质量和影响力还不错的学术期刊的评价结果。但由于行政管理机构或行业社团组织主导的期刊评价是"掐尖"式评优，获得评优称号或获得资助的学术期刊大都是学术影响力较大、社会认可度较高的期刊，总体上并没有偏离学术质量这个基本点，其学界认可度还是很高的。

（2）专业研究机构主导的学术期刊评价。

以载文量、总被引频次、均被引率、他引率、影响因子、即年指数、被引半衰期、转载量（率）、WEB即年下载率、基金论文比、特征因子值、论文影响分值、学科影响指数等指标构建的期刊评价体系，都可以统称为期刊量化评价或核心期刊评选。

期刊量化评价的理论和方法起源于西方文献计量学，20世纪30年代英国文献学家布拉德福最先提出了文献离散定律，后经美国情报学家普赖斯、加菲尔德等人的研究拓展，特别是加菲尔德于20世纪中期创立的引文索引系统和引文分析理论及其《科学引文索引》（SCI）工具的开发，把期刊量化评价理论与应用紧密结合起来，推动了该理论方法的普及使用。例如，人们熟知的SCI（科学引文索引）、EI（工程索引）、ISTP（科技会议录索引）和SSCI（社会科学引文索引）、A&HCI（艺术与人文科学索引）、ISSHP（社会科学和人文会议录索引）等，都是当今世界知名的文献检索系统、国际公认的进行科学统计与科学评价（包括学术期刊评价）的主要检索工具。

我国学术研究机构主导的期刊量化评价，成功吸收、借鉴、转化了西方的理论方法。从20世纪90年代起，各种核心期刊目录及其评选指标体系陆续发布。这些学术期刊评选体系所产生的代表性成果有：北京大学图书馆文献计量研究中心研制的《中文核心期刊要目总览》，中国科学院文献情报中心研制的《中国科学引文数据库（CSCD）来源期刊》，中国社会科学院文献信息中心研制的《中国人文社会科学核心期刊要览》（现为中国社会科学评价研究院研制的《中国人文社会科学期刊AMI综合评价报告》），中国科学技术信息研究所研制的《中国科技期刊引证报告》，南京大学中国社会科学评价研究院研制的《中文社会科学引文索引（CSSCI）来源期刊》，武汉大学中国科学评价中心发布的《中国学术期刊评价研究报告》，中国人民大学人文社会科学学术成果评价研究中心发布的《复印报刊资料重要转载来源期刊》等，这些都是当下我国知名的文献检索系统、国内公认的科学统计与评价的主要检索工具，且被广泛应用于各种学术期刊评价。

专业研究机构主导的学术期刊评价往往依托数据库平台，以文献计量统计数据为基础，设计系统复杂的评价指标体系，分析学术期刊是否处于同类期刊核心区、学术影响力指数（CI）核心区、影响因子核心区（Q1、Q2、Q3区……）等。比如，SCI用"引文索引""期刊源索引"以及"论文主题词索引"来统计和分析著者、文献与期刊之间的引用和被引用关系，从而找出那些符合布氏定律的"核心期刊"。

国内如北大、南大、社科院的中文核心期刊（或索引来源期刊）评选体系设置20多个指标，试图从各种数据挖掘中寻找反映期刊内在质量的规律。如被广泛使用的主体指标——被引用量、影响因子就是从学科宽度、知识扩散程度反映期刊的质量、重要性和学术影响力。有研究证明，假设引用数据科学适当，那么影响因子这个指标就与期刊质量正相关。像互引、自引、伪引、负引等数据失真问题，并不能否定核心期刊评价理论体系的专业科学性。

专业研究机构主导的期刊评价，最明显的标志是"核心"或"引文索引来源"刊，评价的特点是量化指标，方法是文献计量，目的是通过分析期刊刊载文献学科属性及其相关著录项，发现期刊是否处于同类期刊核心区、影响因子核心区、学术影响力指数核心区等。不管这些专业研究机构出于什么迫不得已的原因，也无论其如何声明与学术期刊评价无关，从其研制方法、工具、数据、指标、结果等方面看，实质上都是对学术期刊进行评价，只是研制者、数据来源、指标体系架构、评选数量等方面有差异而已。

但也要客观承认，期刊量化评价虽起源于馆藏优质资料导购之需，我们日常看到的也许仅仅是排行榜、核心期刊名录，但毕竟这是一种科学的文献计量学研究。这种方法通过对期刊文献数据的深度挖掘和关联分析，确实反映出了部分学科领域的期刊特别是科技期刊质量水平的内在规律或发展趋势，从而增强了学术期刊评价的科学性。只是由于其与学术科研成果评价有很强的关联性，因而普遍被采纳为"以刊评文""以刊代评"的依据，从而遭到了广泛的质疑。因为，文献计量法可以分析期刊影响力大小，但却不能直接评价学术期刊质量高低。即使在有些专业领域，文献计量方法分析结果与同行评议结果耦合，也不支持其成为学术期刊评价的标准或方法，这已成为共识。

总体观察我国期刊评价研究与实践历程，分别由行政管理机构（含行业社团组织）主导和专业研究机构主导的期刊评价，已经形成了开放多元的发展格局，只是因发展阶段不同、评价目的和方法不同，期刊评价活动的标准、结果及其应用范围也不同。但是，都在不断总结经验、逐步改进，并从不同途径推动了我国期刊规范化发展、质量提高和学术影响力提升。

6.1.2 我国学术期刊评价存在的主要问题

通过对上述我国期刊评价研究与实践的回顾与梳理，综合当前学术期刊评价各种研究成果和舆论热点，可以发现，包括学术期刊评价在内的期刊评价，存在以下问题。

（1）过分关注评价指标体系及其应用

① 普遍关注学术期刊评价体系或标准的不足

如学术期刊评价的主体问题，指标设置的科学性问题，分类评价不足问题，量化方法单一性问题，数据来源客观准确性问题，人文社科与自然科技期刊评价指标差异性问题，专业与综合、小学科与交叉学科期刊评价问题，行政或人为干扰问题等。

② 广泛批评学术期刊评价的异化效应

如核心期刊（或索引来源刊）的功用边界问题，"以刊评文"僭越学术评价主体问题，"核心期刊"是否"毒害""败坏"学术生态问题，频繁发布的简单排名榜加剧了期刊浮躁、功利、短视行为问题，不当追逐量化数据、忽视学术创新和期刊个性发展、"扼杀"人文或基础学科发展问题等。

③ 学术期刊评价未达成社会广泛共识

如行政管理机构（含行业社团组织）主导的期刊评价只在期刊主管主办的行政管理层面引起重视，还没有在学界、科研管理界引起广泛关注；专业研究机构主导的期刊评价，尽管理论方法体系大同小异，但因目的、标准、范围、结果不同，在不同单位的认可度、使用情况千差万别。在对各种学术期刊评价体系及其结果的使用上，社会共识不够、难辨真伪、彷徨无序。

毋庸置疑，关注这些问题有利于促进学术期刊评价体系的建设和完善，但却忽视了一定社会发展阶段学术评价的文化制度、体制机制这个根源性问题。正如有学者指出，不从根本上解决旧"唯"的问题，还会产生新"唯"的问题。

（2）忽视学术期刊评价体制机制建设

① 过度自由化发展导致学术期刊评价的严肃性、权威性降低

当人人都能对学术期刊评价这个专业严谨的领域发声的时候，就说明其已经被泛化、被滥解了，且社会舆论也往往被带偏节奏。目前，在学术期刊评价研究领域，门槛低、小散弱、争山头、重复建、无特色、局面乱，各自为政、跑马圈地，可以说有百花齐放、百家争鸣之象，无秩序井然、百舸争流之果。各种学术期刊评价主体"你方唱罢我登场"，仅凭有限的数据资源、人力、物力、财力和研发能力，发布简单的期刊评价目录或排行榜，大大降低了学术期刊评价体系的科学性、权威性和应用性。市场主体分散的各种学术期刊评价标准体系，在评价资源上的重复建设、在评价指标体系上的混杂趋同、在评价目的上的闪烁其词，导致了学界业界在评价结果判断上的无序与彷徨、困惑与质疑，"又爱又恨"是学界业界对学术期刊评价体系建设现状最形象的表达。尤其是学术期刊评价被异化为学术成果评价的工具，不仅降低了其研究理论与方法的科学性，而且其自身的合法性也处于非常尴尬的境地。

学术期刊评价的目的不是"零和博弈"，而是共促繁荣。评价研究机构即使发布排行榜，也应在数据公开的基础上发布，公开透明地接受各种验证。实践证明，仅仅依靠总被引、他引率、影响因子等少数几个指标数据支撑的核心期刊名录难免造成投机空间和结果片面。

② 功能定位模糊导致了社会认知与应用的错乱

目前我国的学术期刊评价中，存在着繁杂的期刊评价主体及其发布成果的不同称谓。评价主体有的冠名"学术评价研究"、有的冠名"文献计量研究"，其评价结果则冠名为"核心期刊""引文索引来源期刊""引文数据库来源期刊""论文统计源期刊""期刊综合评价（AMI）"等。据统计，在我国出版的学术期刊封面上，林林总总的称谓多达几十种，连业内人员都分辨不清这些称谓的真正内涵、

适应范围、应用边界。这种无序状态不仅不利于学术期刊评价的科学研究与实践，也对社会各层面正确认识和审慎使用学术期刊评价成果造成混乱乃至异化。

③国家权威的制度设计与运行机制缺位导致了学术期刊评价的规制缺乏

几十年来，我国学术期刊评价领域基本处于市场化自由发展状态。这一方面促进了该领域的百花齐放，另一方面也存在该领域缺乏发展规制的弊端。从行政管理机构或行业社团组织主导的期刊评价行为看，也只是从出版管理角度对期刊进行评优、引导，并未从期刊评价体制机制建设层面着力。2010年，原新闻出版总署出台的《报纸期刊出版质量综合评估办法（试行）》和《全国报纸期刊出版质量综合评估指标体系（试行）》，曾经引起了广泛关注和讨论，这是行政管理机构试图主动介入和引导期刊评价活动的标志性事件，但因其介入的方式、出台的评估体系并不适合复杂多样的报纸期刊出版生态，所以在实践中并没有得到很好的贯彻实施，尤其是学术期刊界基本没有采用此评估指标体系。可以说，学术期刊评价还没有在国家层面制定的规则基础上形成良性互动、次序分明的有效运行机制，行政管理机构（含行业社团组织）和专业研究机构主导的期刊评价，也缺乏适度互补、配合和黏性，基本是各唱各的戏、各行各的道。

当前，我国专业研究机构主导的期刊评价不仅在国际上没有地位和声音，而且在国内也往往被当作西方各种期刊评价体系的"替补"，反倒是舶来品核心期刊评价的声誉更高、应用更普遍。实际上，行政管理机构主导的学术期刊评价也一直没有得到学界业界的广泛认知和认可。

标准就是生产力、竞争力。从近现代世界学术发展史看，学术期刊评价是一种非常重要的学术话语权，是构成国家文化科技软实力的一部分。因此，西方发达国家很重视包括学术期刊评价在内的学术标准体系建设。我国学术期刊评价体系建设尚缺乏有效管理和指导，还未形成一种纲举目张的有序局面，最明显的是没有形成在国家层面制定的规则秩序基础上的上下互动、次序分明的制度设计和有效的运行机制。而我国历史文化、国情制度又决定了顶层设计是一项事业成功与否的关键，缺乏国家顶层的建设指导意见，在评价原则、评价主体市场准入、研究成果推荐应用等方面就不易产生一套完整的制度体系和运行机制。

6.2 期刊评价机制建设

6.2.1 机制调整：政府与市场

前面分析的关于我国多元共建的期刊评价探索，在推动我国期刊规范化发展、质量提高、国内外学术影响力提升等方面，都发挥了有目共睹的积极作用。但不可否认的是，在学术期刊评价领域也变相地产生了唯量化、唯核心、唯影响因子等片面畸形的发展态势和矛盾，且越来越反向困扰着学术期刊事业的科学发展。

在厘清问题边界、肯定发展成绩的基础上，我国期刊评价如何在我国文化强国建设中发挥积极的引领作用？这既要提高我们对期刊评价在国家科技文化发展竞争中的导向作用的认识，更要正视学术期刊评价体系建设自身存在的问题，尤其是顶层设计和体制机制建设问题。

（1）政府不能越位但也不能缺位

"万物得其本者生，百事得其道者成。"我国历史文化国情制度决定了行政管理在各项事业发展中的关键作用。在学术期刊评价领域，政府不能因怕越位就不作为，任其无序发展。因为缺乏国家顶层的建设指导和规制，在立足本土的评价指导思想、评价原则与程序、评价主体市场准入、评价研究成果推荐应用等方面，就不易自发形成一套规范完整的制度体系和运行机制。党的十九届四中全会通过的《中共中央关于坚持和完善中国特色社会主义制度、推进国家治理体系和治理能力现代化若干重大问题的决定》中指出："国家行政管理承担着按照党和国家决策部署推动经济社会发展、管理社会事务、服务人民群众的重大职责。"因此，在厘清政府与市场、政府与社会各自职能边界的前提下，有关行政管理部门应当通过加强学术期刊评价的顶层设计和运行机制建设来提高治理效能，发挥市场与社会各方面主体的作用，推动建立开放多元、系统完备、科学规范、运行有序的学术期刊评价体制机制。尤其是在规范学术期刊出版秩序、维护期刊健康出版市场环境方面，积极作为，主动作为。

比如，对非学术期刊滥发学术论文问题，一些极端个案就引起了社会哗然，污名化了学术期刊。吉林省的《写真地理》2020年6月刊载《熟鸡蛋变成生鸡蛋（鸡蛋返生）——孵化雏鸡的实验报告》一文就是典型。调查发现，《写真地理》杂志擅自与北京创想辉煌文化传媒有限公司签订合作经营协议，违规转让出版权并存在收费行为[1]；该文作者表示，这篇论文并不是由她亲自完成，而是由朋友代笔，收费六七百块钱。

当然，也有正规期刊的负责人不履职尽责、不严格按"三审三校"规范要求刊登论文的情况。如由中国科学院寒区旱区环境与工程研究所、中国地理学会主办的《冰川冻土》[2] 2013年第5期刊发的《生态经济学集成框架的理论与实践（Ⅰ）：集成思想的领悟之道》一文，分为"美与道""导师的崇高感""师娘的优美感""生活之美与人生大道"和"结论"5大部分，以导师夫妇的事例为例，解读他们身上体现的人生哲理，以便为建立生态经济的集成框架提供道和理。这篇标注为"基金项目：国家自然科学基金重点项目（91125019）资助"的论文，也引起了学术圈内的极大争议。

近年来，我国对于期刊尤其是非学术期刊滥发论文的行为进行了打击遏制。2018年，我国印发《关于进一步加强科研诚信建设的若干意见》，其中明确提出："要建立学术期刊预警机制，将罔顾学术质量、管理混乱、商业利益至上、造成恶劣影响的学术期刊，列入黑名单。"2021年中宣部出版局针对"少数期刊片面追求经济利益，放松或放弃把关要求滥发论文，违背出版宗旨和学术准则，出版质量低劣，还往往存在各类违规问题"的情况，专门下发《关于开展期刊滥发论文问

---

[1] 关于学术期刊该不该收费问题，争论了很多年。国外自然科学期刊收取版面费是惯例，国内并没有权威的文件规定或依据，人们常常提及的依据是1988年中国科协发的《关于建议各学会期刊收取版面费的通知》。自然科学期刊可以收费，社会科学期刊呢？怎么收、谁来收、标准是多少、是否合法等问题一直处于灰色地带。

[2] 该杂志是我国冰、雪、冻土和冰冻圈领域唯一的学报级学术期刊，曾获中国百强报刊（2015年）、中国精品科技期刊（2017年）、中国国际影响力优秀学术期刊（2018年），被中文核心期刊要目总览（北大核心）、中国科技核心期刊（CSTPCD）、中国科学引文数据库（CSCD）收录。

题专项检查的通知》（中宣局室发函〔2021〕40368号）。该专项检查针对扰乱学术期刊市场秩序的突出问题，对症施策，封堵漏点，有力发挥了政府监管的职责。这些检查的内容恰恰也是包括学术期刊评价在内的各种评价活动的一些干扰因素。例如，重点检查那些向作者或单位收取论文发表相关费用，全年发表论文数量在2000篇以上，每期大部分论文篇幅不超过5000字或不超过3页，刊期为旬刊、周刊等出版周期较密的期刊；检查期刊内容质量、编校质量、出版形式质量是否符合有关法规要求，刊发的论文是否符合学术规范相关要求，是否存在学术不端等问题；检查期刊业务范围与其实际出版内容是否一致，期刊实际出版内容与出版单位办刊能力是否匹配，年发表论文数量与期刊编辑数量、把关能力是否匹配；检查期刊出版单位（含期刊编辑部）负责人和各级审校人员是否符合有关资质要求，期刊负责人及采编人员的劳动人事关系是否均在期刊出版单位或其上级单位；检查"三审三校"制度是否落实，期刊审校流程是否规范，各环节是否均有明确意见和签字，审校单是否完整留档；检查是否存在期刊采编和经营业务未严格分开、出租出卖期刊刊号版面、与"论文中介"合作、"一号多刊""一号多版"等违规行为，如果期刊被中国知网、万方、维普等学术期刊数据库收录，其实际出版内容与数据库收录内容是否一致；国家对学术期刊原则上不再批准变更为旬刊、周刊等较密出版刊期；等等。这次专项检查及其取得的效果受到了社会各界的广泛赞誉，不仅进一步提高了广大办刊人的规范意识、质量意识、责任意识，而且为学术研究、学术评价创造了良好的社会环境。

再如，及时对国外"掠夺性期刊"进行调查与警示。近二三十年来，由于科学研究和学术交流的日益商业化、科研评估系统重文章数量而轻质量，以及同行评议的不透明性，导致了掠夺性期刊[1]的大量诞生，并引起了世界性关注。掠夺性

---

[1] 2008年由美国科罗拉多大学丹佛分校的图书管理员Jeffrey Beall提出此概念。他对"潜在、可疑"的掠夺性出版商进行逐一登记，并列出成千上万种掠夺性期刊，这就是著名的"Beall黑名单"。这份黑名单曾一时被全球众多学者奉为投稿的避坑指南，但Beall黑名单触犯到了很多出版商的利益，因而遭受巨大的非议，Beall本人被迫停止发布该名单。2022年3月15日，Nature《自然》发表了Inter Academy Partnership（学院间伙伴关系）组织（IAP）Tracey Elliott和Teresa M. de laPuente的报告，认为目前掠夺性期刊保守估计已超过15500种。

期刊就是以收取版面费或论文处置费盈利为目的，不顾学术道德、规范和学术质量，快速刊发一切愿意付费论文的期刊。如2017年《肿瘤生物学》一次性主动撤稿107篇论文，主要作者均来自中国，但据江晓原分析，根据《肿瘤生物学》杂志巨大的、几乎没有约束的篇幅，每期发表大量论文，发表论文收取高额"版面费"，审稿不够严肃认真等情况可以肯定，该杂志属于那种被国际学术界普遍谴责的"掠夺性期刊"。[1]近些年，中国科协不断披露对包括掠夺性期刊在内的论文造假案例，并给予当事人严厉的处罚，不少高校还发布了《学术期刊负面清单》等，这些措施都有力维护了学术期刊市场的出版秩序。

另外，政府行政管理部门应大力开展期刊规范出版培训工作，堵疏结合。我国对期刊出版规范方面规定很全很细，即使是一些老编辑也不一定全部掌握，更何况非出版专业领域的领导、专家和大量新人。下面试举几例影响期刊质检或评价结果的情形。

刊名：期刊的外文刊名须是中文刊名的直译；外文期刊封面上必须同时刊印中文刊名；少数民族文种期刊封面上必须同时刊印汉语刊名；期刊刊名应明显于期刊封面的其他标志性文字。

条形码：期刊条码由前缀码977（3位）、数据码（ISSN前7位）、年份码（2位）、校验码（1位）以及附加码（2位）组成。每一期都有单独的条码，主要差别是期刊条码的附加码要与期刊出版的刊期和（或）出版的年份、月份或期号保持一致。

版别：要求一号一刊。一种期刊不能以"社会科学版""自然科学版""教师版""学生版"等字样，交替出版两种或两种以上期刊；一种教育辅导类期刊不能分别使用"××年级""小学版""语文版""英语版"等字样，出版两种或两种以上期刊。

杂志社还是编辑部：未经注册成立具有法人资格的期刊社（杂志社）的期刊，

---

[1] "掠夺性期刊"黑名单应尽早公布。

出版单位应标识为"××编辑部"。

版权页：期刊上不得出现多个总编辑（主编）。期刊印刷单位和发行单位的刊印不应省略。

设计：同一期刊在每年度中的版式设计风格应基本保持一致。同一期刊在每年度中各期的幅面尺寸应保持一致。

出版周期：期刊不得随意脱期出版，不应任意增减出版刊期。

期刊标识性文字：不得使用毫无实据的、过于夸张的宣传语言，如："世界排名第 X 名""全球发行量最大""中国唯一的""XX 领域最早期刊""获奖最多"等。期刊刊名的补充文字说明、期刊内容宣传等标志性文字不得明显于期刊刊名，不得通过颜色、位置等手段突出显示。

（2）坚持自愿共识的市场自主制定的发展模式

处理好政府与市场、政府与社会的关系是现代国家治理能力的集中体现，甚至有人称之为国家核心竞争力。学术评价与行政权力的博弈是近年来广受关注的研究课题，焦点在于行政权力是否越俎代庖，有"越位"作为。2010 年原新闻出版总署出台的《报纸期刊出版质量综合评估办法（试行）》和《全国报纸期刊出版质量综合评估指标体系（试行）》之所以未能有效推行，概因如此。对学术期刊评价而言，任何唯一的评价标准最终都会出现"天花板"效应，导致学术期刊同质化，阻碍学术期刊的多元化创新性发展。我国学术期刊评价体系建设的成绩来源于市场化的开放多元环境，未来建设和完善依然离不开市场这只手的作用。行政管理部门通过合法授权，各评价主体拥有自主开展评价活动的空间，就会在公平竞争的环境中，依据自己的评价能力优化标准和程序，设计针对性强的指标体系，解决学术期刊评价中的综合与专业、人文与社科、基础与应用、数量与质量、小学科与交叉学科等关系的平衡问题，发布具有公信力的评价结果。所以，要保持学术期刊评价机制的活力，就需要继续坚定不移地走市场化改革之路。政府也可以通过对一些重大特殊评价项目的公开招标评估，有效引导市场竞争机制的建设方向。

(3) 积极培育独立的第三方学术期刊评价主体

第三方专业评价是国际公认的做法，但我国第三方专业学术评价组织、机制尚不健全。严格地说，前面所述的专业评价研究机构还算不上真正的"第三方专业评价机构"，还不具有"法律合法性"和"社会合法性"。但从我国实际出发，这些专业评价研究机构以及社团组织、学术共同体等依然将会是学术期刊评价的主要力量，因此政府要从规范化、专业化、本土化等方面大力培育第三方评价组织，鼓励其根据期刊发展的现实需求、专业资源和技术优势，积极研发合乎需要的各具特色的学术期刊评价体系，逐步成为独立、客观、公正的第三方学术期刊专业评价组织。

(4) 制衡现有学术期刊评价机构的行为规范

没有哪一种合法合规出版的学术期刊是没有存在意义的。通过科学的期刊评价营造各具特色、质量上乘、丰富多彩的学术期刊健康发展生态，促进国家文化科技事业发展，是期刊评价的初心。有关部门要在学术期刊评价导向、评价信用、评价法定程序、信息开放、评价成果应用效果等方面，督促学术期刊评价机构客观公正、公开透明，避免功利化、失范行为，及时披露学术期刊评价结果的应用边界和注意事项，鼓励各种评价主体在评价目标、标准、方法、应用等方面提供更加多元的服务产品。

6.3 治理愿景：多元开放有序

多维，构建了期刊功能要素的立体图景；多元，呈现了期刊评价活动广泛的社会化特征；多向度，是期刊评价的唯一科学实践路径。因此，期刊评价并不是只有核心期刊、并不是只有影响因子。任何试图建立一套固化的、唯一的期刊评价体系的行为都是不明智乃至伪科学的。相反，通过加强顶层设计指导和运行机制建设，却可以发挥政府与市场两只手的作用，推动建立多元系统、科学规范、开放有序的期刊评价体制机制，共建适合市场需求的中国特色的期刊评价体系。

展望未来，中国特色的期刊评价机制治理应当达到如下目标或效果。

6.3.1 国家顶层设计清晰，程序规则明确

明确指导和授权的国家主管部门，制定评价规则和程序，明确并授权中间组织。期刊是科技文化创新成果发表的重要载体，也是国家文化软实力的窗口，建设开放有序的期刊评价体系，是国家治理体系和治理能力现代化的组成部分。顶层设计要按照开放、多元、公开、透明、平衡、客观公正、自愿共识和法定程序等原则，授权并规定中间组织机构的权利义务，制定从需求信息发布、审核程序、意见反馈、批准或推荐到研发主体资格准入等一整套制度文件，规范期刊评价市场的发展，克服期刊评价尤其是学术期刊领域"诸侯"林立、无序竞争、市场功利等倾向。

6.3.2 按"市场自主制定"模式运行，保持期刊评价市场的活力

国内外的期刊评价实践证明，任何唯一的标准体系最终都会出现"天花板"效应，并且导致期刊发展的趋同化、同质化，不利于期刊的多元创新发展。但符合市场需求的多元期刊评价体系的建设和维护，需要开放自主的市场环境。我国40多年来的改革开放进程中，期刊管理实行政府核准制度，但期刊评价却完全市场化发展，这是我国独具特色的现象。以政府行政管理部门、行业社团组织、专业研究机构等为评价主体开展的各种期刊评价活动，极大地推动了我国期刊的质量提升和繁荣发展。各种期刊评价标准或体系并行推进，构成了多元共建的格局。所以，我国期刊评价体系建设的成绩来源于市场化的开放多元政策，未来建设和完善依然离不开市场在资源配置中的决定作用。评价机构、社团组织是期刊评价体系研发的主体，要鼓励其根据期刊发展情况、现实需求和资源优势，团结同行，合纵连横，积极申请、研发合乎需求的各具特色的期刊评价体系。这方面，美国、韩国等的制度机制值得我们研究和借鉴，如对研制主体的利益保障，对申请批准的标准方案广泛征询社会意见并反馈采纳情况的公开透明程序，要求评价体系研

制方对学术共同体等"相关利益方"最大限度地吸纳与关注等。

6.3.3 重点开发信息化、语义化、智能化评价工具，提高期刊内涵评价的水平

无论是大同行还是小同行评价，凡是涉及人力资本投入的评价活动，都会受到各种局限。而以文献计量指标为主导的评价体系，基于引文指标来评价学术影响力、基于网络指标来评价社会影响力，总体上属于形式评价范畴，这种模式导致科学评价中过度强调论文数量、被引频次、期刊影响因子等外在量化指标，也没有深入到期刊的内容层面评价期刊的价值性、创新性。

2021年8月2日，国务院办公厅发布《关于完善科技成果评价机制的指导意见》，特别提出要利用大数据、人工智能等技术手段，开发信息化评价工具。下一步，面向科技前沿的语义分析技术，通过探讨科研论文的内容数据、引用数据、关注数据、使用数据等的贡献、创新、价值和影响的表达形式和识别方法，形成语义评价的解析流程，建构语义评价的方法体系，将为期刊评价带来全新的突破。

曾建勋介绍了语义分析评价的开发和应用路径。"首先，需要充分利用各类信息资源及其使用数据，建设跨行业、跨部门、跨地区的知识库、需求库、案例库和评价工具方法库；其次，将自然语言处理与文本挖掘技术应用于文本内容的自动分析与语义理解，对论文篇章结构进行自动解析，抽取科研论文中表现创新性、实用性、重要性的知识单元；再次，通过语义关联计算，从文本、图片、翻译到释义、观点、思路间的相似性，对论文进行相似检测，辅助论文结构规范性评价和论证逻辑性评价，发现科研论文中的新知识、新价值和新贡献、新突破；最后，建立科研论文评价数据服务平台，提供语义关联的知识图谱，实现对知识单元影响力、创新力的可视化展示，支撑同行评议，优化学术评价行业生态。

学术评价从文献计量、替代计量走向语义计算，从外在到内在，从文本到语义，从实体概念识别到语义理解对标，需要将语义关联、知识组织与科学评价相结合，将大数据、人工智能技术融入到科学计量学中，从外在统计评价转向知识单元评价，识别其中的新发现、新原理、新方法，测度文献规范性、文本相似性和观点创新性，

革新和完善现有文献计量评价体系，形成定量与定性、形式与内容相结合的语义评价体系，丰富知识计量理论方法与工具体系。"[1]

6.3.4 各美其美，打造共赢发展格局

期刊发展是一个系统的生态环境，专业化、特色化、多样化等是其天然特征，没有哪一种合法合规运行的期刊是没有存在意义的。因此，任何期刊评价机制的建构，都应力避"零和博弈"的负面效果。现有的期刊评价体系由于信息开放程度差、运作程序不透明、评价结果被异化运用，事实上产生了"零和博弈"的负面效果。许多期刊办刊人特别是学术期刊的主管单位领导都把进入或保住核心期刊地位作为头等要事甚至唯一的目标，这种单一目标导向损害了学术期刊丰富多彩的发展生态。因此，期刊评价机构有责任、有义务针对这些问题，在评价目标、标准、方法、应用等方面向更加多元多样和提供信息数据服务上发展，克服期刊评价的负面影响，推动期刊市场形成竞争有序、各具特色、健康良性的发展环境。比如，对人文社科类期刊，就需要克服过分注重期刊影响因子、引文量的弊端，加强对同行主观评价的研究；对量化数据的采集，就需要解决数据滞后和干扰数据的剔除等问题。

总之，期刊评价内涵丰富，既包括政治导向、内在质量、理论知识方法创新、出版规范、社会责任等的评价，也包括期刊的传播力、引导力、影响力、公信力等的评估，其复杂多元性决定了需要各关联方共同建设，不断改善期刊评价的社会生态环境。展望未来，在我国期刊评价理论与实践已经取得较大成绩并基本形成开放多元格局的基础上，着手改革、健全期刊评价体制机制，建立"政府主导规则"和坚持"市场自主制定"的体制机制改革路径，发挥多主体专业评价的积极性，多方相互印证和监督评价行为，一定能使我国学术期刊评价体系走向更加开放、多元、共建、有序的良性发展之路。

---

[1] 曾建勋：《推动科研论文语义评价体系建设》，《数字图书馆论坛》2021年第11期（总第210期）（主编寄语）。

下篇

期刊发展与评价

7 学术期刊发展竞争力评价

7.1 综合性学术期刊存废之辩

7.1.1 综合性期刊与专业性期刊的竞争优势比较

关于综合性学术期刊存废之辩已经持续了多年,大致有两种不同观点。一种是期刊专业化发展乃必由之路,符合科学研究的专业化方向,发达国家的期刊都是专业化、领域化的期刊。综合性期刊是中国特定时期的产物,乃历史怪胎,不符合期刊发展规律。另一种是综合性期刊有议题综合和跨学科交叉优势,符合学术研究的交叉综合方向,有继续存在的必要。从各自陈述的理由看,都有些依据。

现实中,综合性期刊中有质量好的,专业性期刊中也有质量差的。怎么科学比较一下二者的优势呢?科学的方法应该是两大阵营的全样本质量比较,但这是做不到的,只能从另外的角度观察。

中国人民大学书报资料中心编辑出版的《复印报刊资料》,是通过广泛收集、整理国内公开出版的人文社科报刊,按学科类别进行精选的二次文献学术专题系列期刊。精选千家报刊、荟萃中华学术,相对国内其他文摘类期刊,人大《复印报刊资料》具有独特的优势:

学科覆盖全面。共有115个全文转载刊,参照了教育部《授予博士、硕士学位和培养研究生的学科、专业目录》(1997)的学科分类设置,基本涵盖了人文社科所有一级学科,并且各个学科还依据所涵盖的二级学科和学界研究的冷热程度分别设置一种或几种专题期刊,这是国内覆盖人文社会学科最全的专业期刊群。

选文范围最广。广泛收集国内公开出版的人文社科类报刊(目前约4000种),

进行分类标引、分类筛选、分类评估、分类编辑。这是目前国内最大的科研成果二次人工精选的专业出版机构。

选文流程规范。人大《复印报刊资料》的选文流程是：所有报刊，先标引、拆分、分类，再按专业分配给每个学科的编辑、外审专家、执行主编，由其按同类比较、优中选优的办法评选出符合转载要求的文章。每个学科按该学科年度发表论文总量，大致以4%—5%的比例评选出相对优秀的论文，每年共选出各学科学术论文1.2万—1.3万篇。

评选标准科学[1]。由中国人民大学学术成果评价研究中心根据各种评价标准和书报资料中心评选实践，结合当前我国的科研实际情况，系统研究了一套应用于人大《复印报刊资料》的选文评文体系。主要指标：创新程度、科学论证、研究价值、研究难度。实践证明，按这个标准选出来的论文不能100%保障是最优秀的，但至少不是质量差的。因此，人大《复印报刊资料》具有资料与评价的双重功能。

收集整理全面、专业化标引分类、编辑专家精选，人大《复印报刊资料》真实记录和承载着我国人文社科研究的最优秀成果。因此，选取人大《复印报刊资料》转载统计数据作为样本，在学术研究、学科覆盖、期刊样本质量等方面更专业、全面和稳定，具有一定的科学合理性。

下面，就以人大《复印报刊资料》2011—2020年转载数据为样本进行简要分析，试图从所有期刊被转载总量中区分开综合性期刊与专业性期刊的被转载量，进行两两比较，比较出二者的优质论文刊登率，从而说明二者的比较优势。

常规推理，从单一原发期刊对应按专业布局的人大《复印报刊资料》众多转载期刊这个角度考量，综合性期刊所刊登论文因其所涉专业学科多，更具有"东方不亮西方亮"的被转载优势；而专业类期刊则只能对应一二种复印报刊资料刊，被转载概率相对低。那么，实际情况怎样呢？表7-1给出了人大《复印报刊资料》10年的转载数据。

---

[1] 参见中国人民大学人文社会科学学术成果评价研究中心《人文社会科学论文质量评估指标体系》。

表 7-1 2011—2020 年人大《复印报刊资料》转载总体数据

	量\年	2011	2012	2013	2014	2015	2016	2017	2018	2019	2020
全部期刊	转载总篇数	12854	12487	12569	12667	12153	12091	11721	11533	11313	11023
	所涉期刊数	1543	1450	1479	1444	1367	1433	1400	1338	1361	1366
	平均：量/刊	8.33	8.61	8.50	8.77	8.89	8.44	8.37	8.62	8.31	8.07
综合性期刊	转载总量	4648	4325	4400	4608	4245	4526	5018	4664	4020	3899
	所涉期刊数	596	493	565	540	425	475	600	541	473	480
	平均：量/刊	7.80	8.77	7.79	8.53	9.99	9.53	8.36	8.62	8.50	8.12
专业性期刊	转载总量	8206	8162	8169	8059	7908	7565	6703	6869	7293	7124
	所涉期刊数	947	957	914	904	942	958	800	797	888	886
	平均：量/刊	8.67	8.53	8.94	8.91	8.39	7.90	8.38	8.62	8.21	8.04

表 7-1 中，列出了中国人民大学人文社会科学学术成果评价研究中心确定的学术评价统计范围内的人大《复印报刊资料》在 2011—2020 年 10 年的转载总数据，包括转载论文量和所涉期刊数，并分别统计了综合性期刊、专业性期刊的情况。

表 7-1 中数据说明，从 2011 年到 2020 年 10 年间，转载总量从 12854 篇降到了 11023 篇，所涉期刊数从 1543 种降到了 1366 种。其中，综合性期刊转载总量从 4648 篇降到了 3899 篇，所涉期刊数从 596 种降到了 480 种；专业性期刊转载总量从 8206 篇降到了 7124 篇，所涉期刊数从 947 种降到了 886 种。这样看来，总体上都呈现同比例微降趋势。经过分析研究，认为这种现象与近 10 年来期刊希望通过减少发文量提高影响因子的动机有关（有的期刊一篇文章就长达十几万字），也与人大《复印报刊资料》转载的页码增长幅度较低有关。

仅从数量规模上看，无论是转载文章数量还是所涉期刊数量，专业性期刊都占据绝对优势。这其中，有综合性期刊规模总量少于专业性期刊的原因。据统计，截至 2019 年，我国有 10171 种期刊。其中，学术期刊 6430 种（新闻出版广电总局于 2014 年 12 月 10 日、2017 年 4 月 10 日分二批分别认定了 5737 种、693 种），约占全部期刊的 63.2%。在学术期刊阵营里，人文社科类约 2800 种，约占 43%，而在这其中，人文社科高校综合性学报（包括普通本科高校学报、专科高校学报、文理大综合学报、各类高等职业院校学报等）约有1150种（不含台港澳地区，下同），加上社科院（联）所办综合性期刊约100种、党政干部院校学报约145种，总计约1395种，约占49.8%。

由此看来，即使综合性期刊、专业性期刊的区分标准待定，但就普遍认知看，我国目前人文社科类期刊阵营中，专业与综合平分天下的格局基本能够确定。这个数据分析对学术期刊评价，尤其是对综合性期刊与专业性期刊的质量判断、评价非常重要。因为，表中数据十分明确地揭示出这样一个事实：占据人文社科期刊总量半壁江山的综合性期刊，无论是转载量还是所涉期刊数，都只有专业性期刊的约一半数量。大致推算，约60%的综合性期刊连一篇文章都未能被转载，而只有约20%的专业性期刊未被转载文章。

综上，可以初步得出这样一个结论：从整个人文社会科学学术期刊阵营分析，只有约40%的综合性期刊才能与约80%的专业性期刊在同一个质量水平层面进行竞争，综合性期刊的整体竞争优势远远低于专业性期刊。

注意，这里分析的是整体情况，对有论文被转载的40%的综合性期刊和80%的专业性期刊个体而言，这个整体评估结论并不适应。

7.1.2 头部综合性期刊与专业性期刊的实力比较

专业性期刊整体竞争力远远高于综合性期刊，但是头部综合性期刊，也即人大《复印报刊资料》转载所涉的这部分综合性期刊的竞争力如何呢？是否也在与专业性期刊的竞争中处于劣势呢？图7-1是2011—2020年人大《复印报刊资料》转载原发期刊的刊均数量比较趋势图。

图7-1中，自2011—2020年，所有期刊的历年刊均转载篇数分别为：8.33、8.61、8.50、8.77、8.89、8.44、8.37、8.62、8.31、8.07。刊均转载量的线段走势表明，10

年中，人大《复印报刊资料》无论是总转载篇数减少，还是转载所涉期刊数量减少，都没有明显影响刊均转载量，最低的 2020 年为 8.07 篇，最高的 2015 年为 8.89 篇。

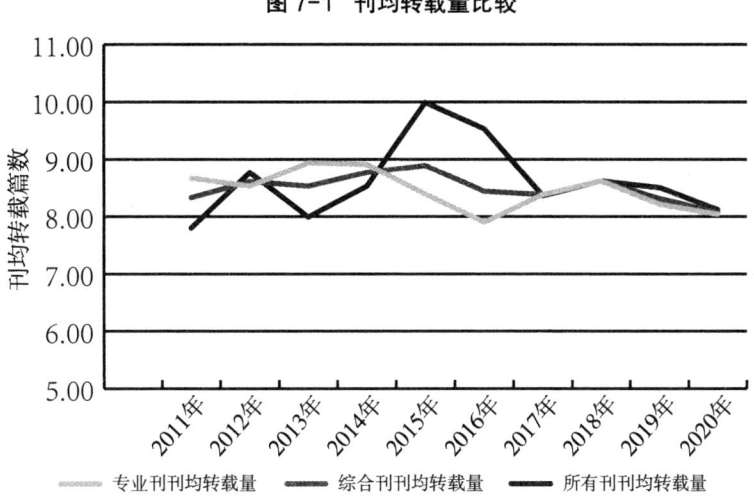

图 7-1 刊均转载量比较

图 7-1 中，2011—2020 年 10 年中，综合性期刊刊均转载篇数分别为：7.80、8.77、7.79、8.53、9.99、9.53、8.36、8.62、8.50、8.12，有 2 个年份低于 8 篇、2 个年份高于 9 篇，其余年份均处于 8～9 篇，趋势线有起伏；而专业性期刊刊均转载篇数则分别为：8.67、8.53、8.94、8.91、8.39、7.90、8.38、8.62、8.21、8.04，只有 1 个年份低于但接近 8 篇，其余年份皆为 8～9 篇，趋势线基本稳定。因此，如果以 10 年人大《复印报刊资料》所有期刊刊均转载量为基准进行比较，那么，这些被转载的专业性期刊的竞争优势并不显著高于综合性期刊，甚至有 2 个年份还弱于综合性期刊。

综上，从 2011—2020 年人大《复印报刊资料》转载 10 年数据分析看，这些被转载的头部期刊，无论是综合性还是专业性，竞争优势基本均衡，不能得出谁优谁劣的结论。

7.1.3 专业化不是综合性期刊改革的唯一出路

我国现存综合性期刊主要由高校、社科院（联）、党校行政学院系统主办。这个问题涉及我国期刊管理制度，也涉及这些"单位刊"的形成历史及其发挥的功能作用。进入 21 世纪以来，综合性期刊如何改革、转型、发展，成为期刊发展和结构调整的重大问题之一，甚至能否实现数量众多的综合性期刊转型升级，影响着新时代期刊大繁荣大发展的步伐。

要求对综合性期刊改革的呼声很多，尤其是对高校人文社科学报的负面评价不少。主要诟病其数量多、同质化、创新不足、质量不高，成为垃圾论文之集散地，一言以蔽之，即数量与质量失衡。因此，有人认为只要减少综合性学报数量，就会减少低水平乃至垃圾论文的发表量，其实这是一种很片面的看法。这是因为：

第一，中国的学术期刊总量不能满足科研成果发表需求的矛盾一直很突出，减少高校学报的数量和规模不但无助于期刊质量的提高，反而会更加助长"版面费"问题的蔓延。

第二，高校学报是一种"单位刊"，除了起到刊发学术论文、传承文明的作用外，还承载着培养人才、服务教学等功能，高校学报规模与中国高等教育发展布局及赋予学报的使命有关，符合当前中国整体教育科研环境的需要。

第三，期刊质量不取决于期刊自身，而在于中国整体科研环境、水平和实力。只有创新性的科研成果层出不穷，才能为学报提供源源不断的优质养分，才能不断打造出高质量的学报，才能整体促进学报水平的提高。

第四，没有一定的数量就不可能有较高的质量。没有一定数量的中低梯队刊群服务于广大教学科研工作者，就不可能培育出为顶尖梯队刊物供稿的高级科研人才群体。存在各种类型、各个层次的梯队刊群（也可叫作常态的不均衡发展现象）符合学报整体的发展规律。

可见，我国以高校学报为主的综合性期刊群阵营庞大、功用多样，存在的不均衡发展状态也是由多种原因造成的，需要我们清醒地分析和认识，正确判断其基本发展态势，把握好管理和改革政策导向及步调，慎重考量其未来发展目标和路径。

那么，综合性期刊创新发展的出路在哪里？是不是只有专业化发展才是唯一出路？面对这些问题，还须理性看待。

第一，所谓专业学术研究是相对的，尤其是在人文社科领域，各学科交叉融合已成为一种常态，专业的界限并不十分严格，所以，对于人文社科期刊而言，期刊定位专业化也是个相对概念。苏新宁统计，"在CSSCI的管理学期刊中，2000—2004年共收录论文23576篇，其中只有一半不到的论文属于管理学论文（12971篇）。而非管理学期刊刊载管理学论文达到了21974篇，远远超过了管理学期刊收录本学科的论文数"[1]。另外，一本期刊的定位包括期刊在作者、读者心目中逐渐形成的一种认知，如学派倾向、语言风格、优势领域等，并不是简单地认为多发某一领域的文章就是专业化了。

第二，期刊发展的最终目的是质量水平，即如何办出特色，刊发更多具有思想性、价值性、创新性的研究成果，期刊的竞争实力、发展水平并不取决于综合性还是专业性。实践证明，专业性期刊更容易办出专、特、精、深的效果，因为专业性期刊从创刊伊始就具有明确的学术共同体边界，作者、读者群都清晰；综合性期刊则需要超越学科界限，以更高的视野驾驭内容定位，才能办出不同于专业性期刊的竞争优势。但前文的数据分析也证明：综合性期刊中尽管有60%的期刊未被转载过优秀文章，但专业性期刊中同样也有20%的期刊未被转载过。虽然是否被转载不能作为期刊是否是高质量高水平的唯一标准，但从趋势和概率讲，被转载越多，期刊质量水平一定越高。因此，在我国人文社会科学学术期刊阵营中，至少40%的综合性期刊办刊质量水平是值得肯定的，至少堪与80%的专业性期刊

---

[1] 苏新宁：《中国人文社会科学学术影响力报告》(2000－2004)，中国社会科学出版社2007年版，第17页。

媲美。那些所谓专业性期刊由于经济利益、办刊能力等各种原因，刊登了大量垃圾论文，这样的专业性期刊又有什么存在的意义呢？

第三，在网络电子技术飞速发展的时代背景下，电子期刊、社群公众号、数据库等信息承载工具和传播方式的变革，推动了科研成果出版市场的资源自由配置。作为载体之一的学术期刊，能否满足社会发展需要将成为其存在的唯一理由，期刊的综合性还是专业性发展不应成为其高质量发展的障碍。

第四，遵循世界范围内学术期刊发展的一般规律和期刊专业化发展的相对竞争优势，针对我国综合性学术期刊存在的学科拼盘、同质化、内卷化等问题，专业化发展方向虽然不是唯一出路，但确实需要结合各自的资源优势，整合栏目和编辑队伍，有所为有所不为，打破学科边界，向以问题综合、专题研究为内容主导的方向转型，实现综而不散、学科融通、议题引领、学术创新的高质量发展目标。

第五，期刊的综合性抑或专业性发展之辩，既是真命题也是假命题。学术期刊又叫杂志，杂是多样的意思，志是记述的意思。最早的学术期刊《哲学汇刊》在创刊之初有个副标题——世界许多重要地区的卓识之士目前正在进行的研究和工作。看来，期刊出现之初本无综合抑或专业之分，人类古代的学术研究也不分什么自然科学、社会科学，更无什么综合、专业。但是，自近代以来，受自然科学专业细分化发展影响，人文社科领域也逐渐走上了专业化发展之路，继而影响着教育、科学研究、文化出版的专业走向。人文社科有些领域通过专业化之路取得了深入较快发展，但不少领域却出现了碎片化、画地为牢、人为割裂、研究偏颇等现象，实际上严重影响了学术发展进步。不少人早就指出了这个影响人类未来思维发展的重大问题，如李军就指出："当前社科学术是'研究唐诗的不通宋词，研究宋词的不通元曲'。什么原因呢？学科细分、研究细分、学术细分。为什么会细分？比较好发表文章。我们不反对严肃的社会科学工作者对学术求精求专，但大学问都是文理双栖'搅和'起来的、碰撞出来的、杂糅出来的,科学尤其是哲学人文社会科学这么细分下去,就会割裂学术的系统联系。大学问,难以形成。大学问家,难以寻觅。"[1]这个提醒同样适用于期刊未来发展。因此,不能简单说专业化是期刊的必由之路,尤其是人文社科类期刊。

7.2 高校人文社科学报内卷态势

7.2.1 数据样本

我国高校是科研论文产出的最大来源地,而学报是高校系统教学科研成果发表的主要平台,因其数量大、扎根学校,在刊登国内人文社科学术研究成果方面发挥着非常重要的阵地作用。据统计,我国各级各类高校人文社科学报约有1150种(不含台港澳地区),约占人文社科类期刊总数的41%[2]。因此,研究这个庞大刊群的发展现状,可一窥国内学术期刊发展态势。

转载量是指高校学报被人大《复印报刊资料》系列学术刊转载的绝对数量,从某种角度看,这个指标数值越大,说明高校学报刊载高质量的学术论文越多,学术影响力越大。[3]

依据高校学报在人大《复印报刊资料》2011—2020年这10年的转载论文数据,通过对总量中所占比例份额、历年浮动大小,学报之间、地区之间、名校与非名校所办学报之间的比较,会在一定程度上反映出高校学报发展质量的不均衡状态,客观揭示出高校学报发展的内卷化倾向。见表7-2。

---

[1] 《审视现行评价机制 建设良好学术生态——访中国期刊协会副会长李军》,《传媒》2022年10期。
[2] 这个统计数据因对"综合性"与"专业性"概念的认识差异,以及出于不同的研究分析目的而不同。
[3] 由于历史原因,虽然每一家高校学报的定位与本校教学科研密切相关,但其办刊质量水平并不能完全代表或反映本校的科研实力。

表 7-2 2011—2020 年我国高校人文社科学报总体被人大《复印报刊资料》转载情况[1]

年份	学报被转载总量（篇）	学报被转载量占《复印报刊资料》学术刊总转载量比例（%）	转载所涉及学报数量（种）	所涉学报平均被转载数（篇）	被转载学报占所有学报的比例（%）
2011	2528	19.7	426	5.9	37.04
2012	2469	19.8	397	6.2	34.52
2013	2395	19.1	406	5.9	35.30
2014	2509	19.8	386	6.5	33.57
2015	2392	19.7	323	7.4	28.09
2016	2565	21.2	411	6.2	35.74
2017	2521	21.5	411	6.1	35.74
2018	2304	20.0	351	6.6	30.52
2019	2266	20.0	344	6.6	29.91
2020	2169	19.7	348	6.2	30.26
10年平均	2412	20.05	380	6.4	33.07

7.2.2 不均衡发展样态

（1）被转载论文的数量在学报间的分布显著不均衡

从表 7-2 中可以看出，虽然 2011—2020 年人大《复印报刊资料》对高校人文社科学报转载的总篇数呈下降趋势，但从学报被转载量一直占同期人大《复印报刊资料》系列学术刊总转载量的 20.1% 左右看，人大《复印报刊资料》没有因年度总转载量减少而降低高校学报的转载比例。

然而，根据表 7-2 计算，2011—2020 年平均只有 33.07% 的高校学报被转载过论文，2 个年份还不到 30%，这说明 1150 多种高校人文社科学报阵营中，大多数学报的水平有待提高。

---

[1] 根据中国人民大学人文社会科学成果评价研究中心历年发布的资料整理。

（2）在被转载论文的学报中，转载数量在向头部期刊集聚

表7-3 人大《复印报刊资料》2011—2020年转载量前100名学报的数据

统计项目	2011年	2012年	2013年	2014年	2015年	2016年	2017年	2018年	2019年	2020年	10年平均
前100名学报转载总量（篇）	1618	1647	1566	1687	1648	1679	1651	1608	1570	1481	1616
所有学报转载总量（篇）	2528	2469	2395	2509	2392	2565	2521	2304	2266	2169	2412
前100名学报转载比例（%）	64.00	66.71	65.39	67.24	68.90	65.46	65.49	69.79	69.29	68.28	67.06
前100名学报转载数值区间	[8,46]	[8,42]	[8,45]	[8,46]	[9,46]	[8,63]	[8,45]	[8,46]	[7,42]	[8,34]	[8,45.5]

从10年平均值看，前100名高校学报的被转载量占了学报被转载总量的67.06%，平均每种学报每年被转载16.16篇论文。除了2019年，其他年份最小数值都高于8。毋庸置疑，转载量前100名的学报具有很高的学术水平和影响力，是高校学报阵营中的第一梯队。朱剑就曾对教育部"名刊工程"中的学报与社科院（联）主办的优秀期刊，从被引频次、被摘（复印）篇次、影响因子、文摘（复印）率等纯计量方面进行了对比，认为"名刊学报与社科院（联）期刊不相上下，两类期刊在所发表的有影响或高质量论文的数量方面平分秋色，只是名刊学报近年来的进步确实在一定程度上被淹没于众多平庸学报的海洋之中"。[1]

---

[1] 朱剑：《高校学报的专业化转型与集约化、数字化发展——以教育部名刊工程建设为中心》，《清华大学学报（哲学社会科学版）》2010年第5期。

（3）转载量区间分布呈"金字塔"状

将高校学报被转载篇数分成不同区间，各区间的期刊数量分布情况如表7-4、图7-2所示。

表7-4 2011—2020年高校人文社科学报被转载量分布情况

年份	2011年	2012年	2013年	2014年	2015年	2016年	2017年	2018年	2019年	2020年	10年平均
未被转载的学报数	724	753	744	764	827	739	739	799	806	802	769.7
被转载1~2篇的学报数	195	184	181	161	109	173	183	138	129	148	160.1
被转载3~6篇的学报数	101	91	103	100	80	117	100	102	96	80	97.0
被转载7~12篇的学报数	75	68	65	63	75	60	66	54	59	64	64.9
被转载13~18篇的学报数	32	22	32	32	32	29	35	26	33	32	30.5
被转载19篇以上的学报数	23	32	25	30	27	32	27	31	27	24	27.8

图7-2 2011—2020年高校学报转载数量统计区间所涉期刊平均数

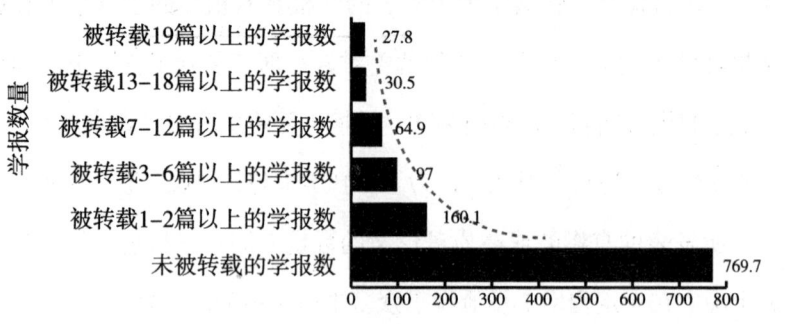

从表7-4、图7-2的数据可作如下态势分析。

第一，每个转载篇数区间内，除了被转载13篇以上的学报数量基本稳定外，1—

12篇的几个区间所涉学报数量都在逐渐减少，相应地，未被转载的学报数量越来越多。由于人大《复印报刊资料》对所有原发学术期刊，都按照先分类标引期刊上的每篇文章、然后拆分期刊并将文章按学科归类分发至编辑和专家，所以，这一整套流程化、专业化、集约化的生产模式难以控制对哪些期刊多选或不选，转载数据的客观性大大增强。从10年间每个转载篇数的区间段所涉及的平均期刊数量看，差距明显，呈现金字塔结构，马太效应特征、总体结构布局不均衡发展已成常态。

第二，大多数学报的水平有待提高。10年间平均约有769.7种学报没有被转载过，占学报总量的66.93%，被转载的学报数量仅达到所有学报总数的33.07%。尤其是对综合性学报而言，对应于人大《复印报刊资料》众多专业刊，理论上每种学报每期被转载1篇或每年被转载2篇以上的概率很大（事实也如此，每年被转载1~2篇的学报约有160种，占有被转载论文的380种学报的42.1%，约占全部1150种学报总量的13.91%）。若将未被转载和仅被转载1~2篇的学报数量相加，则比例高达80.84%，这确实是一个值得令人深思的数据，一定程度上还暗合了"二八定律"。

（4）优质学报在行政区域上的分布不均衡。

高校人文社科学报的影响力和水平，与学报所在行政区域的经济社会文化发展、高校数量和水平状况等有很大的关联性。尤其是近年来学术期刊在编辑队伍建设、优质稿源竞争、期刊宣传投入等方面，越来越凸显出科研力量和经济实力的作用。这也充分体现出优质学报在行政区域分布上的不均衡性，见表7-5。

表7-5 2011—2020年被转载量前100名学报的地区分布

省份/种数/年份	2011年	2012年	2013年	2014年	2015年	2016年	2017年	2018年	2019年	2020年	10年平均
北京	18	19	24	21	18	21	25	23	23	22	21.40
上海	11	8	11	11	11	11	10	9	10	11	10.30
湖北	11	11	12	9	9	9	9	8	8	9	9.30
江苏	7	11	8	8	7	9	9	8	6	6	7.80
广东	8	6	6	5	5	5	5	6	7	6	5.90

续表

省份/种数/年份	2011年	2012年	2013年	2014年	2015年	2016年	2017年	2018年	2019年	2020年	10年平均
湖南	4	6	3	3	7	2	4	3	4	4	4.00
四川	4	4	3	4	3	3	5	5	5	4	4.00
浙江	4	3	4	2	5	3	5	4	4	3	3.70
陕西	4	3	3	3	3	4	4	3	4	5	3.60
山东	2	2	2	3	4	3	2	4	5	6	3.30
河南	3	5	4	3	3	2	2	3	4	2	3.10
甘肃	3	3	2	2	3	3	2	3	2	1	2.40
河北	2	2	2	2	3	4	2	3	2	2	2.40
云南	4	3	3	2	2	2	3	2	1	1	2.30
山西	2	2	2	2	2	1	2	1	2	3	1.90
天津	3	3	2	2	1	1	1	2	2	2	1.90
吉林	3	1	2	1	1	2	2	2	2	2	1.80
重庆	2	2	1	3	2	1	1	2	2	1	1.70
安徽	2	2	2	2	1	2	1	0	2	0	1.40
福建	1	1	1	1	1	2	1	1	1	2	1.20
黑龙江	0	1	1	2	2	1	1	1	1	2	1.20
江西	2	0	0	2	1	0	2	1	1	1	1.10
辽宁	0	0	1	1	1	1	1	1	0	0	0.60
新疆	0	0	0	1	1	1	1	1	0	1	0.60
宁夏	0	0	0	1	1	0	1	1	0	1	0.50
广西	0	0	0	0	0	1	1	1	1	0	0.40
贵州	0	0	0	1	0	1	0	0	0	1	0.30
海南	0	1	0	1	0	1	0	0	0	0	0.30
内蒙古	0	0	0	1	0	0	0	0	0	0	0.10
青海	0	0	0	0	0	0	0	0	0	0	0
西藏	0	0	0	0	0	0	0	0	0	0	0

从表7-5中的横向数据看，10年间，被转载量前100名学报除了北京市的数量有所上升外，其他各省市行政区域的分布变化起伏不大；但纵向比较，各省市间差距却很大且有拉大趋势，充分反映出地区差距对学报质量的影响。（见图7-3）

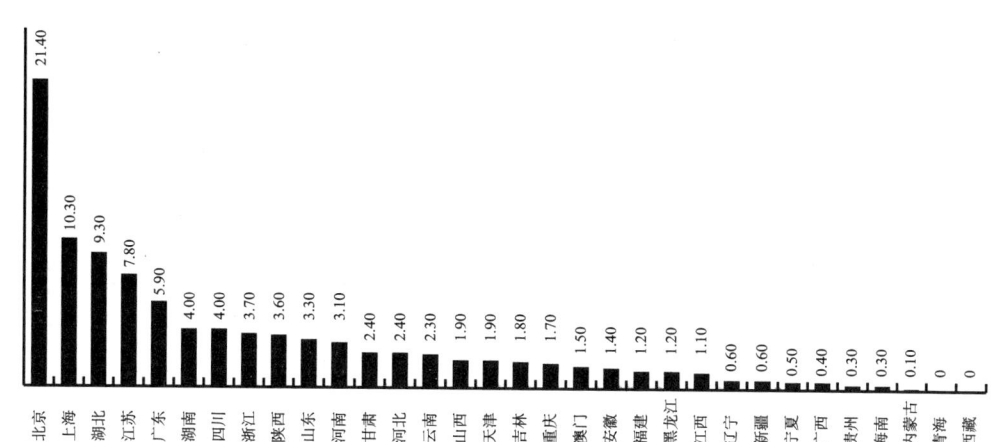

图 7-3 各省区市学报 2011—2020 年间被转载量进入前 100 名的平均期刊数

省区市	平均期刊数
北京	21.40
上海	10.30
湖北	9.30
江苏	7.80
广东	5.90
湖南	4.00
四川	4.00
浙江	3.70
陕西	3.60
山东	3.30
河南	3.10
甘肃	2.40
河北	2.40
云南	2.30
山西	1.90
天津	1.90
吉林	1.80
重庆	1.70
澳门	1.50
安徽	1.40
福建	1.20
黑龙江	1.20
江西	1.10
辽宁	0.60
新疆	0.60
宁夏	0.50
广西	0.40
贵州	0.30
海南	0.30
内蒙古	0.10
青海	0
西藏	0

第一，东中部经济文化发达地区占明显优势，北京、上海、湖北、江苏、广东五省市就占到了一半以上（54.7 种）。这些地区不仅经济文化发达，而且高校多、学报（特别是 211 工程、985 工程大学学报）多，在优质学报数量方面占有很大的优势。其中，最突出的是北京市，超过了 1/5。另外，四川、浙江、陕西、山东、河南也有 3 种（含）以上学报进入前 100 名。

第二，中西部经济欠发达地区优质学报数量少，特别是新疆、宁夏、广西、贵州、海南、内蒙古 10 年里只有 1 种学报曾经进入过前 100 名，青海、西藏更是一种也没有。但中西部地区一些有历史文化底蕴（特色）、高校（特别是 211 工程大学）多的省市，并没有受地域或经济发展的限制，依然办出了一些有特色的高水平学报，如陕西、四川、重庆、云南、甘肃等。

第三，不平衡现象有加大趋势。上海、江苏、广东等经济文化发达省市拥有的优质学报数量逐渐增多，但安徽、云南、甘肃、辽宁下降趋势明显。这说明，在大家普遍重视学报质量、竞争日益激烈的情况下，不进则退。

（5）双一流高校学报与非双一流高校学报之间的不均衡。

高校人文社科学报的办刊水平，与所在学校的办学历史、学科综合实力也有很大的关联性。尤其是中国推行高校 985 工程、211 工程建设直至近些年改革为双一流高校工程建设后,高校普遍重视科研工作,对学报的建设也给予了大力支持,在办刊水平上明显拉开了距离。下表是人大《复印报刊资料》转载量前 100 名学报中的相关数据:表 7-6 是 10 年间 211 工程高校学报与非 211 工程高校学报数量对比,表 7-7 是 4 年间双一流高校与非双一流高校的学报数量对比。

表 7-6 2011—2020 年转载量前 100 名学报中 211 工程高校与非 211 工程高校的学报数量对比

	2011	2012	2013	2014	2015	2016	2017	2018	2019	2020	年均
211 工程高校学报数	49	49	49	53	53	51	54	46	50	49	50.3
非 211 工程高校学报数	51	51	51	47	47	49	46	54	50	51	49.7

表 7-7 2017—2020 年转载量前 100 名学报中双一流高校与非双一流高校的学报数量对比

	2017 年	2018 年	2019 年	2020 年	4 年平均
转载量前 100 名中的双一流学报数	58	52	55	54	54.8
转载量前 100 名中的非双一流学报数	42	48	45	46	45.3

【注】"双一流"高校学报与 211 工程高校学报数量相比,每年多 4—6 种

从表 7-6、表 7-7 中可以看出,2011—2020 年在所有高校学报转载量前 100 名中,211 工程高校学报(含 985 工程高校学报,下同)与非 211 工程高校学报大约各占一半,10 年平均分别为 50.3 种和 49.7 种;2017—2020 年双一流高校与非双一流高校学报数量有差距,4 年平均分别为 54.8 种和 45.3 种。

图 7-4 2017—2020 年双一流高校与非双一流高校的学报平均转载率

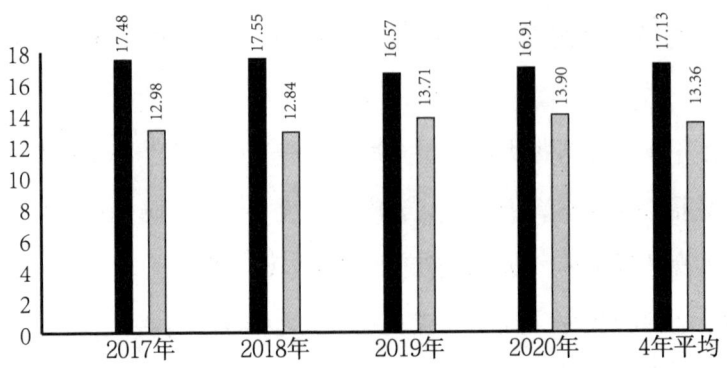

年份	双一流高校平均转载率(%)	非双一流高校平均转载率(%)
2017年	17.48	12.98
2018年	17.55	12.84
2019年	16.57	13.71
2020年	16.91	13.90
4年平均	17.13	13.36

但是从图 7-4 中的学报 4 年平均转载率看，则存在着很明显的差距，双一流高校学报的竞争优势突出，平均每种刊的转载量超出了非双一流高校学报 3~5 篇。这里有两个情况需要说明。一是很多 211 工程高校历史上属于理工类院校，主办人文社科类学报时间还不长，实力和影响力尚在提升过程中，在竞争力上，自然与一些人文社会学科较全而且历史积淀较长的非 211 工程高校的学报目前阶段尚存在差距。当然，政策的引导、评价的外力也加剧了这种状态。比如教育部名刊、名栏工程的评比、各种核心期刊的评价、转载（摘）的影响力延展等。二是在中国 115 家 211 工程高校人文社科学报中，有 43% 进入了人大《复印报刊资料》转载总量的前 100 名，而其余大量的非 211 工程高校学报进入前 100 名的比例却只占约 5%，两者之间的水平差距一目了然。

总之，通过上述各种维度的数据对比分析，可以基本得出如下结论：学报质量竞争、内卷化的态势已经形成。无论是整体学报阵营的结构层级之间，211 工程高校与非 211 工程高校的学报之间、双一流高校与非双一流高校的学报之间水平分化，还是优质学报在地域间分布不均的状况，都反映了高校学报阵营发展的不均衡态势，学报同质化、内卷化的竞争发展趋势在加剧，必将引起学报未来发展格局的变革。

7.3 期刊如何在守正中创新

7.3.1 学术期刊守正之浅见

当今时代，对出版业而言，信息数字化与网络化传播无疑是一次革命性变革，期刊的生态环境发生了深刻变化。传统与现代、慢功夫与快节奏、传统与自媒体、纸笔与键盘、读刊与读屏等的张力，无不影响着办刊人的心绪。然而，期刊毕竟是人类优秀文化的承载体与精神消费品，无论外在环境如何变化，办刊人都应守住底线，坚持守正办刊的一些基本规定。

下面以学术期刊为例，结合当前期刊存在的一些突出问题，从8个方面梳理总结期刊守正发展的基本点。

（1）正确的办刊导向

学术期刊的意识形态属性是一个不需要再讨论的原则性问题。学术期刊是重要的舆论阵地，体现着国家意志，影响着知识精英群体的思想倾向、研究旨趣，对刊发什么文章、不发什么文章，具有独特的学术话语权，引领着学术研究的方向，根本上则是关涉"为什么人的问题"。不为错误思想言论、伪科学、反人类文明的信息提供传播阵地是学术期刊出版的第一原则。因此，坚持正确的办刊导向，就是要求办刊人清楚"国之大者"，自觉担当起振兴"学术中国"的使命，推动中国科技创新发展，引领世界科学研究前沿；繁荣兴盛中国文化，构建中国特色哲学社会科学；规范学术研究和出版，倡导良好学风道德，营造良好学术生态；传播"中国学术"好声音，为世界发展贡献中国智慧、中国经验。

坚持社会效益第一、"两个效益"相统一的发展理念不是一句空话。一些学术期刊偏离办刊宗旨，跨界、跨行，办成典型的大杂烩；一号多刊，内容质量不高，低水平重复、抄袭，基本没有学术创新；刊期短、发文多，动辄每期刊文200篇以上，每篇文章1~2页的篇幅，剔除摘要、关键词、参考文献等，几乎没有什么有价值的内容，就是学术垃圾，靠买卖版面、刊号获取不当利益。这种学术商业化、以人民币为中心的畸形办刊目标，把学术期刊当成挣钱的买卖，扭曲了学术期刊的初心和灵魂。

（2）明晰的期刊定位

定位是期刊发展的根本问题。学术期刊是为学术共同体服务的专业领域的特定小众读物。一般而言，学术期刊要么专业化，要么专题化。杂志的"杂"不是杂乱无章、无所不包，不是学科拼盘、东拼西凑。即使定位于综合性期刊，也应侧重几个栏目、几个专题方向。

期刊定位一旦经过科学论证、实践检验基本稳定后，原则上就不要轻易调整了，更不应因主编、社长等人事变化而变动。这方面失败的例子很多，有的期刊几年间定位风格折腾了几回，最终都不知道自己是谁，要办成什么样子了。

（3）特色的栏目设计

栏目设计是期刊谋篇布局的大事。期刊栏目有以下3个方面的作用：一是期刊的对外窗口。栏目是一本期刊的定位、内容、层次、风格等的体现。科学合理的栏目设置能全面体现办刊的宗旨和学术品格。二是读者、作者的向导。栏目能醒目地告知读者和作者各栏目文章的主题范围，从而实现精准的"导读"和"导投"。三是期刊的内容总纲。栏目反映一本期刊的内容架构。期刊发表什么领域的稿件，都由栏目设置决定。不能捡到篮子里的都是菜，随性而为。

目前，期刊栏目设置存在不少问题：栏目设置太随意随性；栏目名称太笼统、太宏观，无专业特点；栏目之间逻辑混乱；栏目不符合刊物定位；栏目表述不规范；栏目过分追求整体划一，缺乏个性活力。学术期刊的栏目设置应体现以下5个方面的要求。

① 问题导向性

要针对重点、热点、前沿问题，重点策划以问题为导向的跨学科专题研究栏目。国家在跨学科研究的资助力度、资源分配上大力倾斜，成果日益剧增。编辑策划选题也有丰富的原材料，关键是要了解和把握有关研究的信息。

② 学术专业性

栏目设置要体现学科专业性，应根据学科研究的基本问题、核心主题词等专业特点设置栏目。要通过栏目设置向作者和读者传递"关注学科基础理论、学术史和社会重大现实问题的研究导向"等，从而体现出主题凝聚、学术厚重的专业品质。

③ 系统逻辑性

各栏目间以内在逻辑为经纬度，逐次设置。各栏目之间要体现区分度、关联性和互补性。

④ 表述规范性

栏目名称要体现风格一致和表述规范性。栏目名称应规范简约，既要有中观包容性，又要避免过于笼统和宏观，更不要过度追求整齐划一而显刻板。编排栏目时，还应考虑版面整体的美观度。

⑤ 相对稳定性

栏目设置要兼顾固定性与灵活性。栏目固定有利于读者、作者认知，固定栏目是期刊的主干，一定时期内要保持栏目名称的相对稳定；机动栏目可根据学科发展、学术热点、当期文章质量等变动因素适当调整。

（4）主动的选题策划

能否主动进行选题策划和组约稿件是检验学术期刊出版能力的试金石，也是提升学术期刊内容质量建设问题的重要抓手。学术期刊的思想深度、文化厚度、视野高度和影响力大小莫不系于此。等米下锅、来料加工，不能打造出精品学术期刊。

主动的选题策划不仅要有主观愿望、实际行动，而且要求编辑具有一定的学术专业知识，能够把握学术与社会发展动态，主动设置议题，能够与作者在学术对话中研讨选题。许多编辑部召开学术或选题研讨会，就是很好的做法。

（5）严谨的出版规范

编辑是一项特别体现工匠精神的工作。既要编，又要校，要求精致。需耐下心、静下心来，细琢磨巧加工。从封面、扉页、版权页的形式到内文各要素的规范，从每篇文章的内容、逻辑、结构到文词、句法、标点、引文等，都要细致严谨规范、精益求精。有些特定的人名、称谓、用词是绝不能出错的。从国家有关部门的质检情况看，学术期刊的学术规范方面的问题较多、亟待改进。一些学术期刊在形式上逐渐具备了中英文摘要、关键词、引用、参考文献等内容，但是水平、质量堪忧。

有的摘要就是文章第一段或小标题的汇总；有的英文摘要翻译笑话百出；有的引用错漏普遍，文不对题，存在假引、互引、伪引等；有的参考文献明显在凑数，与文章无关联。

全国新闻出版标准技术委员会已经组织编写了一整套学术期刊出版规范，对摘要、关键词、图表、引用、参考文献、学术不端等进行行业规定。比如，将转引自其他文献的引文标注为直引，将引自译著的引文标注为引自原著，在参考文献中有实际未参考过的文献资料，过度引用等，都将被界定为学术不端行为。

（6）专业的编辑队伍

一本期刊就是期刊主编和编辑部团队的名片，代表着编辑的学术素养和职业水准。打铁还需自身硬，有些刊物靠出卖刊号、合作版面或主要依赖外编，没有稳定的良好素质的职业编辑队伍，是不可持续的。编辑要具备专业素养和社会发展、人类进步的全局视野和文化情怀，博观约取、辨伪弃庸、披沙拣金，把好的作品奉献给读者、社会、民族、国家。编辑要努力做"学者型编辑"，要在编辑学、杂学、专业学科等方面有点"真货"、有"两把刷子"，这既是出版"思想精深、艺术精湛、制作精良"的"三精"作品的要求，也是编辑职业使命使然。

（7）多元的传播途径

新媒体日新月异的发展，极大地改变了人们的阅读方式、学习方式乃至科研方式。纸质读物退场和数字化阅读进场是不以人们的意志为转移的客观趋势。学术期刊要通过自建、合作、加盟等方式，利用两微一端、数据平台等各种信息网络传播渠道推送刊物的信息，最大限度地扩大学术期刊的传播力、引导力、影响力、公信力。网络数字手段也为刊物的内容和形式拓展提供了无限广阔的天地，学术期刊要切近作者、读者需求，努力跟上技术发展的步伐。

（8）良好的内外环境

一本学术期刊的良性发展离不开健全的内部管理制度和协调的外部环境。学术期刊健全的内部管理制度是根本保障。例如，长远的发展规划和目标，内部编辑各种管理制度健全，主管领导和主编不缺位、失位，编辑有晋升渠道，出版有财力保障，等等。而协调的外部环境也是必要条件。例如，编辑要与学界良性互动，与业界交流借鉴，请进来、走出去，"在"学术期刊主流、"入"学术期刊主流、"做"学术期刊主流。

7.3.2 学术期刊创新之视域

学术期刊是一个国家和民族思想理论文化水平的重要标杆，也是贯彻国家意志、引领创新的重要平台。党和国家非常重视学术期刊与学术平台的建设。2021年5月9日习近平总书记在给《文史哲》编辑部的回信中指出："高品质的学术期刊就是要坚守初心、引领创新，展示高水平研究成果，支持优秀学术人才成长，促进中外学术交流。"[1] 2021年5月18日中共中央宣传部、教育部、科技部印发的《关于推动学术期刊繁荣发展的意见》中也阐明："学术期刊是开展学术研究交流的重要平台，是传播思想文化的重要阵地，是促进理论创新和科技进步的重要力量。加强学术期刊建设，对于提升国家科技竞争力和文化软实力，构筑中国精神、中国价值、中国力量具有重要作用。"[2] 党和国家赋予了新时代学术期刊光荣使命、重大责任和艰巨任务。

视野决定格局，格局决定高度，高度决定水平。人文社会科学学术期刊以及广大科研工作者如何立足中华民族伟大复兴战略全局和世界百年未有之大变局，从历史长河、时代大潮、全球风云中抓住主流主线、分析演变机理、探究历史规律，提出相应的战略策略，从而发挥创新引领作用呢？基于目前我国人文社会科学研究现状和存在的问题，学术期刊从以下五个视域深入思考、主动策划、组织稿件，将会有助于拓宽选题视野，提升期刊格局，扩大期刊学术引领力、影响力。

---

[1] 教育部新闻办公室：《习近平给<文史哲>编辑部全体编辑人员回信》。
[2] 新华社：《中宣部、教育部、科技部印发<关于推动学术期刊繁荣发展的意见>》。

（1）不断推进学术上的马克思主义中国化

学术期刊是中国特色社会主义事业的有机组成部分，以马克思主义为指导不仅是区别于其他国家或地区期刊的根本标志，而且也是学术上马克思主义中国化的主体阵地。不断推进学术上的马克思主义中国化是新时代学术期刊的首要任务。

马克思主义是我们立党立国的根本指导思想，是我们党的灵魂和旗帜。中国共产党为什么能，中国特色社会主义为什么好，归根到底是因为马克思主义行！中华民族实现了从站起来、富起来到强起来的伟大飞跃，在指导思想上离不开中国共产党在不同历史时期始终坚持把马克思主义这一科学理论时代化、民族化、本土化，并不断实现马克思主义中国化的飞跃。毛泽东从1930年提出马克思主义要同中国实际相结合[1]，到1938年在党的六届六中全会上提出"马克思主义必须通过民族形式才能实现"，要"使马克思主义在中国具体化"，马克思主义在不断与中国具体实际相结合、与中华优秀传统文化相结合的中国化过程中，形成了毛泽东思想、邓小平理论、"三个代表"重要思想、科学发展观、习近平新时代中国特色社会主义思想。这是党的百年奋斗指导思想的主题主线，也是实现中华民族伟大复兴的根本遵循。对此，学术期刊理应作为首要课题进行研究，为马克思主义中国化的内在机理、发展规律、原创成果、内涵本质等提供学理哲理支撑。根固则木长、源浚则流远。马克思主义中国化的成果只有形成学术概念、学科体系、学术体系、教材体系、话语体系进而形成中国自主知识体系的一部分，才能深刻内嵌入中华优秀文化的深厚底蕴中而巩固传承、创新发展。

学术期刊在推进学术上的马克思主义中国化过程中，要遵循知识创新、学术研究的范式、话语、风格，以有别于理论宣传类期刊。用学术讲好政治并非易事，必须克服把"讲政治"简单化理解，一味刊登那些照搬书本、文件原话，重复似曾相识内容的文章，要把政治论题转化为学术命题，主动策划刊发有学科学理支撑、

---

[1] 在开辟井冈山革命根据地和中央革命根据地的斗争中，毛泽东同志逐渐总结出了一个道理，"马克思主义的'本本'是要学习的，但是必须同我国的实际情况相结合"。参见毛泽东：《反对本本主义》（1930年5月），《毛泽东选集》第1卷，人民出版社1991年版，第111-112页。

用学术话语叙事的马克思主义中国化成果。例如，范文澜于1940—1941年在延安编写的《中国通史简编》就是当时学术上马克思主义中国化的优秀成果，既以马克思主义观点叙述中国整个历史，又很少引用马克思主义经典作家的文句，绝少教条式的空泛议论。毛泽东高度评价说"我们中国共产党对于自己国家几千年的历史有了发言权，也拿出了科学的著作了"。[1]

（2）不断推进中国式现代化道路理论与实践的系统性学理转化

新中国仅用几十年就走完了发达国家几百年走过的工业化历程，创造了经济快速发展和社会长期稳定两大奇迹。中国道路所创造的人类文明新形态，为希望加快发展又希望保持自身独立性的发展中国家和民族走向现代化贡献了中国智慧、中国方案。中国道路、中国奇迹、中国之治等已成为世界范围内广泛关注和研究的重大议题。因此，诠释好我们走出的中国式现代化道路、创造的人类文明新形态这一重大命题，必须由中国人自己而不能依靠别人来完成。

问渠那得清如许，为有源头活水来。习近平总书记说，当代中国的伟大社会变革，不是简单延续我国历史文化的母版，不是简单套用马克思主义经典作家设想的模板，不是其他国家社会主义实践的再版，也不是国外现代化发展的翻版。党的二十大报告中对既有各国现代化的共同特征、更有中国特色的中国式现代化内涵做了重点阐述，如中国共产党领导、人口规模巨大、全体人民共同富裕、物质文明和精神文明相协调、人与自然和谐共生、走和平发展道路等。中国特色社会主义理论与实践为建设中国特色哲学社会科学提供了最为丰腴的、源源不断的一手素材。

基于中国式现代化道路理论与实践的中国特色哲学社会科学的系统性建构，在遵循学科、学术、话语发展演化规律的同时，主要任务是凝练学术新概念范畴、重组学科内容新内涵、重建自主知识新体系，用中国理论阐释中国实践、用中国

[1] 佟冬：《我的历史》，《中国当代社会科学家传略》（第4辑），书目文献出版社1983年版，第84页。

实践升华中国理论。自 2016 年 5 月 17 日习近平总书记在哲学社会科学工作座谈会上发表重要讲话以来，我国学界、期刊界围绕中国特色社会主义道路的历史逻辑、理论逻辑、实践逻辑，努力从不同学科探索建构学科体系、学术体系、话语体系，一些学科领域如马克思主义理论、考古学、社会学等取得了明显进展。但也应看到，不少学科领域对中国式现代化道路理论与实践整体系统地学理转化成效还不足，还存在打补丁、生硬套、碎片化、浅层化、时事化、对策化、短平快功利化的现象，还需要中国学界、期刊界整体性拥有学术自觉、自信，坚定立足中国大地、扎根中国大地，以工匠精神产出更多科学、扎实、厚重的研究中国道路的学术成果。

（3）不断推进中华优秀传统文化的现代性转化

参天之木，必有其根；怀山之水，必有其源。立足或内生于民族文化的思想理论最根本、最牢固、最持久、最有生命力。中华优秀传统文化是文化自信最稳定的"精神 DNA"，是构建中国特色哲学社会科学的根和源。中国人民在长期生产生活中积累的宇宙观、天下观、社会观、道德观等，同科学社会主义价值观主张具有高度契合性，成为中国人民接受并信仰马克思主义的深厚历史文化基础。"我们必须坚定历史自信、文化自信，坚持古为今用、推陈出新，把马克思主义思想精髓同中华优秀传统文化精华贯通起来、同人民群众日用而不觉的共同价值观念融合起来，不断赋予科学理论鲜明的中国特色"。[1] 习近平总书记特别重视并身体力行推动中华优秀传统文化的创新性发展、创造性转化，在庆祝中国共产党成立 100 周年大会的重要讲话中，9 次讲到要"以史为鉴"；2021 年 3 月在福建考察时强调：如果没有中华五千年文明，哪里有什么中国特色？如果不是中国特色，哪有我们今天这么成功的中国特色社会主义道路？我们要特别重视挖掘中华五千年文明中的精华，弘扬优秀传统文化，把其中的精华同马克思主义立场观点方法结合起来，坚定不移走中国特色社会主义道路。[2]

---

[1] 习近平：《高举中国特色社会主义伟大旗帜 为全面建设社会主义现代化国家而团结奋斗——在中国共产党第二十次全国代表大会上的报告（2022 年 10 月 16 日）》，人民出版社 2022 年版，第 18 页。
[2] 新华社：《习近平考察朱熹园谈文化自信：没有中华五千年文明，哪有我们今天的成功道路》。

历史文化传承不息，每个时代有每个时代对待传统文化的理念。比如，五四运动后，思想上围绕"夷夏之辨""中西之争"，以辜鸿铭为代表的复古论者有之，以陈序经为代表的全盘西化论者有之；实践中围绕"打倒孔家店"还是"救出孔夫子"，又演化出了孔学（新孔学）、儒学（新儒学）等学派。进入新时代，党领导中国人民正为实现第二个百年奋斗目标、以中国式现代化实现中华民族伟大复兴而团结奋斗，我们需要研究从中国传统文化中传承什么、怎样传承，才能将其转化发展为具有历史穿透力、问题解释力、实践引领力、世界影响力的现代性文化成果，从而为构建赓续中华文脉的中国特色哲学社会科学作出贡献，为世界文明进步作出新的更大贡献。

习近平新时代中国特色社会主义思想是中华文化和中国精神的时代精华，是中华优秀传统文化创造性转化、创新性发展的生动典范。如何从大历史观视野将其与中华优秀传统文化紧密结合进行研究，是学术期刊做好"双创"的首要任务。例如构建人类命运共同体思想，与中国历史文化中"协和万邦""天下大同"的世界观、"尚中贵和""允执其中"的方法论、"立己达人""兼济天下"的道德伦理观等存在着怎样的承继与发展关系，与西方的自由、民主、人权等所谓"普世价值"有什么本质不同。

在推进中华优秀传统文化的现代性转化中，一要以解答时代之问和满足社会重大需求为出发点，师古不复古、不虚古、不拘于古，重在创造新思想新知识新文化。例如，杨光斌等提出了基于中国历史文化的历史政治学范畴，冲破了基于理性人假设的西方自由主义民主政治学体系，致力于建构具有中国自主性的政治解释框架和话语体系。二要注意研究范式、方法、表达问题。比如，有学者就质疑，将孔子和中国传统文化的资源灌入西方思想框架、研究方法、学术磨具中，所产出的"定型"成果是否能够真实反映孔子和中华优秀传统文化的价值。三要注意防止历史虚无主义。毛泽东早在 1940 年《新民主主义论》中就阐明了批判继承、剔除糟粕、吸收精华的马克思主义文化发展观。所以,传统文化的现代性转化不能违背历史唯物主义、辩证唯物主义的基本原理,不能以反思、解构、揭秘、再评价等为名,脱离时代主流主题主线,借古讽今或否定正史,甚至宣扬西方所谓"普世价值观"。

(4)不断推进人类文明一切优秀成果的中国化转化

开放带来进步,封闭必然落后。合理借鉴人类文明一切优秀成果,博采众长、兼收并蓄,在交流借鉴中不断发展完善,是中华文化的优秀品质。1917 年十月革命给中国送来了马克思列宁主义,成为中国共产党领导中国人民实现中华民族伟大复兴的根本指导思想。但百年党史也告诉我们,什么时候马克思主义与中国实际、中华优秀传统文化结合得好,党领导人民进行社会主义革命和建设的事业就顺利;反之,则会出现挫折,如土地革命战争时期王明"左"倾教条主义错误就给党和人民的革命事业造成了极大损失。

文明没有高低、优劣之分,全球化绝非同质化,绝非西方一种文明的单向度扩张,而是各种文明交汇交流互鉴进程中的地域全球化和全球地域化。学习借鉴人类文明的一切优秀成果,关键在于不失文化主体性、自主性前提下采取什么样的立场、方法和视野。西方文化价值体系、研究的思维方式深深内嵌着先验的排他性的逻辑前提,与中国文化价值观、思维方式有很大不同。以中西关于"共同价值"与"普世价值"这两个人们常常混淆的近似概念为例,我们主张的全人类"共同价值",是建立在超越国别族群、尊重多样化基础上的价值理念,践行知行合一、合作、包容、共赢;而西方的"普世价值"则是建立在西方中心主义价值理念基础上、以定于一尊的标准预先界定,实则严重脱离实际,践行排他性干涉、实力说话、"双标"行径。这个例子启示我们:学习借鉴外来文化成果必须有清醒辨析的能力和本土化、民族化、时代化转化的能力。正如习近平总书记在哲学社会科学座谈会上深刻指出的:世界上没有纯而又纯的哲学社会科学。研究者生活在现实社会中，研究什么，主张什么，都会打下社会烙印。

自近代西学东渐以来，我们在学习借鉴过程中，历来不乏在立场、观点、范式、文风等方面"消化不良"的学术研究成果，突出表现在言必称希腊、证必从西学出。有学者明明研究中国现实问题，却偏偏主要引证西学理论观点来证明是非曲直，似乎只有这样才是"真学术""真学问"。岂不知，其所引用的西学理论对西方自己现实社会问题都不能合理解答。更有不少文章使用复杂的图表算法或量化模型、引用人们看不懂的话语表达（也许作者自己都没弄懂），重复论述了一个并非需要专业判断的常识性结论。对此，有识之士早就呼吁，开放包容、合理学习借鉴西方优秀文明成果不能只做洋经注释工、学术搬运工、照猫画虎的模仿匠。学术期刊作为开展学术研究交流、传播思想文化的重要阵地，具有重要的引导示范作用，要形成学术期刊共同体，有意识地抵制这种研究文风，倡导鼓励那些贯通中西文化历史、融汇世界文明精华、传播中国文化价值的研究文章。

（5）不断推进中华文化、中国理论的世界性转化

文明因多样而交流，因交流而互鉴，因互鉴而发展。习近平总书记在2019年亚洲文明对话大会开幕式上演讲时自信地说："今日之中国，不仅是中国之中国，而且是亚洲之中国、世界之中国。未来之中国，必将以更加开放的姿态拥抱世界、以更有活力的文明成就贡献世界。"[1]因此，讲好中国故事、传播好中国声音，展示真实、立体、全面的中国，既是为我国改革发展稳定营造有利外部舆论环境，又是我国为世界文明发展贡献中国主张、中国智慧、中国方案、中国力量。

学术乃天下公器。学术期刊在推进中华文化、中国理论"走出去"中具有特殊重要的学理支撑作用。在"西强我弱"的国际文化格局尚未根本扭转的现状下，学术期刊既要主动讲、也要会讲中国故事，围绕中国发展观、文明观、安全观、人权观、生态观、国际秩序观和全球治理观，主动策划中外都关注的共同话题、构建中外都听得懂的中国话语和叙事体系。与此同时，学术期刊也要注重把走出

---

[1] 新华社：《习近平出席亚洲文明对话大会开幕式并发表主旨演讲》。

去与引进来有机结合起来，把世界其他国家研究中国的科学的学术成果合理引进来。例如，权威媒体《人民日报》2021年9月27日刊登的"宣言"文章《我们为什么能够成功》中，就引用了美国哈佛大学肯尼迪政府学院阿什民主治理与创新中心2020年7月发布的《理解中国共产党韧性：中国民意长期调查》报告中的数据和结论。

学术期刊还要敢于和善于论争，引导世界学术走向。真理越辩越明，学术研究不必讳言中国发展中的矛盾和问题，不应回避各国文明文化差异和现实冲突，要直面西方针对中国崛起的各种怀疑、偏见和错误观点，善于在学术对话中、学理辨析中、求同存异中，全面打造真实立体多元的"学术中的中国"。

以上关于新时代学术期刊创新引领的五个视域"转化"的概括和阐述，旨在梳理学术期刊选题创新的思路。概要表达就是学术期刊要站位大时代格局，立足中国、借鉴国外、挖掘历史、把握当代、关怀人类、面向未来，紧紧围绕建构起与我国地位相匹配的自主知识体系，发挥学术创新引领作用。

7.3.3 期刊发展核心竞争力——编辑评鉴能力

期刊评价可以评价结果也可以评价过程，但无论怎么评价都绕不开编辑这个办刊主体的素养和作为。这个根本性的基础条件是决定一本期刊质量和水平的充分必要条件。因而，评价期刊的另一个非常重要的方法就是评价其编辑队伍的能力和素质。

编辑能力或素养要求很多，如政治理论素养、学科专业素养、选题策划能力、编辑加工能力、数据分析能力、学习能力等。但如同伯乐相马，综合来看，发现那些有创新价值的学术论文予以编辑出版，才是学术编辑能力的核心素养。面对数量激增、参差不齐、主题庞杂的学术论文，编辑需要在有限时间里高效判断出其学术出版价值，需要提出有专业水准的修改或退稿意见，这对许多编辑尤其是新编辑是个磨炼和考验。其中，学术论文的创新性判断是最为重要的能力。因为，对学术期刊而言，论文没有创新就没有刊登的价值和意义。

我们经常讲文章要有"创新"性，但却经常看到以下几种非创新性"科研成果"：一是权威型学术，即引证型，这类文章大多是引证别人如何说，或是文件、领袖语录的汇集、套话；二是反省型学术，即清算、批判型，这类文章往往慷慨激昂、痛快淋漓，却大多是以片面的学术批评学术的片面，且很多属"只管看病不开药方"；三是引进型学术，即贩卖资料型，这类文章对西方的一些思想理论观点不管理解与否、对错与否，只管囫囵吞枣地"拿来"；四是创新有限型学术，这类文章有的不乏创新之处，但还不至于达到了"首次""开创""贡献"层面的学术高度；等等。编辑需要避开这些"创新陷阱"，才能在众多文章中发现那些真正有出版价值的成果，从而支撑起一本学术厚重的、创新引领的大刊、名刊。

那么，编辑评鉴论文有没有一些规律性的东西呢？下面试简要总结编辑发现与判断创新性学术论文的维度、要点。

（1）学术论文价值评鉴维度

创新是指创造新的东西，或对已有的东西进行更新、发展和改造。创新是人类社会发展进步的不竭动力。对于学术研究活动而言，创新更是其根本目的与意义，也是其生命所系。学术之学非附和之学、求同之学，而是求异、标新之学，没有创新的成果不能称之为学术论文。因此，所谓学术论文的创新是指与已有研究成果有显著差异的科学发现，这个发现首先要遵循科学研究规范，其次要具有排他性、差异性和承继性。继承既有研究成果是其逻辑起点，科学的理性思维方法是创新性学术研究成果的基础，不与已有研究成果同质化或趋同是其基本标志。学术研究都应是遵循承继、差异、排他这一逻辑理路展开并达至科学研究创新目的的。

创新性学术论文首先是指思想、理论、观点、方法上有创新，也就是必须要有显著的不同于以往研究成果的新思想、新理论、新观点、新方法，并以新概念、新范畴、新定律、新表述、新概括等话语（体系）为主要表征；其次是指知识新发现或对既有知识进行了拓展完善、匡谬补缺、证疑证伪等创造性发展。

创新性科学研究的挑战性很大。在人类历史长河中，大师大家灿若星辰，他们对人类、社会、自然深入思考，皓首穷经，思想博大精深，鸿篇巨制累累，后来者站在巨人的肩膀上，承继着灿若星辰的历史文化遗产宝库，再继续攀登新的思想理论高峰确实难度很大。尤其是随着近代以来席卷世界的知识领域专业化、细分化的发展，诞生划时代的大家的概率越来越低。但社会总是在发展，新情况、新问题总是层出不穷，人类创新的脚步也不会停止。从人类社会创新思想发展规律看，当今就是一个需要理论而且一定能够产生理论、一个需要思想而且一定能够产生思想的时代。2016年5月17日，习近平总书记在哲学社会科学工作座谈会上的讲话中35次使用了"创新"一词，提出了不断推进"知识创新、理论创新、方法创新"三个维度，并具体地指出："哲学社会科学创新可大可小，揭示一条规律是创新，提出一种学说是创新，阐明一个道理是创新，创造一种解决问题的办法也是创新。"[1]这对当今学术研究继续不断创新有着重要指导意义。

学术论文的创新性最终体现在人们对其学术价值和社会价值的评价判断上。在哲学价值论意义上，价值的存在与确立是由其是否满足主体的需要以及在多大程度上满足主体需要来决定的。所以，主体的需求情况是决定学术论文创新价值大小的关键。

第一，学术价值。凡称为学术论文的就应有学术价值。那么，学术价值满足的主体是谁呢？学术活动是小众群体所开展的专门、系统的研究行为，这个小众群体一般就是指各种学术同行组成的学术共同体。所以，学术论文的学术价值要满足的主体就是学术共同体。学术共同体有大有小、有紧密有松散，所涉学术领域有宽有窄、评价尺度不一，但其对学术论文水平的评判或认同度就是该成果的学术价值。厘清了这个问题，我们就知道学术出版的主要读者对象在哪里，就知道衡量编辑工作的学术质量标准是什么。在学术出版活动中，编辑的选择与判断首先要站在该专业领域学术共同体的视角和已有研究成果的高度，对成果的学术创新价值做出科学的评鉴，才能使其符合学术论文出版的学术价值。

---

[1] 习近平：在哲学社会科学工作座谈会上的讲话（2016年5月17日），新华社2016年5月18日电。

第二，社会价值。学术论文的社会价值与学术价值是一个硬币的两面，共同构成学术论文的价值，只强调其一是片面的。1911年梁启超在《学与术》一文中说："学也者，观察事物而发明其真理者也；术也者，取其发明之真理而致诸用者也……学者术之体，术者学之用。二者如辅车相依而不可离。学而不足以应用于术者，无益之学也；术而不以科学上之真理为基础者，欺世误人之术也。"[1]我们通常讲的学术乃天下公器，其含义之一就是指学术论文要为社会公益服务而非少数人的专利。穷理以致其知，反躬以践其实。科学研究既要追求真理和知识，也要经世致用，服务于经济社会发展和广大民众的福祉。学术论文是否能够对社会发展有积极的推动作用，是对学术论文创新价值的终极评判。

学术论文的学术价值主要由其满足学术共同体的需要程度来决定，但学术论文的社会价值判断主体则不再局限于学术共同体。学术论文的社会价值如价值导向、历史影响、文化传承、社会反应、政府采纳、企业效益等，包括学术共同体在内，不同的社会主体在不同的时空范围都有各自的价值判断标准，不能一概而论。随着历史的发展，对有些学术论文的价值评判甚至出现相反的结论。因此，编辑对学术论文的社会价值判断，其实是一种价值预判。这是一项要求很高的工作，不能仅凭个人喜好、一己之见或凭空臆断来判断社会价值的高低，要从学术论文所指向的最主要领域，取最大公约数，综合预判其社会价值。

另外，在对学术论文出版价值的判断工作中，大多数要依赖编辑自己的力量予以完成，但对一些疑难问题、新兴交叉学科、研究范式创新或转换等编辑不熟悉的研究领域，则需要依靠专家、编委协助评判。在发挥外审专家作用问题上，应当是"依靠"而非"依赖"，否则，久之就会形成惰性，失去编辑在出版环节的主体性、能动性。

（2）学术论文形式评鉴策略

从学术论文形式上判断其价值，主要看选题是否有意义、逻辑层次是否清晰、

---

[1] 梁启超：《学与术》，《国风报》1911年第15期，署名：沧江，后收入《饮冰室合集·文集》之二十五（下）。

布局结构是否完备、材料应用是否科学扎实、基本结论是否自洽、辅助要素是否规范。我们常讲的速判论文水平的"五看",即看题目、看摘要、看结构、看结论、看参考文献,就是一种文本形式意义上的判断。

第一,一个好选题必须是个真问题,令人眼前一亮,其本身就具备了差异、排他的特质,也即原创而非雷同,且基本决定了该选题研究的意义。当然,也有大量好选题写得很差的情况。许多论文的选题雷同,再创新的可能性就小,即使在形式规范上做得很到位,且基本属于重复性研究。此外,一些题目用了一些译介词汇或生僻字词,实质内容从其摘要中就可基本判断出并无新意;而有些关于基础领域核心问题的选题看似普通,稍读内容即能发现其学术含金量很高,这其中虽不能唯名人名家论,但这类选题往往是那些有实力的作者才能驾驭的。总之,好选题往往是作者研究功力的体现,有时又是编辑妙笔点睛的玉成之作。

其次,逻辑层次和布局结构是支撑学术研究成果的骨架脉络,是读者把握学术论文所蕴含的思想观点的导引图表。结构合理、纲目清晰、主次分明、环环相扣、形态完备等是一篇优秀论文的必要条件。旧时的八股文虽然形式上刻板束缚,但行文逻辑要求却是严谨的。编辑工作中经常见到,有些文章逻辑架构不合理,要么题大文少、头重脚轻,要么结构层次混沌、主题主线不清,要么主题概念界定不准、前后不周延,等等,这些情况都是作者写作思路不清晰的表现。

第三,扎实的事实史料是佐证和支持论文观点能够成立的基石。做好文献梳理是学术研究的前提,这方面国外的一些做法值得借鉴学习。当然,从结构布局上来讲不一定都要放在开篇,恰当地置于文中更让人觉得行文流畅。证据材料的使用要恰当、切题,符合原意,与论证观点紧密相关,尽可能精当、不重复冗长。一般而言,史实材料不丰富、不典型、不新颖、不权威,很难树立起可信的创新结论;发现引证文献资料不主流、非始引、无关联,乃至假引、伪引、编造、篡改等情况,就要质疑成果的创新价值和出版价值。

第四,基本结论自洽是指对学术研究所提出的问题通过论证得出的符合经验上或逻辑上的可信结论，这是创新性成果的精华所在。有何因即有何果，论证要与结论匹配，即自圆其说。专业上的精巧抑或孤立论证不能背离问题的时代背景和宏观逻辑。问题的时空范围决定了结论的外延，论述的厚度决定了结论的内涵，论证的逻辑决定了结论的严谨性、合理性。从创新性学术论文的特征判断，那些观点不成立或存疑的学术论文，往往是结论不能自洽。

第五，辅助要素规范是指学术论文的基本构成要件齐全和标注规范。摘要、关键词、注释、参考文献等是规范的学术论文应具备的辅助要素。全国新闻出版标准技术委员会编写的《学术出版规范》中，对这些辅助要素都分别做了行业标准规定。学术论文的辅助要素对编辑从形式上速判学术论文的规范性、严谨性具有重要参考价值。有的作者对这些辅助要素不够重视，甚至交由编辑代劳，不利于养成作者严谨的科学研究态度，也增加了编辑的工作量。

当前，受学术期刊评价影响因子的左右，论文篇幅越来越长，不少是东拉西扯的凑篇幅之作。编辑掌握了从题目、摘要、结构、结论、参考文献等形式上迅速判断论文水平的技能，就会摒弃次要信息，抓住关键点，发现好观点、好文章，提高工作效率。

（3）学术论文内容评鉴方法

形式判断不能代替内容判断，判断学术论文价值水平最终要据其内容创新度。从学术论文内容上判断其价值，主要看其思想、观点、方法、资料、结论等方面的创新度有多少。这是对学术论文的质性判断。

学术研究是探索未知、追求真知、修正已知的创造性活动。但实践中，真正属于开创性或填补重大领域空白的完全创新性成果占比不高，即"有高原无高峰"，多数情况下都是在学术命题、学术思想、学术范式、学术话语、资料证据等方面有一定程度的创新。因此，可以把学术论文创新度分为完全创新、部分创新、少许创新、没有创新几个层级。其中，努力发现有出版价值的部分创新、少许创新的学术论文是编辑日常工作需要下功夫的地方，至于那些完全没有创新的学术论文充其量有些知识传播价值，不具学术价值。以下是三点评鉴要素。

第一，论题价值。判断学术论文创新程度的第一考量要素是什么？概言之，即学术研究主题所涉及问题的价值。马克思说，一个时代的迫切问题，主要的困难不是答案，而是问题。问题是创新的原点，学术研究创新的过程就是发现、筛选、研究、解决问题的过程，所以，提出一个有价值的问题就决定了后续研究所可能达到的创新程度的大小。那些大量的重复性研究文章，主要原因就是研究者不能提出一个有研究价值的问题。

问题是时代的口号，是表现时代精神状态的最实际的呼声。人文社科各学科研究都有自己的问题场域，有的偏重历史训诂，有的侧重现实探究，但都需立足时代背景和社会发展。"学术研究亦有价值序次"[1]，一些历史文本研究十分狭窄、个性、琐碎、孤僻，看似所谓"填补空白"，实则影响力很小，不具社会文化意义。历史证明，任何脱离了时代的研究，其价值意义几乎都被忽略，更遑论惠及后世。而对那些言必称西学、以西律中、照猫画虎、生搬硬套的学术论文，更不能简单地将其一概等同于创新。[2]

当代中国哲学社会科学研究的一个重大使命是把中国"中国化"，以我们正在做的事情为中心，从我国改革发展的实践中挖掘新材料、发现新问题、提出新观点、构建新理论。"只有以我国实际为研究起点，提出具有主体性、原创性的理论观点，构建具有自身特质的学科体系、学术体系、话语体系，我国哲学社会科学才能形成自己的特色和优势。"习近平总书记倡导广大科技工作者要把论文写在祖国的大地上，把科技成果应用在实现现代化的伟大事业中，这也应当是当代所有学术研究者、出版者的历史责任和使命。

---

[1] 吴承学认为，学术研究的境界、气度、格局是有差异的，如果把碎片化与生僻化的孤立研究作为追求"人无我有"的"创新"，意义不大。（吴学承：《学术史识与学术价值观》，《文学遗产》2013年第6期。）
[2] 杨光斌认为，近百年来中国社会科学的历史可以分为三个阶段：第一个30年是"西学"的1.0版，第二个30年是计划经济时代意识形态与"三大原理"（哲学、政治经济学、科学社会主义）一体化，第三个30年是新的"注经运动"。习惯于"注经"，把"洋经"视为"天则"，社会科学就很难进行自主性创造（杨光斌：《论意识形态的国家权力原理——兼论中国国家权力的结构性问题》，《党政研究》2017年第5期。）

第二，研究方法。一般认为，学术范式的创新或转换是创新性研究成果的催化剂，但也常常成为困扰编辑判断的因素之一。自科学主义方法兴盛以来，关于学术研究方法之争就存在。例如，关于马克思主义方法的属性、功能、层次的争论，关于科学主义方法与人文主义方法、传统研究方法（汉学方法）的优劣之辩，关于定性研究与定量研究适应性探究，等等。实践证明，人文学科领域借鉴科学主义方法有利于所研究问题的精确化、实证化，社会科学借鉴人文主义方法有利于填补所研究问题的"人文"空场。但是，研究方法的相互借鉴并不是说可以乱套用、硬套用，每种研究方法都有其所适用的边界。即使马克思主义方法论作为指导性方法在发挥作用时，也必须注意具体研究对象的特殊性，不能代替任何具体的研究方法。[1]"研究者所提出的问题的性质，决定了回答这一问题的最合适的研究方式是定性研究还是定量研究。从这种意义上说，哪种方式更好并不是由我们主观上的喜好或选择来决定，而是早就由我们所提出的研究问题的性质内在地决定了的。"[2]

特别是随着科学研究的深入，人类认识事物的思维范式发生了深刻变化。因为，迄今为止的哲学社会科学研究的思维范式，在很大程度上是以17世纪以来形成的近代经典物理学的哲学思维为前提，这一前提的核心是事物应具有确定性、实在性和定域性。与经典物理学不同的是，20世纪诞生的量子力学和概率论已在科学研究中被广泛运用，科学研究更加注重事物发展的或然性、多元性、相对性和模糊性。在微观世界里，非确定性、主观性和瞬时超距作用是其主要特征。从根本上讲，只有以概率的规律而非"普遍规律"才能理解事物发展过程中多目标性而不是确定性的意义。[3]

一段时间以来，国内学者迷信西方的一些模型和公式，添加些中国元素，产出了大量的所谓模型化论文，这尤其在经济学领域最为突出。从人类文明发展史

---

[1] 赖虹：《中国现代学术研究方法的主要问题及讨论走向》，《江西社会科学》2005年第10期。
[2] 风笑天：《定性研究：本质特征与方法论意义》，《东南学术》2017年第3期。
[3] 贺东航：《政治发展的复线性与现代国家的复合路径》，《东南学术》2022年第2期。

上科学研究互鉴的角度来说，模型、公式可以且应当运用，关键是在使用时是否弄清了支撑这些理想模型、公式背后的理论方法和时空坐标，特别是历史文化、社会性质、经验事实、经济发展水平等基础问题，是否在已有基础上有所创新和发展而不是简单粗暴套用，是否对所研究的问题有科学合理、符合实际的解释力。[1]有研究就指出，国内带有数量模型的经济学论文与国外顶级经济学期刊带模型的论文有着显著的不同，国内经济学论文的模型多为模型的应用，有关这些模型理论方法方面的拓展、完善或全新模型的设计方面的论文很少；相反，国外顶级经济学期刊的论文则更多聚焦在数量经济模型理论与方法的发展与创新上，也往往被同行认为是奠基性、创新性、代表前沿水准的成果。

所以，关于学术研究方法，编辑判断的着力点应主要放在论文所研究的问题、对象与采用方法或范式的融洽度、合理性、科学创新性上。目前交叉学科、跨学科研究比较流行，成果颇多，但也出现了脱离学科本位、本末倒置、"两张皮"的现象，这就失去了采用交叉学科研究方法的意义。另外，交叉学科研究对作者的多学科知识素质要求较高，不能熟练掌握和运用跨学科知识是目前交叉学科研究成果中普遍存在的问题。[2]

第三，学术争鸣。编辑要善于发现有学问的思想，倡导有思想的学问，尤其要有学术民主精神，利用好出版发表阵地，引领平等、健康、活泼和充分说理的学术争鸣，鼓励多发表学术辩论、学术批评方面的学术论文。其中，关键在于把握好学术论文的立场、倾向和方式方法。

论文的立场原则。特别需注意涉及政治、民族、宗教、外交等领域的导向性问题。例如，有文章或明或暗用西方中心主义、历史虚无主义看待民族发展和社会进步，怀疑或否定中国智慧、中国经验、中国道路；有文章沿袭宁"左"勿右的文风，刻舟求剑、上纲上线、脱离实际，用经验主义、教条主义态度对待马克思主义，

---

[1] 蒋重跃：《怎样检验学术论文的内在质量——"概念衡文法"初论》，《澳门理工学报》2016年第4期。
[2] 郭丽：《21世纪唐代文学与其他学科的交叉研究回顾——兼论跨学科学术研究方法》，《山西大学学报：哲学社会科学版》2011年第1期。

生硬剪裁活生生的社会发展实践；有文章文风不严谨，对有特定内涵的概念、术语、用法不加区别界定；甚至有人打着学术研究旗号从事违背学术道德、违反宪法法律的假学术行为等。人文社会科学不同学科领域里的学术问题与政治问题的关联度，呈现状态千差万别，我们反对把一般的学术问题当成政治问题，一概用政治意识形态眼光去审视，也要警惕以学术为名贩卖错误的形形色色的政治主张，要认清其"在学术发展上通常并无新意，只是表达了不同于主流的另一种意识形态而已，因另一种意识形态已经经历了理论的和历史的过程，其学术价值是可以忽略不计的"。[1] 对与主流意识形态关联模糊的学术论文，则要观察其基本观点的价值取向。比如，长期以来学界争论的人文社会科学研究脱离意识形态的"学术中立"问题，不论该主张的意图如何，仅从人类认识事物的发展规律和既有成果看，研究者既有的人文观、社会观与历史观已经成为其开展研究的预置大前提，其研究什么、主张什么都已经打下了社会影响的烙印。因此，那种只谈"问题"不谈"主义"，主张"学术中立"或"价值中立"，实际上是做不到的。

论文的倾向性。特别需注意那些消极、负面、片面、空泛等问题。例如，有文章对我国经济社会发展缺乏客观辩证态度，夹杂着否定式的负面言辞；有文章采用个别极端例证或野史史料得出以偏概全、误导公众的"非常"观点；有文章只顾炒作西方理论的边边角角，漠视中国随处可见的待研究问题；有文章闭门造车，坐而论道、空泛无物；等等。这些问题一般都不是政治立场和原则层面的问题，而是一种学术研究的科学态度问题。学术论文不能发挥推动学术和社会文化发展的积极引领作用，其学术价值和社会价值都是需要质疑的。

论文争鸣方式方法。特别需要注意学风道德、命题真伪、理性思辨、平等争鸣等问题。例如，有片面否定、观点偏激、有我无他、博取眼球的伪学术争论，有病态攻击、无的放矢、南辕北辙、自相矛盾的伪学术批评等。没有尊重、包容的学术民主精神，就不能进行相互切磋、平等的讨论，也难以兼容并蓄不同学术观点、不同风格学派的优点进而开展创新性研究。对此，作为学术出版的把关人

---

[1] 刘庆昌：《人文社科学术期刊稿件质量的判断》，《编辑之友》2015年第5期。

需要审慎观察和导引。

总之，编辑对创新性学术论文的评鉴，既要从文本形式上快速判断，更要从职业视角对学术论文的论题价值、研究立场、观点倾向、方法科学性、论证完备性与学风道德等方面进行综合性预判。编辑的世界观、价值观、人生观和学识的宽度、厚度、广度都决定着淘沙拣金的水准以及工作效率。如是观之，重视期刊编辑队伍建设和能力素质评价才是期刊评价的根本。

7.4 人大《复印报刊资料》的守正与创新

中国人民大学书报资料中心成立于1958年，是新中国最早从事人文社会科学文献资料搜集、整理、编辑、出版的学术信息服务机构。从制作学术信息卡片开始，经过60多年的发展，现已成为拥有148种期刊、每年出版约1520期、刊发2万余篇文章、海内外发行500多万册的大型学术期刊出版单位。目前，正努力打造融合期刊出版、数字出版、学术评价、公共服务等于一体的现代专业学术期刊出版传媒机构。

书报资料中心自成立以来，始终坚持以繁荣我国哲学社会科学为己任，遵循"学术为本，为教学科研服务"的办刊宗旨。人大《复印报刊资料》系列刊，是我国唯一学科体系对应完整、规模化的人文社科专业学术期刊集群。精选千家报刊，荟萃中华学术，通过一整套严格规范的选文与评审流程，从国内公开出版的报刊中精选最优秀论文转载，成为我国优秀学术成果的集萃园地、海内外中国学术交流传播的重要载体、学人成长成才成名的有益助手。"人大转载"成为引领学术理论研究前沿的风向标，也成为学术评价参考标准之一。2011年人大《复印报刊资料》系列数据库产品荣获第二届中国出版政府奖，2017年"壹学者·学术生态系统"荣获第四届中国出版政府奖。在2016年度"中国期刊海外发行百强排行榜"

中，书报资料中心就有 11 种。

在我国期刊出版领域，相对而言，书报资料中心是一个历史较长、规模较大、学术影响力较强、社会关注度较高的知名学术期刊出版机构。但任何事物都有两面性，有历史积淀的优势，就有创新发展的障碍。尤其是随着网络信息技术快速迭代升级、人们科研方式和阅读习惯的变化，一个老的传统出版单位如何适应时代之需，既守正又创新呢？书报资料中心的探索可提供一些启示。

7.4.1 以制度体系建设为抓手，规范编辑全过程

当今时代，随着信息技术迭代加快、期刊出版质量要求更高、新生代编辑队伍成长等业态发展趋势，迫切需要期刊管理与时俱进，转变观念，创新方式方法；还需要从健全完善管理制度入手，严格落实"三审三校"制度、编辑质量责任制、编辑队伍管理等，建立起适合现代学术期刊出版的全流程编辑制度体系。这是期刊守正创新的根本保障。

书报资料中心是一家集群化、集约化、专业化的期刊出版单位，尤其强调编辑制度体系建设，用制度的刚性来规范全过程。书报资料中心历经 60 余年的编辑探索与经验总结，已形成一整套标准化、制度化、科学规范的编辑制度体系。下面，仅从三个方面简要介绍。

（1）流程管理体系

很多人不太了解人大《复印报刊资料》的编辑出版流程，主观上想象这项工作很简单、很随意、很容易，其实不是这样。书报资料中心一直按照现代管理制度要求，从来源报刊征集入库、期刊基本信息著录、论文学科分类标引，到编辑团队初选、复选、专家评选、总编终审，再到录入、排版、印制、发行，每一环节都制定了规章制度和操作要求，构筑了完整的编辑出版管理制度体系。（见图 7-5）

图 7-5 编辑出版流程图

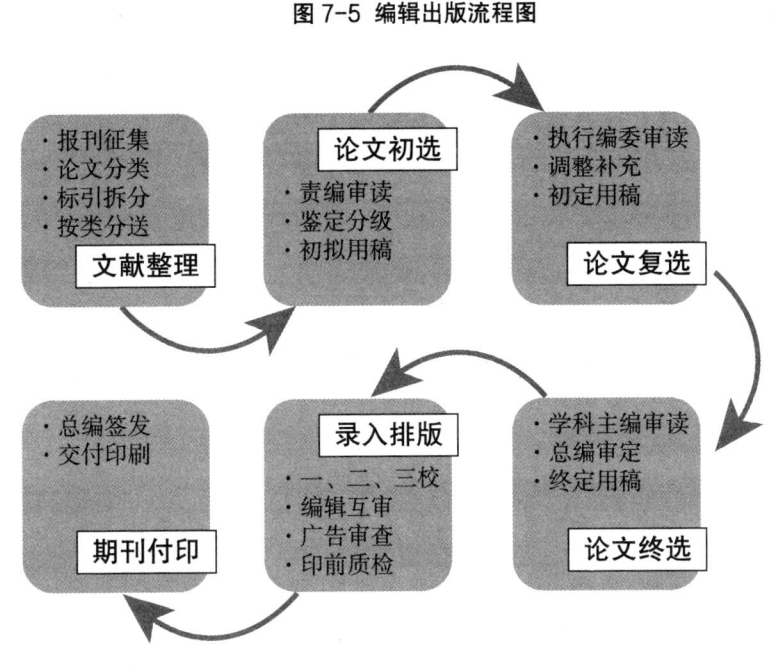

文献整理
- 报刊征集
- 论文分类
- 标引拆分
- 按类分送

论文初选
- 责编审读
- 鉴定分级
- 初拟用稿

论文复选
- 执行编委审读
- 调整补充
- 初定用稿

论文终选
- 学科主编审读
- 总编审定
- 终定用稿

录入排版
- 一、二、三校
- 编辑互审
- 广告审查
- 印前质检

期刊付印
- 总编签发
- 交付印刷

（2）质量管理体系

关于期刊质量管理，国家新闻出版署印发的《报纸期刊质量管理规定》（新出发〔2020〕10号）中包括四个大方面：内容质量、编校质量、出版形式质量、印制质量。该文件对编校和出版形式的质量管理都做了详细规定。内容质量尤其是政治导向方面，在《出版管理条例》《期刊出版管理规定》等法律法规中已有规定。对这些国家出版法律法规，书报资料中心没有仅仅挂在口头上、写在文件里，而是定期地、不断地、反复地组织编辑学习和培训，如每年都召开编辑工作会议，其重要内容就是学习国家有关期刊出版法律法规及最新精神。

书报资料中心首先从组织架构上设置了质量管理岗、特约审稿岗、三审(选)岗，加强了印前质检。其次，根据国家出版法律法规，制定了完整的质量管理制度体系。如《贯彻落实意识形态工作责任制实施办法》《书报资料中心期刊选文基本要求》《书报资料中心期刊审查基本要求》《书报资料中心学术期刊质量评估考核办法》《书报资料中心文摘系列期刊编辑工作办法》《关于"复印报刊资料"选文与评分工作若干问题的意见》《关于当前加强编校工作的若干意见》《关于"复印报刊资料"期刊栏目设置的指导意见》《书报资料中心期刊版式设计基本要求》《期刊版权页著录项目管理办法》《编校质量管理办法》等。

(3) 队伍管理体系

对期刊这种连续性定期出版物而言,一个成熟稳定的编辑团队至关重要。近些年,期刊编辑队伍新老更替加快,新编辑招聘难、培养难、留住难等已成为期刊高质量发展的突出问题。特别是当今时代加强编辑队伍建设,不仅仅指在职在岗的编辑,还包括外聘编辑、审稿专家、外排外录外校人员等,他们已经构成了编辑队伍建设不可忽视的组成部分。

书报资料中心有100多位专职编辑、100多位外聘执行编委、1700多位外聘编委会委员、200多位外排外录外校人员。在此情况下,书报资料中心制定了系列编辑队伍管理制度。如《书报资料中心编辑上岗基本要求》《书报资料中心特约审稿编辑管理办法》《书报资料中心编辑日常汇报考核办法》《书报资料中心编辑岗位评聘细则》《书报资料中心外聘编辑管理办法》《书报资料中心学术顾问委员会章程》《书报资料中心学术编辑委员会章程》《书报资料中心学术编辑委员会执行编委工作管理办法》《书报资料中心关于举办会议的暂行规定》《书报资料中心关于编辑参加会议的暂行规定》等。(见图7-6)

图7-6 《编辑工作手册》

7.4.2 以"基于评价的转载"为理念，守学术之正、创期刊之新

每一种期刊都有自己的内容定位、读者定位，有的一直没有改变，有的随着时代发展变化进行了调整。在期刊定位调整中，有的成功，有的失败。尤其是有的盲目跟从模仿，结果走向了失去自我发展优势和特色的同质化之路。因此，期刊定位调整是创新发展的战略性头等大事，需要科学论证、慎而又慎。

创办于1958的书报资料中心（时称图书提要卡片组与剪报公司），汇编、分类、摘要、全文复印信息资料，解决了当时教学、科研之需，以及宣传资料短缺的问题。自20世纪90年代以来，我国学术信息资料由短缺至丰裕直至冗余，人大《复印报刊资料》的原定位已经不符合时代之需。经充分的市场调研，大约从2008年起，书报资料中心开始了向知识服务提供商发展的战略转型，人大《复印报刊资料》的定位也向"基于评价的转载"转型。

"基于评价的转载"，是对传统选文转载标准的创新。一般是指，针对人大《复印报刊资料》二次文献的特质，选文转载工作，从偏重于一般意义上的教学科研参考资料性的选文转载标准，转变为主要以优质学术成果作为依据的选文转载标准。这是人大《复印报刊资料》守学术之正、创期刊之新的显著标志。

（1）赋予学术期刊出版新内涵

党的十九大报告指出，我国社会主要矛盾已经转化为人民日益增长的美好生活需要和不平衡不充分的发展之间的矛盾，这个矛盾也深刻地表现在出版领域。社会确实需要高质量的学术产品、科学的学术评价。"以刊评文"受到质疑，是因为期刊的水平高，不等于所刊登文章的质量水平也同样高。人大《复印报刊资料》原来的定位是从国内公开出版的报刊上精选有价值的资料，为教学科研服务。向"基于评价的转载"转型，就是为了赋予人大《复印报刊资料》知识优选和评价的新内涵新动能，提供更符合社会发展需要的高质量产品。

为此，2008年成立了中国人民大学人文社科学术成果评价研究中心，这个专门机构、专职团队主要负责论文筛选标准研究、修订完善及监控实施。2010年，《人

文社科论文质量评估指标体系》研制完成并在编辑选文中贯彻推行。历经十余年的探索，这个指标体系已基本成熟，并内嵌于人大《复印报刊资料》编辑流程的每个环节，编辑人人必知、人人必用。

与过去相比，转型后的人大《复印报刊资料》已经形似而神不同了。比如，资料功能弱化后，空洞的文章少了；评价功能强化后，创新性选题的文章多了；要求学术学科覆盖后，同质化选题的文章少了，一些偏冷领域的文章入选了；等等。可以说，是以各个学科的学术研究前沿为根本，以学术评价的眼光，同类比较、优中选优。近10年来，中国人民大学人文社科学术成果评价研究中心以人大《复印报刊资料》转载数据为依据，连续发布年度转载指数及期刊、机构等的影响力排行榜，社会影响力、认可度逐年加大，充分证明了人大《复印报刊资料》向基于评价的转载、向知识服务和学术评价方向发展是正确的。原国家新闻出版广电总局副局长、中国期刊协会会长吴尚之在2019年3月26日中国人民大学人文社科成果评价发布论坛暨学术评价与学科发展研讨会讲话中指出，"人大评价"体系有三个鲜明特色，即以"创新和质量"为导向、注重"定量与定性相结合的复合评价"方法和注意加强"同行评议"的主体地位。

（2）"分类评估、同类比较"的优选方法

众所周知，我国人文社科领域有四大文摘，但人大《复印报刊资料》具有与其他文摘不同的特点：

①完整的学科期刊布局，覆盖了全部学科（军事学除外）

书报资料中心拥有148个刊号，具有学科布局和灵活调整的资源优势。人大《复印报刊资料》系列期刊按照国家学科体系对应布局，覆盖我国人文社会科学一级、二级和新兴交叉学科。同时，根据学科发展和研究状况，每年还要定期调整期刊名称、内容定位、转载数量，以保持《复印报刊资料》与学科变化、研究水平、冷热学科的平衡发展。如哲学学科就有6种刊物：《哲学原理》《中国哲学》《西方哲学》《科技哲学》《伦理学》《逻辑》。

②全样本报刊资料收集，不分出身级别

书报资料中心信息资源部门共收录我国公开出版的人文社科报刊约 4000 种，还包括港澳台地区出版的部分期刊。工作人员先将报刊上刊登的每一篇学术理论文章无遗漏地作学科分类标引（书报资料中心有自研的期刊《学科分类体系》与《论文分类体系》），然后拆分报刊，同类文章归集，交到各专业编辑手中。

③各环节编辑统一标准、同类比较、多轮筛选

A.初选（评）：论文水平分级。先进行分类核对，即补充、完善、修订，然后各学科编辑按照《人文社科论文质量评估指标体系》要求，同类比较、水平排序，将质量"较好"的论文提交学术编辑委员会中的执行编委。B.复选（评）：执行编委评选，即对初选送的稿件再评审、补充、排序。C.终选（评）：学科评议组（解决争议）——学科执行主编（学术性审查）——编辑室主任（规范性审查）——副总编、总编辑（签发）。

（3）"编辑+专家"的共同选文模式

人大《复印报刊资料》的编辑方式与其他期刊的编辑模式看似一致，但实际上有很大不同：将编辑与专家相结合，采用"编辑+专家"的共同选文模式。每本《复印报刊资料》都设有学术编委会，从中推选出 1—3 人轮流担任执行编委，全面参与选文评文工作。这个过程类似同行评议，发挥了专家和编辑的各自优势，尽可能减少了好文章漏选的情况。人大《复印报刊资料》有的期刊可能因篇幅、周期等限制遗憾地漏选了个别好文章，但一旦选用了水平差的文章却显而易见。

书报资料中心内部的规章制度体系极大地限制了不规范选用文章的空间。曾有执行编委因学术偏好选稿、推荐关系稿等行为被提前解聘，也有执行编委不能尽职履责被解聘；编辑若被查实学术腐败行为将被开除。当然，社会监督也发挥了非常重要的作用，曾有文章被举报而遭撤稿。

将更多优秀的专家学者吸引到办刊队伍中来，是书报资料中心自成立以来始

终如一坚持的优良传统。以中心学术顾问委员会和各学科编辑委员会为专家团队，以中心编辑部、学科组和责任编辑为专职团队，以中心质量管理部、期刊质量审查委员会为质检机构，组成了书报资料中心立体的编辑架构体系。（见图7-7）

图 7-7 书报资料中心编辑架构体系

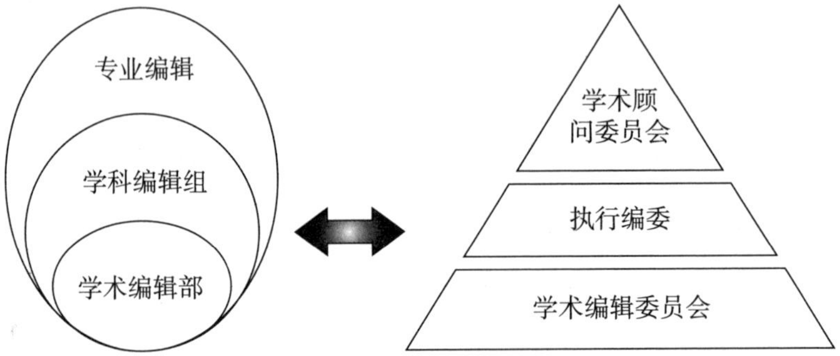

（4）"导向为先、创新为要"的选文准则

①坚决把好学术出版的政治导向、价值取向关口

人大《复印报刊资料》做到不把一般的学术问题当成政治问题，但对政治导向存在问题的论文，也一概不予入选。当前，在学术出版中要辨别历史虚无主义和以学术为名宣扬错误观点的文章，也要严防那些空话套话、脱离实际、用教条主义态度对待马克思主义、生硬剪裁活生生的社会发展现实的文章；同时，也要注意文章中敏感政治术语、敏感事件的表述规范性。

②以创新程度大小作为评估论文质量等级的基本准则

发现那些有创新价值的学术论文予以编辑出版，是我们编辑的首要职责，也是一项基本功。在论文政治导向正确的前提下，论文是否有创新、有多大的创新，就成为人大《复印报刊资料》选文的重要尺度。当然，学术"创新"绝非易事，真正具有真知灼见、启迪人类思想、推动社会进步的文章更是少数。因此，只要在"知识、理论、方法"上有所创新，就算是好文章了。大量"精致平庸"论文的存在，浪费了编辑很多时间精力。人大《复印报刊资料》的理念是：创新非共识，绝不能唯名人论；发现新人力作，比发表名人的精致平庸的文章，对学术的贡献更大。人大《复印报刊资料》追求学术创新但不追时事热点，所以有的选文可能与有些同行认知有出入。事实上，这其中绝大部分是由于信息不对称、时效等原因造成的。有些期刊发表的论文，尽管与自己比较已经很好，但对比同时期的同一作者、同类文章，则明显有差距。

（5）"专栏+专题"的内容创新形式

学术期刊能否引领学术创新？期刊界有不同声音，但学术期刊对学术创新的催化、引导作用也是客观事实。许多学术前沿问题、热点问题的讨论都由期刊作为发起者或重要参与者。例如，《红楼梦》研究的大讨论，起点就开始于《文史哲》发表的"两个小人物"的文章；而20世纪80年代初开始的关于中国封建社会为什么长期延续的大辩论，则是缘起于《上海师范学院学报》（现《上海师范大学学报》）发表的一篇文章。所以，期刊在选题策划中的主动性、主导性，在寻找作者时的全面考察与后期催稿、修改，在刊登文章时的价值取向、学科偏重、文风喜好、时效把控等，都影响着学术创新。

人大《复印报刊资料》坚持"精选也是创新，转载就是引领"的立场，并通过"专栏+专题"的形式，引导学术研究方向。书报资料中心编辑的日常工作就是阅读大量本领域的学术论文，对学术研究的热点问题、前沿问题、焦点问题、冷门问题，谁在研究这些问题，哪些期刊在刊登这方面的文章等，各方面情况基本了解。因此，每个学科领域的编辑发现有价值的研究问题、学界关注的问题，都会专门设置栏目、多选文章、重点推介；对特别重大问题、重大主题，还会编辑专刊，如"治理能力治理体系现代化""一带一路""脱贫攻坚""数字人文""社会学转型""改革开放40年""新中国成立70年""中国共产党建党百年"等。这种"专栏+专题"的内容结构，抓住了学界研究的主流主线，既是对主要学术创新研究成果的集萃，也给学界提供了进一步研究的参考，对我国学术研究发挥了重要的引导作用。

7.4.3 以学术会议交流为载体，紧跟学术研究前沿

学术期刊尤忌闭门办刊，这是期刊发展的规律。全国高等学校文科学报研究会理事长、《北京大学学报（哲学社会科学版）》常务副主编刘曙光提出期刊要构建"五个共同体"，即学校共同体，一流学科群共同体，期刊共同体，编辑部共同体，二次文献、大型数据库等合作共同体。这很有道理，但都需要通过开展学术会议相互交流才能实现。

书报资料中心发挥60余年来形成的学术共同体凝聚力、学术价值引领力、学术评价公信力、学术成果传播力等优势，通过常态化举办、协办、参加学术会议，与学界、业界建立了广泛密切关系。如2015—2019年共主办学术会议106场，其中会议规模在100人以上的有72场。会议涉及人文社科各学科领域、评价研究领域、期刊出版领域，规模大、质量高、主题丰富，成为我国教学科研人员、学者、学术期刊编辑、科研管理人员共襄学术盛举的重要平台。有的会议甚至被誉为"编辑节"，有的会议被誉为学术研究的"风向标"。

（1）年度期刊总结与转载指数发布论坛

自2010年起每年3月的最后一个周二，期刊界、学界等广泛关注的人大《复印报刊资料》年度转载指数成果发布论坛定时召开，每每千人以上参会，被期刊界称为"编辑节"。论坛汇聚了期刊界、学界、科研管理、学术评价、学会协会、政府机构等各方面精英，共同检视上年度中国学术期刊的成就、问题，研讨中国学术发展的规律、趋势，相互交流办刊经验、教训，了解我国人文社科学术期刊的核心群、科研机构的分布格局、各学科领域的研究梯队等重要信息。《人民日报》《光明日报》《中国教育报》《中国社会科学报》《新京报》，以及中国新闻网等权威媒体（及其相应网站）定期报道，2020年3月学习强国App也首次予以报道。

（2）年度学术梳理与评选活动

由书报资料中心与光明日报社、学术月刊杂志社共同主办的年度中国十大学术热点评选活动已成功举办17届，吸引了我国学术界、报刊界、科研管理界等社

会各界专家学者的广泛参与，每年出版《中国十大学术热点》图书。"中国十大学术热点"评选是对年度人文社科领域学术成果的梳理、总结与评价，该评选活动将大数据分析与专家评议相结合，参考年度报刊发文数据和重要学术会议主题，经过读者调查、学者推荐、专家审议、投票评选等流程，每年评选出十大入选学术热点和十大提名学术热点，营造了"社会关注学术，学术贴近社会"的创新氛围。评选结果客观反映了我国人文社会科学学术研究发展趋势和学术理论界的热点、焦点和亮点，成为真实记录我国人文社会科学学术理论研究成就、客观反映学术理论研究动态、有效传播学术理论研究成果、积极引领学术理论研究方向的品牌活动，被誉为我国人文社科学术研究的风向标之一，受到了社会各界的广泛关注和高度认可。

作为主办方之一，书报资料中心编辑深度参与年度热点评选活动，以学科为单位组成课题组。课题组成员包括编辑、学科执行主编和相关专家，每个课题组根据年度本学科的研究重点，同时关注与本学科相关的跨学科、综合学科的研究态势，经过组内反复讨论，梳理出每个学科的热点备选条目。可以说，"中国十大学术热点"评选是一次编辑与专家大交流、大交融的学术总结活动。

其他各学科编辑也独立组织年度学术研究盘点会议，把握学科研究动态。例如，自2020年始，图情档学科组与"图情档39青年学者沙龙"共同举办"年度中国图情档学界十大学术热点"评选活动，经过热点条目征集、条目汇总整理、学界评选投票、青年学者热议与权威专家评议点评等诸多环节，最终形成了年度中国图情档学界十大学术热点。

因此，所谓办刊要"走出去、引进来"，主要是指通过各种各样的学术会议，为编辑掌握学术前沿动态、交流同业经验、发现优秀作者、了解科研机构学术方向等提供条件和舞台，而且也是锻炼和培养编辑团队的良好途径。

8 期刊数字化发展能力观察

8.1 数字化与期刊质量

8.1.1 信息数字化提升了期刊质量

编辑工作数字化开端于"电脑"（即单机版的 PC 机时期）在编辑工作中的应用。20 世纪 80 年代，我国有两大发明应用开创了编辑出版历史的新篇章。一是中文汉字的计算机数字化处理，即汉字输入法的发明。最著名的是王永民教授 1983 年推出的五笔字型输入法（王码）（注：后来又有很多种汉字输入法被发明和应用，如智能 ABC 输入法、搜狗输入法、谷歌输入法、百度输入法、QQ 输入法、手写输入法等）。这项技术将复杂的静态的汉字变"活"了，其重大意义可与活字印刷术的发明媲美。二是汉字字形信息的计算机存储和输出技术。这是由著名计算机文字信息处理专家、当代中国印刷业革命的先行者——王选发明的。他首创"用轮廓＋参数的数学方法描述汉字字形的信息压缩技术"和计算机激光汉字照排系统（也称华光排版系统）。这项技术彻底解决了规模化的信息存储和输出难题，尤其是在排版环节的应用，彻底解决了铅字排版的不便和成本高、效率低等问题。随着这些技术的推广和不断成熟，编辑工作和出版领域从火与铅、纸与笔的时代逐渐过渡到了光与电即计算机与激光照排的时代。

信息技术变革的推动对包括期刊在内的所有编辑出版工作的质量意义是前所未有的。在信息技术支持下，编辑流程从线下转移到了线上，编辑平台从稿纸变成了电子显示屏，编辑模式整体发生了很大变化，这不仅大大提高了编辑出版工作效率，而且推动了期刊质量建设飞跃式进步，但同时也提出了新的挑战。

（1）编辑加工更加细腻、精确

纸笔书写时代，稿件字体五花八门，有些甚至难以辨认，编辑修改后的稿件往往称为"花脸稿"，出错概率极高。考虑到后续铅字排版工作的不易和"捡字"人员的辛苦，编辑加工要求非常严格。三审三校流程中尤其强调发稿必须"齐、清、定"，二校样以后的环节，对文稿尽量不改动，特别是为防止出现"倒版"情况，修改更为慎重。为了怕出错，编辑还要到排版车间帮助排版人员捡字模和抬挪沉重的铅字版，很是辛苦。汉字信息化存储、输出和激光排版应用后，作者稿件变成了打印稿或Word电子版，规范而清晰，方便加工，编辑修改再也不像过去那样顾虑重重。有的作者提交电子版，编辑直接就在有修改模式的电子版上修改，更是省去了纸笔勾画环节，满足了编辑追求精益求精加工稿件的愿望。

（2）信息传输网络化拆除了编辑工作的时空藩篱，提高了编辑时效

传统的学术期刊编辑工作是从约稿或从作者大量的纸质来稿中选择文章开始的。与作者的沟通和修改、稿件的传递都受到时空的制约。受此因素影响，一篇文章从开始正式编辑加工到出版发表，要经过较长的时间。而且由于人工所限，大量的纸质来稿无法逐一回复作者采用与否。编辑与作者之间的信息沟通不畅，编辑工作的质量与效率都受影响。信息网络化传输时代，随着学术期刊数字化转型加快，自建或搭车移动网络出版平台，作者与编辑的信息沟通即时、通畅，时空藩篱彻底消除。稿件的信息化处理，大大提高了编辑工作效率和优秀成果的刊发速度。

（3）极大推进了编辑流程改革和完善

手写稿年代，不仅编辑修改加工受到制约，稿件的校对、同行评审等环节也受到很大限制。稿件校对一般是原稿与"毛校样"一对一"折校"，大一些的出版单位都专门设有校对部门，这是个很重要的专业岗位。今天这个部门和岗位的

重要性大大降低了，不少出版单位已取消了校对部门和校对岗。因为"一校样"就是编辑与作者共同修改后的定稿，"一校样"上几乎没有什么修改，排版也少了重新录入环节，所以传统意义上的校对功能彻底弱化，传统的"三审三校"编辑流程在校对环节已悄然改变。同样，手写稿也不利于同行评审工作的开展，复印、传递、保存、反馈等都不经济，不方便。新的技术发明使稿件传输和流转方便、成本低，匿名评审的规模化具备了操作条件，这对促进稿件评审速度和质量提升发挥了重要作用。

（4）页面版式更加美观

汉字、图像等的信息化处理，各种排版软件的迭代升级，对出版物排版质量的提升也带来了质的飞跃。手工铅字排版和手工版面绘制，不仅耗材且呆板，版面艺术的设计和展示空间极为有限。计算机排版则有了质的改变，在字体、版式、背景、插图等设计要素上灵活多样，花样翻新，大大提高了版面设计的艺术水平和阅读欣赏的美感。

（5）印刷质量显著提高

文字、图像等输入、存储、输出的数字化技术改革，带动了印刷工艺的变革。铅字印刷年代，一个版面就是由一个个铅字拼成的沉重的铅板，由排版车间转到印刷车间需要运输车辆搬运。铅字凸版印刷的工艺决定了印刷质量（包括色彩饱和度、整体美观、清晰度、装订质量等）不可能达到今天的水平。今天的印刷技术已跨越了几个台阶，可以从计算机排好版面直接印刷出版物，不需要中间的出胶片、拼版、晒版、上版环节。这种全自动数字化印刷（CTP）流程在信息保真、印刷效果、环保、效率、时空等方面颠覆了传统的印刷技术，而且数字化印刷信息还可存储起来，以备需要时随时通过网络输出或异地印刷。印刷技术的改进大大提高了期刊的外在品质。

技术变革是推动社会发展的第一动力。从东汉蔡伦改进造纸术以来，在长达

1900多年的历史长河中,纸和笔一直是人类记录和传播知识文化的载体。今天,信息技术革命正在改变这一切。

8.1.2 信息数字化、网络化传播增加了期刊质量管控风险

信息网络传播技术的迅猛发展,改变了人们对学术期刊的使用习惯和质量品牌的认知,也对学术期刊质量建设提出了全新的挑战。

(1)期刊在文章的质量与数量、速度之间博弈,成为期刊质量建设面临的最大挑战

信息数字化加快了成果的产出数量和速度,相较于纸笔时代,作者对文章的打磨程度明显弱化,编辑加工的难度和强度都增加了。文章越来越长、期刊越来越厚、编辑工作量越来越大、刊发速度要求越来越快、传播形式越来越多样化,如何在保障质量的前提下,刊发越来越多的文章以满足作者的需求,成为广大编辑工作者普遍遇到的难题,也成为保证期刊内容质量水平的一大挑战。

(2)信息输入输出时存在风险

信息数字化在信息输入输出过程中,经常出现出人意料的"魔鬼盲点",特别是那些涉及敏感人物、事件的文字错误,更是令编辑神经紧张。信息网络化造成的快速传播,往往将这些"错误"放大到极致,后果严重。

(3)其他风险

如有些期刊为了追求高引用率,还试行在线优先出版、预印本出版,都增加了出错的概率。其他还面临诸如数字技术质量、多媒体数字呈现质量、数字出版物读者体验质量、数字出版物网络传播质量等新课题[1]。

从纸质期刊到信息数字化期刊,是一次编辑出版技术和流程的颠覆性革新,对知识创造、知识生产、知识传播都带来了划时代的影响。评价数字化时代的期刊质量水平,无论在理念、工具、方法上都必须适应新的出版生态,进行全新的设计和探索。

---

[1] 张宏:《数字出版物的质量要素及质量管理监控机制》,《中国编辑》2016年第2期。

8.2 期刊数字化与转型发展能力

8.2.1 刊网融合转型的主要模式

什么是数字出版？简单说就是用数字技术进行内容编辑加工，并通过网络传播数字内容产品的一种新型出版方式。其主要特征是内容生产数字化、管理过程数字化、产品形态数字化和传播渠道网络化。

我国从"十二五"时期开始将数字出版上升为国家层面政策。2010年8月，原新闻出版总署出台首部数字出版相关政策《关于加快我国数字出版产业发展的若干意见》，对新闻出版转型升级提出了总体要求、主要目标和主要任务。2011年4月原新闻出版总署出台首个数字出版专项规划。2015年4月，原国家新闻出版广电总局、财政部联合印发的《关于推动传统出版和新兴出版融合发展的指导意见》（以下简称《指导意见》）出台，助推了出版业从数字化转型向融合发展迈进的速度。该《指导意见》提出：坚持正确处理传统出版和新兴出版关系，以传统出版为根基实现并行并重、优势互补、此长彼长；坚持强化互联网思维，积极推进理念观念、管理体制、经营机制、生产方式创新；坚持一体化发展，推动传统出版和新兴出版实现出版资源、生产要素的有效整合；坚持内容为本技术为用、内容为体技术为翼，运用先进技术传播先进文化。该《指导意见》特别强调，要积极适应出版融合发展要求，主动探索出版单位内部组织结构的重构再造，逐步建立顺畅高效、适应市场竞争和一体化发展的内部运行机制。变革和融合传统出版和新兴出版生产经营模式，建立健全一个内容多种创意、一个创意多次开发、一次开发多种产品、一种产品多个形态、一次销售多条渠道、一次投入多次产出、一次产出多次增值的生产经营运行方式，激发出版融合发展的活力和创造力。2022年4月，中共中央宣传部首次就出版融合发展发布政策文件《关于推动出版深度融合发展的实施意见》。国家发布的这些文件，为传统出版与新兴出版融合发展指明了方向。

刊网融合是当今期刊出版理论研究与实践探索的一个热点难点问题。在商业模式不断创新和网络信息技术发展的驱动下,越来越多的期刊开启了数字化征程,刊网融合的创新模式不断出现。总体看,大众市场化类报刊基本确立了以用户为中心的融合转型思路,而学术期刊的融合转型之路却面临诸多困境。在学术期刊出版生态系统彻底重构进程中的转型过渡期,不少有关学术期刊融合转型的模式、路径、机制、传播形态、市场开发等的探研,都存在"合乎逻辑的理想成分"。在当今中国,学术期刊是个特殊生态群体领域,只有既立足国情又尊重互联网精神,充分体现和发挥各个学术期刊的主体性、能动性,才能顺利推进学术期刊的融合转型。

从不同视角看,刊网融合转型的方式或模式有不同的归纳类型。从刊网融合的主导者看,目前学术期刊融合转型可大致分为主动型和被动型。所谓主动型是指由学术期刊自己或所在的出版集团(单位)或系统内行政强力整合所主导的数字化探索。如浙江大学学报网站、上海大学期刊社网站、中国法学期刊网、中国光学期刊网、新华文摘数据库、中国人民大学书报资料中心的学者在线、中国科学院系统的中国科学院科技期刊网等都较领先。这种模式追求独立自主性,自建刊网融合的数字化平台,力图实现纵向一体化的资源整合、融合转型。但由于资源规模、资金实力、技术开发、复合型人才、整合机制等因素的制约,在规模、深度、影响等方面都显不足。不少还存在数字出版部门与传统纸质出版部门分离、业务融合不紧密的"两张皮"现象。看来,要成为资源整合者、平台运营者、商机创造者这"三者角色"并不容易。所谓被动型是指学术期刊通过转让传播权的方式,将期刊资源交由国内外知名的数字出版商和各类专业平台进行数字资源整合、开发和传播,如国内的中国知网、万方数据库、维普网、龙源期刊网、北京世纪超星、百度学术等,国外的爱思唯尔、施普林格、泰勒-弗朗西斯集团等。

这种模式力图用横向联盟（或加盟）的方式实现资源集聚、市场化开发的目的。因数字出版商拥有资金、技术、机制、市场运作的优势，这种平台或数据库规模大、市场占有率高。但从刊网融合角度看，仍然"你是你，我是我"，未能真正促进学术期刊的数字化转型，仅仅拓展了学术期刊的传播渠道。而且由于网络碎片化阅读的特点，单个学术期刊的品牌、特色被淹没在大数据中，期刊影响力还要靠专业的学术评价研究机构通过统计分析、评价和排名才体现出来。此外，一些实力强的学术期刊多数采用以上两种模式和微信公众号、微博、App 等跨平台的多种方式进行融合探索。而教育部科技发展中心主办的"中国科技论文在线"则采取在线先发表后评审，线下再精选出版有正式刊号的《中国科技论文》纸质期刊，这种反向操作的现象很值得业界深入分析思考。

8.2.2 期刊融合转型中的主体性困境

形象地说，刊网融合最终要实现"你中有我，我中有你；你就是我，我就是你"的目标，从而重构数字出版传播的新格局、新生态。但要达至此理想目标却任重而道远，仅仅是学术期刊从线下分散到网络聚合就遇到了种种困境。其中，主要问题有两点：一是缺乏国家主导的公共服务数字出版平台，表现为广大分散弱小的学术期刊没有公共技术平台支撑，盲目或重复探索；二是学术期刊主体地位模糊，表现为学术期刊主体性缺失、融合动力不足。

学术期刊反映着学术科研的最新成果，是国家文化软实力、科技竞争力的重要组成部分，是一种国家战略资源。网络信息时代，建设中国特色社会主义的文化事业，更加需要国家层面高度重视，建设统一开放共享的学术论文数字出版平台，降低应用成本，推动和加快刊网融合步伐。照搬西方某些国家模式，任由社会资本自发搭建这种学术公益性平台，将会造成数据垄断、价格扭曲、恶性竞争、秩序混乱等种种问题，违背我国学术期刊推动学术创新繁荣和学术论文开放共享的社会公益性质，而且也不能在规范有序基础上推动学术期刊的融合转型。国家新闻出版"十二五"规划中提出要建设"国家学术论文数字化发布平台"精品工程（旨在建立多家学术期刊单位在线投稿、同行评议、出版与发布系统），至今也未能有效地搭建起来；国家有关部门每年以项目方式重点资助的几十家出版数字化转型试点单位，对学术期刊融合转型的辐射带动作用并不明显，甚至有的项目违背资助初衷，变成企业牟利的工具。原国家新闻出版广电总局、财政部联合发布的《关于推动传统出版和新兴出版融合发展的指导意见》中提出的"以传统出版为根基实现并行并重、优势互补、此长彼长""坚持一体化发展，推动传统出版和新兴出版实现出版资源、生产要素的有效整合"的指导思路，对我国学术期刊群体而言，还需有关部门细化研究落实。

所谓学术期刊融合过程中的主体性，是指学术期刊作为一个有机体在网络数字化转型过程中的主导性、独立性、能动性、整体性等特征的综合反映。这种主体性是由学术期刊的主管主办机构、社长和主编、编辑和作者共同构筑并体现的。在学术期刊传统出版过程中，尽管学术期刊缺乏独立市场法人地位，依附于主办单位，但每一种学术期刊的主体性特征都能够得到较充分的体现。比如，都有自己的办刊理念和特色、自己的品牌形象、独立的编辑部空间、固定的编辑队伍、相对稳定的作者群体、适宜的管理考核制度、强烈的单位身份归属感等。刊网融合中，在大数据、云计算、碎片化等网络数字化理念支配下，学术期刊的这些特征都被严重削弱或湮没。多数学术期刊都是迫于扩大影响力的需要，被动甚至无奈地参与到了学术期刊数字化资源集合大潮中，成为数据集成商的众多的内容加工编辑部之一。作为刊网融合的主角，多数学术期刊都找不到自己主体性发挥的着陆点，迷失在市场竞争割据的网络数据海洋中。

8.2.3 期刊融合转型的路径选择

在不断更迭的互联网技术及大数据营销模式的冲击下，学术期刊如何尽快融合转型、谋求新生与发展？

（1）加快建设基础性的学术期刊公共数字出版平台和系列管理规范、标准体系平台建设是网络信息传播时代的基本任务，学术期刊融合转型首先要解决公共平台建设问题。基于国情和学术出版资源竞争激烈的现实，这种基础性平台的建设不能照搬西方国家商业化资本运作的思路，必须由政府主导，才能充分体现中国特色的学术期刊出版应具有的公益性、权威性、规制性、安全性和开放共享性。从公共管理视角来说，政府主导并不是要政府自建，而是从政策导向、财政扶持、规则制定等方面进行健康引导。比如，鼓励建立行业期刊联盟，大力扶持构建符合刊网融合要求的满足行业或区域需求的学术期刊公共数字出版平台；制定规则、标准，约束网络学术期刊资源的排他性市场垄断、不正当竞争、学术不端等失范失序行为，为平台提供权威的信誉保障，降低作者、读者对学术期刊及其内容质量的辨识成本，维护学术期刊健康繁荣的网络出版环境；不断更新技术，为学术期刊数字化转型提供免费的公共软件技术工具和融合转型业务培训等降低各种成本的公共服务；等等。

互联网是由一个个网络平台组合成的虚拟生态社会，其主要特征表现为分散性、分权性、个体性、民主性等。因此，在公共数字出版平台建构模式上，必须充分尊重参与者的主体性。那么，当前阶段学术期刊的融合转型采取什么模式能更好地发挥期刊的主体性呢？

近期，基于互联网和移动终端的期刊智能出版传播平台——域出版，由北京超星集团推出上线，旨在打造全媒体、全介质、全渠道、全时空、全终端的学术期刊出版新生态。这个看起来很完美的一体化刊网融合转型升级方案，虽然在调动部分社长、主编、责任编辑积极性以及出版专题化、传播多样化等方面有所创新，但因完全属于民营资本公司化运营，仍将面临不少难题。如学术期刊的主体性体现、平台权威的规则秩序建设、资源与利益的协调机制、学术民主评议的有效开展、制度意义上的产权归属等。

"合唱"比"齐唱"好，电商平台在这方面已有比较成功的探索。像天猫商城平台虽然是一种B2C的商业零售模式，但其对入驻商家免"场地费"、第三方支付平台信用保障、买卖双方信息沟通充分、商家自主经营、平台统一管理等优势，对公益性的学术期刊数字化转型有如下值得借鉴之处。

① 为学术期刊数字化、集约化、规模化发展提供了新思路、新机遇

传统媒体与新兴媒体融合发展之路难在破旧立新，电子学术期刊管理制度和学术期刊发展历史等原因形成的散、小、弱现状，试图通过转企改制实现集约化发展是非常困难的。在刊网融合转型中，试图甩开学术期刊现有出版体制，用新的实体、新的组织、新的机制去做新的业务，对广大分散的个体期刊而言也不切实际。而由国家统一政策主导，建设类似天猫商城B2C模式的学术期刊数字出版公共服务平台，则可在不改变期刊现有管理体制、编辑机制的前提下，线下支撑、在线"变道超车"，实现刊网融合的初期目标——资源集聚、信息共享、平等竞争、优胜劣汰、扩大传播、推动专业化发展等。

② 为学术期刊主体性发挥提供了更加适宜的环境

任何变革都要依靠和发挥改革主体的能动性。在目前刊网融合过程中，传统学术期刊并非都缺乏热情、思想保守、不识大势，而是备感危机、积极介入网络数字化发展的大潮，只是限于种种条件，没有找到用武之地——合适的数字化平台。在由政府主导的学术期刊数字出版公共平台上，各种学术期刊打破了以往时空和交流渠道的藩篱，可以像天猫商城的"网店"一样，在对应的专业区域独立、自主地开展各具特色的学术出版活动，如发布选题、征集稿件、作者沟通、论文评审、编辑加工、优先出版、按需印刷、重点推荐、优势宣传等，充分展示自己的品牌形象，更可以自主定价、自主经营。作者也可以实时与期刊编辑部互动、沟通，了解学术期刊的定位、特点、质量和发稿要求等信息。在现阶段，这种"期刊网店"模式，各美其美、美美与共，符合既统一又有差异的中国社会制度文化，将极大地激发各种学术期刊的主观能动性和创造性。相较于生产要素整合的纵向一体化融合转型模式，B2C模式既继承和增强了学术期刊各自业已形成的权威性、公信力和稳

定的读者群等传统优势，也倒逼众多综合类、同质类期刊向专业化、特色化发展，提高竞争生存能力。

③社长、主编、编辑的劳动价值得到更充分的体现

长期以来，学术期刊的出版者为期刊的主题策划、稿件编辑加工所付出的劳动价值无法衡量，只能依赖一些学术期刊评价机构和文献转摘期刊的评价指标间接进行测度和考评。而在这个B2C模式的学术期刊数字出版公共平台上，产品的用户会很方便地对每家"期刊网店"的质量品牌、栏目策划、单篇论文、编校水平等做出评议，粉丝量、点评、下载、收益、第三方机构评价等各种数据综合起来，对期刊出版者的科学绩效评估就有了数据支持。

因此，借鉴电商平台建设的成功经验，充分发挥学术期刊在数字化转型中的主体性作用，网络上的"数字家园"也可以变成广大学者、读者的"精神家园"。

（2）要鼓励建设多样化、多元化的专业学术社群出版平台

建立公共学术期刊数字化出版平台只是刊网融合的初期目标，最终的目标是挖掘利用所聚合的大数据，针对不同的用户群体，实现专业的深度学术信息服务和传播。专业学术社群出版平台就是集聚和发掘同类学术期刊出版资源，凝聚学术共同体的专业化平台。这种社群性质的网络学术专域出版传播平台，才是信息网络时代学术共同体的理想园地。在学术专业社群出版平台建设过程中，学术期刊在作者读者群凝聚、内容质量控制、学术规范、学风道德倡导、学术社群活动组织等方面，对引导平台建设形成良好的学术出版与传播的生态环境，发挥着不可替代的作用。目前不少专业网站已经在聚集资源、用户方面初具规模，渐成声势，发展前景可期。

网络信息技术的发展日新月异，全媒体、智媒体、多终端出版传播方式正迅猛发展，学术期刊数字化转型的最终形态尚无定论。理论上，从"物理聚合"到"化学融合"，是刊网融合发展的两个递进阶段，但实践中往往是相互交织、并行推进的。

因此，专业学术社群出版平台与公共学术期刊数字化出版平台并不矛盾，虽然二者投建的主导、功用、运营机制可能会有差异，但在促进学术期刊数字化转型、服务科学研究、建构学术传播新秩序等方向上都是一致的，二者可以相互嵌套、链接，也可以并行发展。学术期刊除了在公共的学术期刊数字化出版大平台上建好自己的"家园"外，也可在社会化、个性化的众多专业学术社群出版平台上开疆拓土，实现更大的学术服务价值。特别是那些专业引领作用较强的学术期刊，通过构建具有特色的学术出版服务平台，逐渐吸引相关资源，就会形成学术研究、出版、传播、知识服务的专业领域平台。

（3）刊网融合需要期刊人的自我革命精神

网络数字化时代，全媒体、全介质、全渠道、全时空、全终端、全周期的期刊出版新生态正在形成，出版向网络化、专域化、平台化发展，传播秩序正在重构。不管人们主观愿望如何，从1665年法国的《学者杂志》和英国皇家学会的《哲学汇刊》开启的期刊传统阶段已进入了全新的刊网融合阶段。刊网融合转型实际上是一场颠覆性的出版流程革命、人员革命和管理革命，最终要实现"你中有我，我中有你；你就是我，我就是你"的目标，尽管有体制、机制、技术、人才、资金等诸多制约，实现这个目标任重道远，但国内大多数期刊已开启了数字化转型的涅槃重生之路。

可喜的是，2022年3月，中共中央办公厅、国务院办公厅印发了《关于推进实施国家文化数字化战略的意见》（以下简称《意见》），明确到"十四五"时期末，基本建成文化数字化基础设施和服务平台，形成线上线下融合互动、立体覆盖的文化服务供给体系；到2035年，建成物理分布、逻辑关联、快速链接、高效搜索、全面共享、重点集成的国家文化大数据体系，中华文化全景呈现，中华文化数字化成果全民共享。《意见》突破了以往文化行业分块管理、分块发展的逻辑思路，按照"大文化"的发展逻辑谋篇布局,致力于建立我国文化建设领域数字化"大创作"体制、"大生产"方式、"大传播"体系、"大消费"模式、"大贸易"局面。

前面分析中指出的期刊融合转型中的困境,在《意见》中都有解决的思路。比如,关于期刊融合发展需要的公共数字出版平台和管理规范、标准体系的问题,《意见》指出,加快文化数字化建设标准研究制定,在数据采集加工、交易分发、传输存储及数据治理等环节,制定文化数据安全标准,强化中华文化数据库数据入库标准;夯实文化数字化基础设施,依托现有有线电视网络设施、广电5G网络和互联互通平台,形成国家文化专网;统筹利用文化领域已建或在建数字化工程和数据库所形成的成果,关联形成中华文化数据库;构建文化数字化治理体系,完善文化市场综合执法体制,构建完善的文化数据安全监管体系,完善文化资源数据和文化数字内容的产权保护措施,强化文化数据要素市场交易监管;等等。再比如,关于多样化、多元化的专业学术社群出版平台如何克服"数据孤岛"问题,《意见》指出,鼓励和支持各类文化机构接入国家文化专网,利用文化数据服务平台,探索数字化转型升级的有效途径;健全文化资源数据分享动力机制,鼓励多元主体依托国家文化专网,开设自己的"数据超市",共同搭建文化数据服务平台等。可以说,这个国家文化数字化发展战略为今后我国包括期刊领域在内的各种文化行业的数字化整体发展勾画了清晰的蓝图。

刊网融合转型过程中学术期刊的主体型困境,主要是由期刊管理制度因素所致,也与学术期刊界对互联网和新媒体的本质属性把握不够、适应变革能力不足、依赖行政力量保护等有关。在不断更迭的互联网产品技术及大数据营销模式的冲击下,期刊主动融入媒体融合大潮是唯一的选择。《意见》的发布实施,将为期刊及其编辑部的主体性发挥找到释放空间和能量的路径,广大期刊人要抓住机遇,积极投入到融合转型的探索实践中,共建期刊出版与传播新业态。

目前,还要关注信息数字化传播所导致的期刊整体结构意义上的变化动态。习近平总书记在十九大报告中指出,中国特色社会主义进入了新时代,这其中包括期刊的发展也进入了新时代。我国改革开放40余年,期刊从1978年的930种发展到2020年的一万多种,可以说实现了历史性的飞跃式繁荣发展。从数量看,我国已是期刊出版大国，但非期刊强国。十九大报告中指出，我国社会主要矛盾已经转化为人民日益增长的美好生活需要和不平衡不充分的发展之间的矛盾，要从高速度发展向高质量发展转变，推动发展方式、结构、效率和增长动力变革。从期刊发展情况看也完全适合。有数量缺质量，有高原缺高峰，话题引领性、前瞻性、原创能力不强，期刊结构不合理，发展动力不足，发展方式落后，是当前期刊领域面临的突出问题。尤为反常的是，在期刊整体效益下滑的状态下，各方对创办小众类学术期刊反而热情高涨，这是不符合期刊发展规律的。相信随着我国人才考核、职称评审、科研考核、学位制度的改革，量化考核的降温，一批靠收费刊登劣质文章生存的期刊，必将消亡。

8.3 案例解析：人大《复印报刊资料》数字化之路

8.3.1 高光年代

新中国成立初期，科学文化教育事业全面复兴，各行各业尤其是教学科研、文化宣传等部门对信息资料的需求十分迫切，但当时可供使用的信息资料却很短缺。1958年，中国人民大学书报资料中心应运而生，这是新中国第一家从事人文社会科学文献资料搜集、整理、编辑、出版并面向社会提供学术信息服务的机构。而1978年改革开放后，国家文化出版业欣欣向荣，面对专业（题）化、精细化、个性化信息的需求，又需要对冗杂的信息资料进行分类优选。人大《复印报刊资料》就是在这样的时代背景、时代变化、时代需求下应势而长。

（1）学海轻舟、功德无量。

人大《复印报刊资料》"以学术为本，为教学科研服务""精选千家报刊，荟萃中华学术"，从最初的图书提要卡片、信息剪报，到部分领域的《复印报刊资料》专题刊，再到今天国内唯一的覆盖学科齐全的人大《复印报刊资料》系列刊、学术文摘系列刊，在不断满足市场需求中发展壮大，逐渐形成期刊资料矩阵。

至 2023 年，书报资料中心拥有《复印报刊资料》专题刊 115 种、文摘刊 14 种、题录索引刊 7 种、原创期刊 12 种，共计 148 个国家正式刊号，是国内拥有最多刊号的法人主体单位。

人大《复印报刊资料》的创办，开创了人文社科信息社会服务的先河。在我国信息数字化尚未普及的 20 世纪 90 年代末以前，人大《复印报刊资料》是国内外了解中国人文社科信息的最全面、最系统且是唯一的资料来源。既为读者快速查找图书报刊资料提供了方便，也解决了各单位资料室人手少、工作繁重、经费紧张的难题，较好地满足了教学科研、行政机关等单位对信息资料的需求，更为在茫茫信息海洋中的广大读者点起了通向真理彼岸的明灯。书报资料中心被国内学界誉为"中国社科信息第一家"。自 20 世纪 80 年代初期，书报资料社就不失时机地把社科信息出版物发行到海外，为国外学者提供了一个更多了解中国人文社科研究成果以及新时期政治、经济、文化发展状况的窗口，促进了中外文化的交流。

应需而生的人大《复印报刊资料》系列及其索引的国内版与出口版、外文复印资料、学术文摘卡片、单选剪报资料、专辑资料等，成为单位和个人必备的收藏、阅读资料。订户迅猛增加，每日雪片似的订单，火热的生产场面，媒体与社会的广泛关注，使得书报资料中心办公所在地——北京市张自忠路 3 号院（1950 年中国人民大学在此成立）再次迎来了高光岁月。

仅以媒体报道为例，1984 年 10 月 26 日，中央电视台《为您服务》专题节目播放《学海何处觅轻舟——介绍中国人民大学书报资料社》。1985 年 1 月 4 日，《文汇报》发表《一项"功德无量"的事业——访中国人民大学书报资料社》。1992 年 1 月 22 日，北京电视台《今日京华》栏目播出介绍书报资料中心的电视片《社科信息服务第一家》；11 月 1 日，《中国教育报》发表《学海无涯谁为辑》；11 月 25 日，《光明日报》刊登《社科信息花开校园，报刊资料香飘海外——中国人民大学书报资料中心办出特色》。1998 年 6 月 24 日，香港《文汇报》刊登书报资料中心成立40周年的专访《精选千家报刊，汇集中华学术》。自2001年至今，《光明日报》等权威媒体不间断刊登人大《复印报刊资料》年度转载排名指数、年度学术热点，优秀学者、期刊、机构等的学术评价成果。另外，许多文献情报领域学者还以人大《复印报刊资料》为研究对象或依据，开展了大量的学术研究。

（2）学术之渊薮、文化之邓林。

"精选千家报刊，荟萃中华学术"的人大《复印报刊资料》，是一个时代的记忆。她是我国哲学社会科学学术理论发展和社会舆情的重要见证者、记录者、引领者，追踪着学术发展的方向，记录着我国哲学社会科学发展的轨迹，积淀着中华学术文脉，构筑了厚重的学术信息家园，可谓"中华学术的窗口"；她是为他人做嫁衣的默默奉献者，助力了一代代学人的成长、成才、成名，可谓"功德无量"；她是中华文化"走出去"的先行者，是海外了解中华学术的窗口，可谓"中外文化交流的桥梁"。人大《复印报刊资料》为我国人文社会科学研究和高等教育事业的繁荣发展做出了独特的重要贡献。

人大《复印报刊资料》是新中国成立以来国家文化事业发展的一个缩影。她的诞生、发展、挫折、高光、改革，都与新中国同呼吸、共命运，她的特色、风格、气派、内涵，都与中国特色社会主义文化事业基因息息相关、血脉相连。

8.3.2 嬗变印痕

社会发展离不开科技进步。出版技术变革降低了知识传播的门槛和成本，加快了知识传播的速度，扩大了知识传播的范围，加速了知识迭代更新的节奏，因而成为文明进步的催化剂。但每一次出版技术的变革，都会重构一次出版工艺流程、市场格局，并对出版行业系统造成冲击。当今的信息数字网络传播技术，更是全方位地重构着出版业生态，对传统出版单位而言，其不可避免地都要经历一场痛苦的生死蝶变过程。

以人大《复印报刊资料》为例，伴随着信息电子化、印制工艺流程改革、信息载体多元、网络信息传播等技术步步推进和新业态萌芽，一个基于传统出版技术的高光时代逐渐终结。在不到20年的时间里,人大《复印报刊资料》用户群体就经历了以下几个时段的变迁。

纸质个人订户+纸质团体客户时段。这个时段(大约在20世纪90年代以前)是信息传播依赖纸质载体的最后时段。这个时期,信息资料相对短缺,无论是对图书馆、资料室这样的客户还是直接的读者用户,需求单一,要解决的是"无→有→全"的问题。人大《复印报刊资料》不仅有大量的个人直接用户,而且团体客户也因为需求强烈普遍订购了一套甚至多套副本。

纸质团体客户+数据库团体客户+纸质个人订户时段。这是一个纸质团体客户相对稳定、纸质个人订户不断萎缩、数据库团体客户不断增长的时段(大约在20世纪90年代中期至21世纪初期的前5年),这个十年也是新旧媒体发展的一个分界期。信息数字化不断拓展读者获取信息的渠道和范围,从20世纪90年代开始,国内就陆续出现了几家大的学术信息数据集成商,如重庆维普、万方数据、同方知网、龙源期刊网等,为各团体单位客户提供数据库服务(它们主要面向团体客户市场,虽然也都曾试图发展线下个人订户市场,销售阅读卡,但效果都不佳)。此时段书报资料中心也开始了部分纸质刊物的数字化加工,以光盘产品形式提供给客户,但纸质个人订户数迅速下降。

纸质团体客户+数据库团体客户时段。进入21世纪,纸质报刊个人订户明显以一种不可逆的速度持续萎缩。尽管业内有人还抱着某种乐观的态度,期待通过体制改革创新再创纸媒辉煌,或抱团取暖、熬过寒冬、等待春天来临,但纸质媒体用户断崖式下滑趋势昭示了传统纸媒的辉煌已经"无可奈何花落去"。这一时段(大约从2005年至现在)书报资料中心花费了很大的代价探索数字化发展定位、发展路径、产品形态,但没有阻挡住纸质期刊个人订户的流失乃至消失。

可以预见的未来:在学术出版市场,纸质期刊将成为一种奢侈品,数字网络产品或服务成为主流;将出现网络社群化的个体用户为主、公共服务的团体客户为辅的新轮回。

为应对信息数字化浪潮，书报资料中心不断求新求变，全力维护市场竞争力。

调整编辑方针。从单一的"复印"汇编资料到工具与媒体兼顾，再到资料精选与评价并重。从前面讲到的不同时段特点看，编辑方针的调整是伴随着数字化网络化的进程和市场客户/用户主体的价值诉求同步进行的，深刻反映着市场需求和用户/客户角色主体地位的变化。从"资料"功能演化到"评价与资料"功能并重，看似平淡的表述中包含着人大《复印报刊资料》多次的蜕变和升级。

转变编辑职能。从汇编资料到专题刊（转载全文、撰写综述、论点摘编、原发稿件、论文索引五合一），再到学术论文专业化精选和评价；从馆员、资料员到编辑，再到编辑与成果评价专家；编辑工作从"剪刀＋浆糊"的资料汇编到专业水准要求的学术精选和评价。

升级期刊印制质量。为了适应信息数字网络化时代的读者阅读体验、阅读品质要求，《复印报刊资料》有三次大的提质升级工程：第一次是从"照相""剪贴""复印"过渡到重新录入排版，实现了期刊版面整齐、清晰，消除了《复印报刊资料》的"复印"特征（2006年过渡完成）；第二次是装帧材料的全面品质提升，内文统一采用优质的60克以上木浆胶版纸，封面采用128克以上铜版纸，换掉了一直以来的低克重、草浆书写纸和封面用纸，消灭了廉价品的特征（2009年始）；第三次是栏目重新调整、版式重新设计、开本国际化、纸张升级为70克以上优质本白，努力打造经典阅读、阅读经典的目标（2017年始）。

8.3.3 数字化转型之殇

关于人民群众创造历史，马克思有一句名言："人们自己创造自己的历史，但是他们并不是随心所欲地创造，并不是在他们自己选定的条件下创造，而是在直接碰到的、既定的、从过去承继下来的条件下创造。"深刻理解这句话的含义，对于任何单位、国家或地区的改革发展思路、行动举措都具有无比重要的意义。

纵观书报资料中心60多年发展史，有两个影响较大的事件值得关注：一是"文化大革命"导致的自1968—1978年十年停办，二是20世纪90年代开始的数字网络化技术进步。前者是政治运动外力，后者是技术进步外力，都深刻地影响了书报资料中心的发展。前者，因有了党和国家对"文化大革命"的拨乱反正才有了1978年人大《复印报刊资料》的重生；而后者，则是技术革新对行业的持久影响，尤其是信息数字化传播技术对出版传媒业的巨大推动，成为一种持续性、常态化的发展挑战。科学技术是第一生产力，书报资料中心作为提供信息服务的机构，对信息技术可谓"春江水暖鸭先知"。因此，近30年来一直走在探索数字化转型的路上。然而，书报资料中心几十年来的数字化进展或经历却令人深思，非常值得作为案例进行剖析。

书报资料中心出版数字化初探阶段（1994—2007年）。从出版产业发展视域观察，大致从20世纪90年代以来，电脑的广泛应用以及各种中文输入法、中文操作软件的开发、推广、普及，信息加工、存储、传递的数字化，促使创作和出版告别了纸与笔，印制工艺告别了铅与火，推动了出版产业的数字化进程。书报资料中心敏锐地感受到了时代变化的脉搏，及时成立电子数据开发部门，从1994年起相继推出《中文报刊社科资料索引》数据库软盘版、《复印报刊资料》数据光盘版产品供应市场（1996年12月，国家新闻出版署还批准了书报资料中心制作的《复印报刊资料》《报刊资料索引》光盘产品正式版号），2007年开发了《复印报刊资料》全文、摘要、索引、专题等系列文本格式数据库产品。在信息电子化方面，书报资料中心应该属于国内出版单位较早起步者。但同时，随着同方知网、万方数据、重庆维普等大型专业数据公司的相继崛起，早期的市场格局开始被洗牌重构。

书报资料中心数字化出版大胆探索阶段（2008—2013年）。这一时期，IT行业度过了寒冬，数字化发展大势明朗。新的界面清晰、检索便捷、互动即时的信息交流传播工具、平台和产品迭代频出，传统纸质出版、简单的txt文本数据库产品模式已现颓势。这期间书报资料中心采取了大胆的举措，成立了数字出版创新团队，打造网络学术出版平台，这就是今天的人大数媒（北京）科技有限责任公司正在运营的学术数字出版平台——"学者在线"及其替（迭）代品——"壹学者"移动学术服务平台。从实际发展进程看，"学者在线"是在生产工具、生产模式、产品介质和形态、传播方式和盈利模式等方面完全不同于传统出版的一种新的生产方式。这一数字化出版探索对书报资料中心这样的传统出版单位而言，在路径、步骤、目标、实力、体制等方面显然存在诸多水土不服的问题。这一当时超前性的数字化转型之搏，几乎带有一种置之死地而后生的悲壮意味。

书报资料中心出版数字化探索回归编辑出版流程数字化改造阶段（2014—2019年）。从0到1的数字领域，想得再远飞得再高，也必有从0开始的基础积累。传统出版单位数字化转型必须既有超前战略眼光又有务实探索的精神。书报资料中心数字化转型第二阶段的奋力一跃，并没有取得实质性成果。由于书报资料中心的领导班子人事更替等因素，从2014年起，书报资料中心的数字化进程黯然回归至最为基本的编辑出版流程数字化改造任务上来。但是新的问题又接踵而至：信息资源的数字加工成本，信息数据库开发应用，强大的运维支持和传统工作模式的转型变革，等等。

书报资料中心的数字化转型之路留给同行以下诸多思考。

第一，在思想理念上必须深刻理解移动互联网、大数据时代的本质特征。刊网融合不是"旧+新"，而是从物理聚合向化学融合转变，真正实现从"你就是你，我就是我"到"你中有我，我中有你"直至"你就是我，我就是你"的飞跃。这项融合工程涉及内容生产、技术应用、平台终端、人才队伍等生产要素的一体化建设，是一个科学规划、长期坚持的一把手工程，不能简单化理解，更不能赶时髦、做面子工程。

第二，数字化出版转型的路径，没有最好只有最适合。要做"最好的""最新的""一步到位"的……这种"合乎逻辑的理想化"、高大上的仰望星空设计，一旦遇到体制机制、领导变动、资金不足、技术人员短缺等现实因素，往往受挫，半途而废，花费了不少精力金钱，达不到预期效果，失去许多宝贵的机遇。例如，书报资料中心这样一个历史较长的传统出版单位，受制于体制机制，靠自我力量进行数字化转型，只能在大方向、大方案确立后，一步步接力式推进，一个个板块构建、使用和完善，以点带面、小步快走，最后整合成一个系统。

第三，围绕自身竞争优势开发资源，不"跟风""求全"。数字信息网络传播空域，是一个理论上无限可能的元宇宙，只有根据自身的业务特点、资源优势等，从自己最核心、最有优势的业务做起，一步步扎实推进和支撑业务的发展，才能边登山边看风景。

第四，传统出版单位数字化转型、实现融合发展，打造一种新业务形态，其实是颠覆意义上的革命，是一种涉及工作目标、流程机制、组织架构、管理制度等方面的全流程变革，需要付出比历史上任何时期更为艰巨、更为艰苦的努力。

事非经过不知难，成如容易却艰辛！"成功的花，人们只惊羡她现时的明艳！然而当初它的芽儿，浸透了奋斗的泪泉，洒遍了牺牲的血雨。"数字化转型就像是一个魔幻之域，靠什么才能闯出一条生路：是资金、技术、人才？或是体制、机制、环境？或是领袖、勇气、步调？或是机遇、付出、运气？或是……

只有以史为鉴，才能开创未来。惟愿所有期刊的数字化转型"沉舟侧畔千帆过，病树前头万木春"。

8.3.4 未来：数字赋能核心竞争力

网络信息化时代，传统出版的数字化转型不以人的意志为转移。党的十八大以来，党和国家高度重视新闻出版工作的数字化，出台了一系列政策措施。例如，2010年8月，原新闻出版总署发布了《关于加快我国数字出版产业发展的若干意见》，就推动出版产业升级、加快数字出版产业发展提出了目标和措施；2014年8月，《关于推动传统媒体和新兴媒体融合发展的指导意见》，将媒体融合发展上升到国家战略，开启了我国媒介融合的大幕；2020年9月，中共中央办公厅、国务院办公厅发布《关于加快推进媒体深度融合发展的意见》，提出要深刻认识全媒体时代推进这项工作的重要性，推动传统媒体和新兴媒体在体制机制、政策措施、流程管理、人才技术等方面加快融合的步伐，建立以内容建设为根本、先进技术为支撑、创新管理为保障的全媒体传播体系。

习近平总书记多次就打造网上网下一体化主流传播媒体阵地发表重要讲话，高度重视网络信息数字化、融合发展工作。2022年4月25日，习近平在考察中国人民大学时，专门察看了现代化检索平台和《复印报刊资料》等数字化学术资源，强调"要加强学术资源库建设，更好发挥学术文献信息传播、搜集、整合、编辑、拓展、共享功能，打造中国特色、世界一流的学术资源信息平台，提升国家文化软实力"。这为广大期刊融合发展之路指明了前进方向。

后 记 /

凡编辑生涯30余载，自知无大才，文思也干枯，即便偶有小思，发点小文，也多是被催产，难入大雅之列。更常以敬畏"文章乃经国之大业、不朽之盛事"为理由，放任自己懒惰。

眼高手低乃不少编辑的职业通病。订史删诗、句酌字斟、刀削斧凿、画龙点睛、披沙拣金……可谓信手丹黄，而妙手著文却多显不足。我亦然。本书没有填补空白之类真知灼见，仅是我关于期刊评价与发展方面的部分研究成果的再梳理、再思考。

回首既往，历经编刊—出书—编刊，未曾间断职业忠诚；呕心编校文稿众多，未曾挂名钓誉一文；间或以所谓"专家"之名参与一些评审评奖，未曾忘却规范操守；大小会议发言，未曾不言肺腑浅见；为人处世慎独慎微，绝不失善良忠厚之本……芸芸其中，简单其中，苦乐其中。

当感谢的人都记在心里或标在注释里了。后真相时代，就不再靡费纸墨一一记录在此了。好在青山依旧，师友们就权当我又"雅"了一回吧。

是为后记。

高自龙
2023年1月于北京·世纪城